Shri Anandamayi Ma wurde 1896 in Kheora im heutigen Bangladesh geboren. Mit zwölf Jahren wurde sie verheiratet, zeigte aber von früher Jugend an nur Interesse für ein spirituelles Leben. Ohne Führung durch einen Guru und ohne Studium der heiligen Schriften erlangte sie tiefe Erleuchtung. Sie hat nie Vorträge gehalten oder Bücher geschrieben, sondern nur Fragen von Rat- und Hilfesuchenden beantwortet. Ihre Aussagen verbanden alle Glaubensrichtungen, Philosophien und Yoga-Wege miteinander. Auch in dieser Hinsicht mit dem großen indischen Heiligen Ramana Maharshi vergleichbar, waren ihre tiefer Erleuchtung entspringenden Lehren konsequenter Ausdruck der Einsicht in die Nicht-Zweiheit (Advaita).

Um Anandamayi Ma sammelten sich Schüler und Verehrer aus aller Welt; Persönlichkeiten wie Mahatma Gandhi, Carl Friedrich von Weizsäcker, Pater Lassalle und Karlfried Graf Dürckheim suchten sie auf und zeigten sich tief von ihr beeindruckt. Anandamayi Ma reiste jahrzehntelang durch Indien, und es entstanden dort etwa dreißig Ashrams um sie herum, die bis heute aktiv sind.

Am 27. August 1982 gab sie in ihrem Ashram in Dehradun am Fuße des Himalaya ihren Körper auf.

Esoterik

Herausgegeben von Gerhard Riemann

Dieses Buch wurde auf chlor- und säurefreiem Papier gedruckt.

Vollständige Taschenbuchausgabe November 1992
Droemersche Verlagsanstalt Th. Knaur Nachf., München
Lizenzausgabe mit freundlicher Genehmigung des Scherz Verlag, Bern und München
Völlig überarbeitete und erweiterte Ausgabe des 1967 unter dem Titel
»Der Tiger singt Kirtana« erschienenen Buches
© 1967, 1990 Scherz Verlag, Bern und München
Umschlaggestaltung Peter F. Strauss
Umschlagfoto Mangalam Verlag, Westerkappeln
Gesamtherstellung Ebner Ulm
Printed in Germany
ISBN 3-426-86015-5

2 4 5 3 1

Melita Maschmann

Eine ganz gewöhnliche Heilige

Indienfahrt mit der bedeutendsten
Hindu-Heiligen der Neuzeit

শ্রীশ্রী আনন্দময়ী মায়ের
শ্রীচরণে
মালতীর শ্রদ্ধাঞ্জলি

Shrī Shrī Ānandamayī
als Gabe der Liebe und Verehrung
von Maleti zu Füßen gelegt

Inhalt

Ānandamayī Mā – ihr Leben und Wirken

Mā wurde am 30. April 1896 in dem ostbengalischen Dorf Kheora geboren. Sie bekam den Namen Nirmalā Sundarī Devī. Nirmalā heißt «die Reine», Sundarī «die Schöne», Devī bedeutet «Göttin» und wird häufig als ein Epitheton ornans hinter den Namen brahmanischer Mädchen gesetzt. Ihre Eltern stammten aus der Brahmanenkaste. Aus der Familie der Mutter sollen mehrere gelehrte Pandits hervorgegangen sein. Von einer Frau aus dieser Familie wird erzählt, sie habe, als der Leichnam ihres Mannes verbrannt wurde, einen Finger ins Feuer gesteckt, um zu prüfen, ob sie Schmerzen empfinde, dann habe sie sich singend in die Flammen gestürzt. Nach der traditionellen Überlieferung gilt eine solche Selbstaufopferung nur als heilbringend, wenn die Frau, die ihrem Mann in den Tod folgt, einen so hohen Grad religiöser Vollkommenheit erreicht hat, daß sie keinen physischen Schmerz mehr empfindet.

Das Haus, in dem Mā geboren wurde, war umgeben von den Häusern armer muselmanischer Bauern, mit denen die Hindufamilie in Freundschaft lebte. Über Mās Kindheit wurden mir wiederholt zwei Tatsachen berichtet, die ich kommentarlos wiedergebe: Es sei den Angehörigen aufgefallen, daß das Kind Nirmalā, nachdem es sprechen gelernt hatte, Dinge erwähnt habe, die sich kurz nach seiner Geburt ereignet hätten, etwa den Besuch eines Verwandten oder das Fällen eines Baumes. Zuweilen, so hörte ich, haben die Eltern sich Sorgen um das Mädchen gemacht, weil es sich, anders als Kinder sonst, mit Tieren und Pflanzen und offenbar auch mit unsichtbaren Wesen unterhalten habe und häufig für längere Zeit geistesabwesend war.

Als Nirmalā zwölf Jahre und zehn Monate alt war, wurde sie mit dem bengalischen Brahmanen Srijut Ramani Mohan Chakrawarty verheiratet, der erheblich älter war als sie und später von ihr den Namen Bholanath (einer der Namen Shivas, dessen ungefähre Bedeutung «Herr der Demütigen» ist) bekam. Er starb 1938 im Āshram Kishenpur an den Pocken. Mā selbst hat ihn gepflegt, nachdem sie alle anderen Leute gezwungen hatte, das Haus zu verlassen, weil sie nicht wollte, daß um ihn geklagt und gejammert würde. Mā und Bholanath hatten von Anfang an eine Josefsehe geführt. Auf dem Totenbett nannte er sie seine Mutter. Er muß schon in dem kindlichen Mädchen, das ihm zur Ehe anvertraut wurde, eine geheimnisvolle Berufung erkannt haben, und es wird erzählt, daß er sich frühzeitig ihren ersten Jünger und Diener genannt und stets als solcher gelebt habe.

Freilich müssen ihn die immer auffälliger werdenden religiösen Ekstasen seiner jungen Frau beunruhigt haben. Ich las einen Bericht darüber, daß er den aus einer bekannten Familiendynastie von Weisen und Exorzisten stammenden Arzt Dr. Mahendra Chandra Nandi um Rat und Hilfe bat. Der Arzt habe sich erschüttert zurückgezogen – hier gehe es nicht darum, eine Besessene von ihren Plagegeistern zu erlösen, sondern eine von der Unwissenheit befreite Seele (*jīvanmukta*) zu verehren.

Im Jahr 1923 kam Bholanath nach Dakka und übernahm die Aufsicht in Schahbag, einem großen Garten, der dem Nabob gehörte. Mā war damals 27 Jahre alt. Fast allabendlich versammelte sich in diesem Garten ein allmählich wachsender Kreis gläubiger Hindus, die sich von ihr angezogen fühlten. Seit zehn Jahren wußten ihre Angehörigen, daß sie beim Kīrtan häufig in einen Zustand des Außer-sich-Seins geriet. Jetzt sprach sich die Kunde von ihrer religiösen Ergriffenheit immer weiter herum, gleichzeitig scheinen sich Mās Ekstasen sehr gesteigert und immer vielgestaltiger gezeigt zu haben.

Ich gebe hier wieder, was mir von vielen erzählt wurde und was sich mit den gedruckten, protokollartigen Darstellungen deckt. Dabei übergehe ich manche Mitteilung, von der ich den Eindruck habe, daß sie die Dinge zu subjektiv oder übertrieben darstellt. Ich bilde mir nicht ein, daß ich eine auch nur halbwegs angemessene Schilderung der Vorgänge – weder in ihrer Chronologie noch in ihrer Vielschichtigkeit, noch in der Intensität und der Wirkung auf Mās Freunde – geben kann. Aus zwei Gründen: Nur ein Bruchteil des auf Bengali veröffentlichten Lebensberichtes von Mā ist ins Englische übersetzt, und davon wiederum ist mir nur eine bruchstückhafte Auswahl zugänglich geworden. Begrenzt in seinem dokumentarischen Wert ist begreiflicherweise auch das, was mir hier und da aus der Jahrzehnte zurückgreifenden Erinnerung der Leute erzählt wurde. Trotzdem bin ich überzeugt, daß die meisten darzustellenden Tatsachen, deren Stichhaltigkeit ich überprüft habe, so gut ich konnte, der Wahrheit des damaligen Geschehens entsprechen, weil sie mir so vielfach bestätigt wurden, und zwar von Menschen, die Vertrauen verdienen. Wenn ich sie nicht in der angemessenen Weise wiedergeben kann, so liegt das auch daran, daß es sich um eminent Asiatisches handelt, also um Erfahrungsbereiche, die dem westlichen Menschen (jedenfalls dem heutigen) fast ausnahmslos fremd sind. Dem, der hier berichtet, nicht weniger als dem, der es lesen wird. Ich bitte den Leser trotzdem, von der Voraussetzung auszugehen, daß das, was er liest – so unglaublich es ihm zum Teil erscheinen mag –, vielleicht doch möglich ist in einer Welt, deren geistige Grundlagen sich radikal von denen des heutigen Westens unterscheiden.

Als Mā mit ihrem Mann nach Dakka kam, hatte sie schon ein Jahr lang völliges Schweigen bewahrt und schwieg noch zwei weitere Jahre. Aus der Zeit davor gibt es eine Darstellung von ihr selbst (übrigens mitgeschrieben von einem Mann, der zwei akademische Grade hat), die ich wörtlich übersetze:

«Dieser Körper hat damals gekocht, geputzt und alle Arten von häuslicher Handarbeit verrichtet, um für Vater und Mutter und für Bholanath zu sorgen. Aber richtig gesehen hat er niemandem sonst gedient als Gott. Denn wenn ich meinem Vater, meiner Mutter, Bholanath oder anderen diente, so betrachtete ich sie als verschiedene Manifestationen des Allmächtigen und diente ihnen als solchen. Wenn ich mich hinsetzte, um Essen zuzubereiten, so tat ich es, als sei es ein religiöses Ritual, denn das Essen war schließlich für Gott bestimmt. Was auch immer ich unternahm, es geschah im Geist eines Gottes-Dienstes. Ich hatte nur einen einzigen Wunsch: in allem Gott zu dienen und alles um Gottes willen zu tun.»

In einer anderen Darstellung sagt Mā, daß sie sich ihrem Mann damals in absolutem Gehorsam untergeordnet habe. Sie habe bis in die geringste Kleinigkeit hinein ausgeführt, was er angeordnet habe und ihm dabei nie widersprochen. Nichts an dieser Schilderung träfe nicht ebenso für das Leben unzähliger indischer Frauen zu. Aber vor dem Hintergrund dieses Alltagslebens ereigneten sich immer häufiger religiöse Ekstasen, offenbar meistens ausgelöst durch Kīrtan. In den Schilderungen heißt es etwa:

«Plötzlich richtete Mā sich auf. Sie stellte sich auf die Zehen, und während ihr Kopf leicht zurückfiel, reckte sie die Arme empor. Sie stand lange in dieser Haltung. Ihr Blick war regungslos auf ein Ziel am Horizont gerichtet, dem ihr ganzer Körper sich in einer Spannung entgegenstreckte, die ihn beinahe vom Boden löste. Allmählich begann sie sich langsam im Tanz zu bewegen, der Musik folgend, wie eine Puppe, die von unsichtbarer Hand geführt wird. Ihre Augen sahen nicht, was um sie herum geschah, aber ihr Gesicht bekam einen Ausdruck von unirdischem Entzücken.»

Immer wieder heißt es in diesen Schilderungen: «Plötzlich strahlte Licht aus ihr.»

Einer der Beobachter sagt: «Wir waren überzeugt, daß eine göttliche Macht von ihrem Körper Besitz ergriffen hatte. Sie führte ihn durch wechselnde tänzerische Formen von großer Schönheit. Es ist nur eine Kleinigkeit, aber ich sah, daß in dieser ekstatischen Freude die Haare ihres Körpers aufrecht standen. Wenn man in ihre Augen blickte, hatte man den Eindruck, daß sie selbst völlig von den Manifestationen, die an ihr geschahen, abgelöst war. Was sich an ihrem Körper zeigte, hatte seine Ursache in einer fernen, hohen Region des Seins. Plötzlich schlossen sich ihre Augen langsam, und ihr Körper sank zu Boden. Dort blieb sie mit zurückgeworfenem Kopf liegen. Am nächsten Vormittag gegen zehn Uhr kam sie wieder zu sich. Inzwischen war mehr als eine Nacht vergangen. Manchmal wich die Trance auch bald wieder von ihr. Es kam vor, daß Mā während des Erwachens zugleich lachte und weinte.»

Häufig soll ihr Körper nach der Rückkehr aus der Trance

Yogahaltungen eingenommen haben. «Gleichzeitig hörte man ein tiefes Summen aus ihrem Mund. Etwas später verwandelte sich der Ton in ein Grollen und ging schließlich in einen ununterbrochenen, äußerst melodischen Sprechgesang über. Unzählige vedische Hymnen kamen bei solchen Gelegenheiten über ihre Lippen. Nur wenige Gelehrte haben gelernt, das Sanskrit so mühelos und frei zu sprechen, wie wir es damals von Mā hörten, obwohl sie ganz ungebildet ist.»

Trotzdem sei es schwierig gewesen, die Hymnen mitzuschreiben, weil Mā rasend schnell gesprochen habe. Wenn man sie später gebeten habe, die Richtigkeit der mitgeschriebenen Texte zu überprüfen, habe sie es abgelehnt: «Es ist jetzt keine Spur mehr von ihnen in meinem Geist.» Während sie die Gebete aus sich herausschleuderte, sei ihr Gesicht häufig von Tränen überströmt und zugleich von höchster Seligkeit verklärt gewesen.

In einer frühen Veröffentlichung ist ein mitgeschriebenes Gebet abgedruckt:

«Du bist das Licht des Universums und der Geist, der es beherrscht. Erscheine unter uns. Du bist der Vertreiber aller Ängste, erscheine vor uns. Du bist das Sein, in dem ich wohne, du bist gegenwärtig in den Herzen aller dieser Beter. Du bist die Verkörperung aller Gottheiten und bist doch aus mir selbst gekommen... Ich suche Zuflucht in dir. Du bist mein Schutz und mein letzter Ruheort. Ziehe du mein ganzes Sein in dich. Du erscheinst in zweierlei Gestalt: als der Befreier und als der Gläubige, der Befreiung sucht... Von mir allein sind alle geschaffen, nach meinem eigenen Bild. Von mir wurden alle in die Welt geschickt, und in mir finden alle ihre letzte Zuflucht. Der Glaube an mich ist die Ursache der Erlösung (*moksha*). Alle gehören mir. Mir allein verdankt Rudra all seine Macht, und zugleich singe ich den Ruhm Rudras, der sich in allem Geschehen offenbart und die Ursache allen Geschehens ist...»

Nach der Lehre des Hinduismus realisiert der Erleuchtete die unterschiedslose Einheit von Beter, Gebet und Angebetetem. Eine solche Erfahrung spricht sich hier in dem plötzlichen «Rollentausch» zwischen Beter und Angebetetem aus.

Obwohl Mā niemals von einem Lehrer unterrichtet worden war, soll ihr Körper, wie bereits erwähnt, damals die zahllosen und zum Teil äußerst komplizierten Yogahaltungen der verschiedenen Stile «gezeigt» haben. Nicht als ob sie Yogaübungen «gemacht» hätte, die Haltungen seien ohne ihr bewußtes Mitwirken und offensichtlich ganz mühelos ihrem Körper geschehen. Das, wozu jeder andere Mensch ein jahrzehntelanges hartes Training braucht, habe sich hier vollzogen wie das Aufspringen einer Knospe, und zwar nicht nur einmal, sondern wieder und wieder.

Mehrfach hörte ich erwähnen, Mā sei damals oft in einem solchen Zustand spiritueller Hochspannung gewesen, daß Leute, die gekommen waren, um ihre Füße zu berühren, bewußtlos zusammenbrachen. Sie selbst sagte gelegentlich: «Damals ging ein elektrischer Schlag durch mich, wenn jemand meine Füße berührte. Manchmal wurde ich danach plötzlich auch vollkommen steif.»

Ein anderes physisches Phänomen: Offenbar erreichte ihr Körper eine totale Schmerzunempfindlichkeit. Ein solcher Zustand gilt als typisch für eine bestimmte Phase auf dem Weg des Yoga. Ich habe von mehreren Beweisen dafür gehört. Eines Tages hat sie sich ein Stück brennender Kohle auf den Fuß gelegt und mit vergnügtem Interesse zugesehen, wie es ein tiefes Loch in ihre Haut brannte. Die Wunde verheilte erst nach monatelangem Eitern. Einer ihrer nächsten Freunde hatte ihre Unempfindlichkeit bezweifelt.

Jahrelang zeigten sich an Mā auch alle Formen des Samādhi. «Mitten in der Unterhaltung weiteten sich ihre Augen plötzlich unnatürlich und bekamen einen Ausdruck der Uferlosigkeit. Ihre Glieder entspannten sich, und sie sank in sich zusammen. Allmählich wurde ihr Atem immer langsamer und schien schließlich ganz auszusetzen. Ihr Körper wurde kalt. Die Hände und Füße waren dann steif wie Holz. Alles an ihr machte den Eindruck großer Zartheit und Zerbrechlichkeit. Ihr Gesicht hatte alle Frische und Lebendigkeit verloren. Es drückte weder Freude noch Schmerz aus. Wir fürchteten oft, daß das Leben ihren Körper endgültig verlassen würde. Manchmal verharrte er vier oder fünf Tage in dieser todesähnlichen Starre,

und es gelang uns trotz aller Mühe nicht, ihn vorher zu wek-
ken.

Wenn Mā aufwachte, nahm sie eine Handvoll Nahrung zu
sich. Sie konnte sich erst allmählich wieder bewegen und auch
nur mit großer Anstrengung gehen, aber jede Zelle ihres Körpers war erfüllt von einer Freude, in der die *unio* mit dem
Göttlichen nachleuchtete. Wir empfanden, daß sie von einer
außerirdischen Region zurückkehrte. In ihren Augen war ein
Ausdruck universeller Liebe.»

Während der Jahre in Schahbag hat Mā auch – gedrängt von
den Gläubigen – religiöse Riten gefeiert. Ihre Freunde hatten
immer wieder Grund zu staunender Bewunderung, wenn sie
die häufig sehr komplizierten und langwierigen Vorgänge genau nach den Shastras ausführte, wobei sie auch die Mantras
sprach, die sie doch nie gelernt hatte, wie Priester sie lernen. Es
gibt eine Schilderung von einem Kālī-Pūjā in Dakka, die etwas
Unheimliches hat.

«Wie ein Blitz», so heißt es, «durchquerte Mā plötzlich den
überfüllten Raum und setzte sich neben das Bildnis der Göttin,
so daß sie es mit ihrem Körper berührte. Der Sari war von
ihrer Schulter gerutscht, und ihre sonst goldbraune Haut
schien plötzlich tiefschwarz zu sein (Kālī – «Die Schwarze»).
Ihre Zunge hing aus dem Mund (wie die Zunge der Göttin auf
ihren Bildnissen). Fast im selben Augenblick befahl sie uns:
‹Schließt die Augen!› Als wir wieder aufblickten, war ihr Körper mit Blumen bedeckt (wie die Götterstatuen während der
Pūjā mit Girlanden geschmückt werden) und Bholanath zelebrierte die Pūjā vor ihr wie vor einem Bild der Göttin.»

Aus einer anderen Schilderung: «Mā saß lange völlig in sich
versunken neben dem Bildnis (der Göttin). Dann begann sie
mit der Pūjā. Alle ihre Bewegungen schienen wieder wie von
einer geheimnisvollen Hand geführt, indes sie selbst in eine
tiefe Trance entrückt war. Sie sang die Mantras, legte Blumen
auf ihren Kopf und salbte sich selbst mit Sandelpaste, anstatt
das Bild zu schmücken und zu salben, nur gelegentlich reichte
sie ihm eine Blume.

Nachdem das Geißlein, das geopfert werden sollte, gebadet
war, legten wir es in Mās Schoß. Sie streichelte es und weinte

dabei. Dann sprach sie die Mantras und berührte dabei segnend alle Körperteile des Tieres. Zuletzt flüsterte sie ihm ein Mantra ins Ohr. Als ihr das Geißlein abgenommen wurde, ergriff sie das Messer und streckte sich, mit dem Rücken nach oben, lang auf dem Boden aus. Während sie das Messer an ihren eigenen Nacken setzte, kam ein dreimaliges Klagen von ihren Lippen. Es klang wie der Angstschrei der Opfertiere. Als das Geißlein später geopfert wurde, rührte es sich nicht und gab auch keinen Laut von sich. Nur mit Mühe konnte ein einziger Blutstropfen aus der Wunde genommen werden.»

Auch hier die Manifestation der Einheit: Ich bin der, der das Opfer bringt, der, dem das Opfer gebracht wird, und der, der geopfert wird.

Es war zwischen ihrem zweiten und dritten Lebensjahrzehnt, daß Mā oft und für lange Zeit auf regelmäßige Nahrungsaufnahme verzichtete. Einer der Mönche erklärte mir, Mā habe damals vollkommen ohne Nahrung leben können. Sie habe aber selbst gesagt: «Gebt mir immer wieder einmal eine winzige Menge, sonst verlerne ich noch ganz, zu essen.» In einer Veröffentlichung finde ich darüber folgende Angaben: Fünf Monate lang aß Mā täglich nur eine Handvoll Reis gegen Ende der Nacht. Acht bis neun Monate lang nahm sie nur drei Mundvoll Reis am Tag und die gleiche Menge in der Nacht zu sich. Fünf bis sechs Monate lang bestand ihre tägliche Nahrung darin, daß sie zweimal etwas Obst und Wasser bekam. Vier bis fünf Monate: je einmal am Tag und einmal in der Nacht eine Fingerspitze voll Essen. Fünf bis sechs Monate: morgens und abends je drei Reiskörner und im Laufe des Tages zwei bis drei Früchte. Zwischen diesen Fastenzeiten lagen Intervalle, in denen sie normal aß.

In einem Gespräch bezog sie sich selbst auf die Zeit, in der sie monatelang von wenigen abgezählten Reiskörnern gelebt hat. «Es sieht aus wie ein Wunder. Aber ich habe es auch nur tun können, weil es eben nicht unmöglich ist. Der Körper braucht längst nicht alles, was wir gewöhnlich zu uns nehmen, das meiste scheidet er sowieso wieder aus, nachdem er die Essenz behalten hat.» Als ein Ergebnis von Sādhana könne der Körper sich so umstellen, daß er für längere Zeit außer von seinen eigenen Reserven von dem leben könne, was er der Luft und anderen Bestandteilen seiner Umgebung entnehme.

Seit 1924 hat Mā keine Speisen und Getränke mehr mit eigener Hand zu sich genommen. Seitdem wird sie gefüttert. Eines Tages – so berichtete mir jemand, der es miterlebt hat – sei ihre Hand, die das Essen wie gewöhnlich zum Munde führen wollte, immer wieder kraftlos herabgefallen, obwohl sie alle anderen Aufgaben wie üblich verrichten konnte. Mā sagte dazu: «Ich esse immer mit meiner eigenen Hand. Jede Hand ist meine Hand.» Vielleicht ist es richtig, in diesem Zusammenhang daran zu denken, daß die Götterbilder in den Tempeln auch gefüttert werden. Eine Erklärung für dieses Phänomen bekam ich nicht.

Von außen gesehen entsteht der Eindruck, als habe sie in den Jahren, in denen sie Yoga, Schweigen, Nahrungsentzug usw. praktiziert hat, eine Art «Schule der Weisheit» durchlaufen, aber sie sagt ausdrücklich: «Ich habe Sādhana nur gespielt.» – «Um einen bestimmten Grad der Erleuchtung auf einem der Sādhana-Wege zu erreichen, muß ein Mensch gewöhnlich wieder und wieder geboren werden (ein Leben reicht nicht dafür). Aber für diesen Körper war es nur ein Spiel.»

An anderer Stelle sagt Mā: «Laß mich dir sagen, daß ich das, was ich heute bin, seit meiner Kindheit war. Aber als die verschiedenen Stadien des Sādhana durch diesen Körper manifestiert wurden, geschah ihm etwas wie eine ‹Überkleidung› mit der Unwissenheit (der wahren Natur des Selbst). Was für eine Art von Unwissenheit war das also? Es war in Wirklichkeit Wissen, das sich als Unwissenheit maskierte (Unwissen spielte).» Von diesem «Dualitätsspiel» habe ich sagen hören, daß Mā es gespielt habe, um ihre Freunde mit hineinzulocken in ein vielgestaltiges und intensives Sādhana. Ob hier nicht eine zu zweckhafte Deutung versucht wird, scheint mir immerhin eine Frage wert.

Ein Ereignis, das erwähnt werden muß: Eines Tages trafen ihr Mann und mehrere Freunde sie, als sie am Grab eines Fakirs nach den Vorschriften des Korans betete. Ähnliche Situationen wiederholten sich gelegentlich. Es wird gesagt, daß sie die zum Teil sehr schwierigen muselmanischen Gebetsverrichtungen genau ausübte, obwohl sie nichts darüber «wußte», wenn man sie danach fragte. Sie habe damals auch Umgang mit den abgeschiedenen Geistern muselmanischer Weiser und Heiliger gepflogen, wie sie überhaupt häufig von Wesenheiten aufgesucht worden sei, die nicht mehr «im Körper» unter uns leben.

Mehrfach habe ich erwähnen hören, daß Mā in den Jahren, in denen sie wegen ihrer wunderbaren spirituellen Fähigkeiten berühmt zu werden begann, von einem Kreis gelehrter Pandits wiederholt in eine Art «Verhör» genommen worden sei und man ihr Fragen gestellt habe, die normalerweise nur nach einem langjährigen Studium der heiligen Schriften des Hinduismus hätten beantwortet werden können. Mā habe die Gelehrten dadurch in höchste Verwunderung versetzt, daß sie, ohne auch nur eine Sekunde zu überlegen, Auskünfte erteilte, von denen niemand habe erklären können, auf welche Weise sie sie erworben hatte. Es ist mir allerdings nicht gelungen, mit jemandem zu sprechen, der Zeuge eines solchen «Verhörs» gewesen ist.

Aus eigener Erfahrung haben mehrere Personen mir bezeugt, daß Mā ihnen an einem Ort, an dem sie «eigentlich» niemals gewesen ist, erschienen sei, um sie zu trösten, ihnen zu raten oder sie vor einer Gefahr zu warnen. Ich denke auch an den Bericht eines Offiziers, der Mās Stimme gehört haben will, als er sich in höchster Gefahr befand: «Verlasse sofort diesen Platz.» Er gehorchte. Eine Minute später schlug da, wo er gesessen hatte, eine Granate ein. Einige Leute haben mir erzählt, daß Mā ihnen im Traum Einweihung (dīkshā) gegeben oder einen Rat erteilt habe. Immer wieder hörte ich auch, daß sie in den Jahren ihres «Yōgi-Spiels» häufig Ereignisse vorausgesagt habe, die dann genauso eintrafen.

In den Protokollen und mündlichen Berichten von damals nehmen ihre Wunderheilungen einen breiten Raum ein. Manchmal tauchen sie aber auch nur in einem Nebensatz auf: «Es war in der Woche, in der Mā in X. den Aussätzigen geheilt hatte...» Für die Inder sind das zwar gewiß erregende Geschehnisse, aber die Fähigkeit, derartige Wunder zu vollbringen, stellt sich – wie es heißt – in einer bestimmten Phase der geistigen Entwicklung jedes Yōgi ein.

«... Was meine eigene Fähigkeit zu heilen betrifft, so hat sich alles ganz von selbst entwickelt. Ich habe plötzlich gemerkt, daß dieser Körper die Leiden anderer auf sich genommen hat, ganz absichtslos und ohne die geringste Willensanstrengung. Eines Tages besuchte ich einen Kranken, der unter einer schweren Magen- und Darminfektion litt. Als ich nach Hause kam, fand ich, daß ich an demselben Übel erkrankt war. Es dauerte genau zwölf Stunden, und es raste wie ein Unwetter durch meinen Leib, dann war alles in Ordnung. Der Mann, der vorher lange Zeit an der Sache gelitten hatte, wurde im Augenblick meiner Erkrankung geheilt. Ähnlich ging es noch öfter. Ich merkte, daß ein Kranker, den ich ohne Heilungsabsicht berührt hatte, sofort nach dieser Berührung gesund wurde. Später stellte ich meine Fähigkeit auf die Probe, und von da an wußte ich mit Sicherheit, daß eine leichte Berührung meiner Hand genügte, um Kranke zu heilen.»

Es muß wohl gegen Ende der Periode gewesen sein, in der Mā das Leben einer Sādhaka führte, daß sie in einen Zustand geriet, der – sooft er Erwähnung findet – als «scheinbare Versteinerung» bezeichnet wird. Offenbar handelt es sich um eine Phase, die jeder Sādhana Übende mehr oder weniger intensiv durchmacht. Während seine spirituellen Erfahrungen ihn in immer geheimnisvollere Weiten und Tiefen der inneren Dimension vordringen lassen, scheint seine physische Ausdrucksfähigkeit zu erstarren. Ich gebe wieder, was mehrere Leute mir erzählt haben:

«Mā hatte damals beinahe jeden Kontakt mit ihrer Umgebung abgebrochen. Nicht nur, daß kein Wort mehr über ihre Lippen kam, sie verzichtete auch vollkommen auf jede Verständigungsmöglichkeit durch Zeichen oder Gebärden. Oft rührte sie tagelang kein Glied. Sie lag sehr viel, aber manchmal saß sie auch lange ganz bewegungslos. Nur noch in ihren Augen schien Leben zu sein. Ihre Begleiter mußten raten, was sie brauchte. Das war besonders schwierig, weil sie nicht mehr mit der eigenen Hand aß. Sie hätte sich also auch niemals selbst etwas zu essen genommen, wenn sie Hunger hatte. Man mußte versuchen, sie zu füttern, wenn man glaubte, daß sie hungrig war. Wollte sie nichts haben, so schüttelte sie nicht etwa mit dem Kopf, um das auszudrücken. Sie ließ die Speise einfach von ihren Lippen fallen. Wenn sie heißes Wasser brauchte, mußte man es von ihren Augen ablesen. Natürlich gab es oft Mißverständnisse. Damals kümmerte sie sich nicht um ihr Äußeres. Sie badete kaum.» (Bei bestimmten Yōgis gehört eine Vernachlässigung der körperlichen Reinlichkeit mit zur Askese, während das Baden im allgemeinen als eine religiöse Pflicht gilt.) Immer wieder wird mir versichert, daß Mā trotzdem und ganz unbegreiflicherweise vor Sauberkeit buchstäblich «gestrahlt» habe.

«Manchmal stand sie plötzlich von ihrem Platz auf, lief, wie sie gerade war, auf die Straße hinaus und ging immer weiter. Niemand konnte sie zurückhalten, denn Gewaltanwendung hätte keiner gewagt. Es blieb ihren Begleitern schließlich nichts anderes übrig, als in aller Eile das Lager abzubrechen und hinter Mā herzugehen. Manchmal ging sie auf einen Bahnhof und stieg in irgendeinen Zug, und wir alle stiegen mit ihr ein. Später verließ sie den Zug, womöglich an einer Station, die niemand kannte, und wir mußten nach einer Unterkunft suchen.» Das war wohl nicht besonders schwierig, weil Mā ihr Lager gern in Tempeln aufschlug.

Allmählich machten sich Mās Freunde Sorgen, da sie fürchteten, sie könne das Sprechen ganz verlernen und auch sonst die Fähigkeit zur Kommunikation mit der Welt einbüßen. Sie müssen ihr wohl oft und eindringlich zugeredet haben, wieder «in die Welt zurückzukehren». Vor allem, weil sie ihren Rat und ihre Führung brauchten. Schließlich gab Mā nach. Als sie zu sprechen begann, scheint sie nach anfänglichen Artikulationsschwierigkeiten wieder in jene Trance geraten zu sein, bei der ein Sturzbach von Mantras aus ihrem Mund kam. Anfangs sprach sie nur donnerstags, dem Wochentag des Hindu-Kalenders, der dem Guru geweiht ist. Später nahm sie wieder die normalen Gewohnheiten an.

Ihr Verhalten sei, so hörte ich oft, danach auch insofern normaler geworden, als sie nur noch sehr wenige Wunder wirkte. Offenbar hatte Mā eines Tages die Eingebung, künftig auf das Wirken von Wundern zu verzichten. In einem Protokoll las ich: «Wir waren in einer größeren Gruppe um Mā versammelt und unterhielten uns plötzlich über Mās frühere Wunder. Manche von ihnen hatten wir miterlebt. Jemand fragte Mā, ob sie sich an diesen oder jenen Vorgang erinnern könne. ‹Natürlich›, antwortete sie lachend, ‹und ob ich mich an die Zeit erinnere. Später hatte ich das Kheyal, keine Wunder mehr zu wirken.»

Jemand, der Mā schon seit langem kennt und jahrelang in ihrer Umgebung gelebt hat, sagte mir dazu noch: «Es verhält sich bei ihr nicht so wie bei den gewöhnlichen Yōgis, daß die Fähigkeit zum Wunderwirken auf einer bestimmten Stufe der geistigen Entwicklung wieder verschwindet. Sie besitzt die übernatürlichen Kräfte nach wie vor, nur macht sie jetzt viel seltener Gebrauch davon, jedenfalls betätigt sie sie nur selten in einer Weise, die allgemein ins Auge springt. Es hat den Anschein, als habe sie jetzt nicht mehr so oft das *Kheyal*, Kranke zu heilen oder den Menschen in anderen konkreten Nöten zu helfen, weil sie verhindern will, daß sie nur zu ihr kommen, um ihre Gesundheit oder einen anderen Vorteil zu erlangen. Würde sie jeden solchen Wunsch erfüllen, der Andrang der Bittsteller würde es denen, die aus religiösen Gründen zu ihr wollen, fast unmöglich machen, Mā zu erreichen. Wir haben ähnliches schon erlebt. Gerade auch mit Menschen aus dem Westen, die nur kommen und sagen: ‹Mā, ich habe eine kranke Wirbelsäule. Mach mich gesund.› Eine Europäerin brachte einmal ihren kranken Hund zu Mā und war sehr ungehalten, als Mā ihr nur sagte: ‹Bring ihn zu einem Tierarzt.›»

Im Jahr 1937 hat Mā zusammen mit Bholanath (ihrem Mann) und Bhaiji, einem ihrer frühesten Anhänger, eine Pilgerfahrt zum Berg Kailasa im südwestlichen Tibet, dem mythenumwobenen Wohnsitz des Gottes Shiva, unternommen. Die Pilger hatten gefährliche, unter ewigem Schnee begrabene Himalajapässe zu überqueren. Auf dem Heimweg starb Bhaiji am Südhang des Gebirges in Almora. Er hatte eine empfindliche Gesundheit, die den Anforderungen der Pilgerfahrt wohl nicht gewachsen war; aber ich habe sagen hören, er wollte sterben, weil er auf dieser Erde nichts mehr verloren hatte. Bholanath starb wenige Monate später an den Pocken. Beide

Männer hatten kurz vor ihrem Tod Sannyāsa bekommen, die höchste Weihe des Hindu-Mönchtums.

Seit jenen Jahren hat sich Mās Leben äußerlich nicht mehr einschneidend geändert. Wenn man so will, befindet sie sich seit ihrem dritten Lebensjahrzehnt auf einer ununterbrochenen Pilgerfahrt durch Indien. Sie hat kein Haus, von dem sie selbst sagen würde: «Hier ist meine Heimat.» Aber sie würde von jedem Haus sagen: «Hier bin ich zu Hause.» In einem engeren Sinne gilt das vor allem für die zahlreichen Āshrams, die von der Gesellschaft ihrer Freunde im Laufe der Jahrzehnte in ganz Nord- und Mittelindien errichtet worden sind und zwischen denen sie hin- und herreist. Zwar sind die Räume, in denen sie wohnt, noch heute so einfach – für westliche Vorstellungen spartanisch einfach – wie vor Jahrzehnten, aber die Bedingungen, unter denen Mā reist, haben sich im Laufe der Zeit geändert. Früher gab es endlose Reisen in schmutzigen Dritter-Klasse-Wagen langsamer Züge und auf Ochsenkarren. Jetzt fährt Mā – wenn auch noch nicht lange – in reservierten Erster-Klasse-Abteilen der schnellsten Züge, und überall drängen sich die wohlhabenden unter ihren Anhängern danach, sie im Auto ans Ziel zu bringen.

Sie selbst reagiert auf Luxus in ihrer Umgebung mit demselben Gleichmut wie auf Ärmlichkeit, aber da, wo sie in unserem Sinne «zu Hause» ist, in den Āshrams, duldet sie keinerlei Komfort. Ich hatte immer den Eindruck, daß sie jederzeit auf einen Ochsenkarren umgestiegen wäre und unter einem Baum übernachtet hätte, ohne von diesen veränderten Umständen sonderlich beeindruckt zu sein. Unter ihren Anhängern sind eine Reihe sehr reicher Leute, die vor allem für den Unterhalt der Āshrams sorgen. Mā wird als eine der verehrungswürdigsten weisen und heiligen Gestalten des Landes betrachtet.

Seit dem Tod von Shrī Aurobindo und Bhagavān Ramana Maharshi im Jahre 1950 schienen viele Menschen sie für die bedeutendste spirituelle Potenz des Landes zu halten. Da Spiritualität in Indien wohl in allen Schichten der Bevölkerung als der eigentliche Wert des Lebens gilt, gehörten auch viele führende Persönlichkeiten aus der Politik und dem geistigen Leben zu ihren Anhängern und besuchten sie immer wieder. Die Frau

Nehrus kam regelmäßig für längere Zeit zu Mā, und auch Nehru selbst besuchte sie. Seine Tochter Indira Gandhi gehörte zu ihren nahen Freunden.

An Nehrus letztem Geburtstag war Mā in Delhi. Frühmorgens verschwand sie aus dem Āshram, ohne mitzuteilen, wohin sie fuhr. Am nächsten Tag lasen die Āshramiten in der Zeitung, daß Mā der erste Gratulant war, der in aller Morgenfrühe beim Ministerpräsidenten erschien. Minister, Provinzgouverneure, Professoren, namhafte Gelehrte und Maharadschas kamen immer wieder zu Mā. Manche, um ihre Familiensorgen vor ihr auszubreiten, manche, um sich auf ihrem spirituellen Weg von ihr führen zu lassen, manche nur, um eine Zeitlang in schweigender Meditation in ihrem unmittelbaren Ausstrahlungsbereich zu verweilen.

Der sich in ähnlicher Weise immer wiederholende Kreislauf der religiösen Feste und Veranstaltungen, die ihre Bedeutung durch Mās Gegenwart bekommen, findet jeweils zwischen ihren Geburtstagsfeierlichkeiten statt. Dieses Fest wird häufig fast einen Monat lang gefeiert und verwandelt den Ort, an dem es begangen wird, in ein Pilgerzentrum für viele Tausende. Zu Mās 60. Geburtstag 1956, der in Benares gefeiert wurde, waren 14000 Gäste geladen. Die Zahl der Besucher, die ungeladen kamen, lag weit höher. Besondere Bedeutung wird der alljährlichen Fasten- und Meditationswoche beigemessen. Von den übrigen Veranstaltungen und Gedenktagen, deren es eine ununterbrochene Folge gibt, ist die Durgā-Pūjā wohl am beliebtesten. Manchmal werden auch Feste außerhalb der üblichen Regel gefeiert, etwa Beginn und Ende eines großen Opferfeuers, das von 1947 bis 1950 im Āshram in Benares brannte.

Geändert hat sich im Laufe der Jahre einiges in der Zusammensetzung von Mās Anhängern. Der ständig wachsende neureiche Mittelstand erwarb sich mit ansehnlichen Spenden einen Einfluß, der unheilvoll war. Diejenigen unter ihren maßgeblichen Sādhus, die nicht tief genug im mönchischen Leben verwurzelt waren, fanden Geschmack an stattlichen Bankkonten und der Ausübung von Macht.

Daß Mā unter dieser Entwicklung gelitten hat, war klar, aber sie hielt es offensichtlich nicht für ihre Aufgabe, mit drastischen Maßnahmen einzugreifen, um so weniger, als Mās Anhänger eine differenzierte Organisation geschaffen hatten, in der solche Probleme von erfahrenen Sādhus hätten gelöst werden müssen. Mās Arbeitsfeld war die Seele ihrer Anhänger.

Der reichliche Zustrom an Spendengeldern hatte auch zur Folge, daß neue Āshrams gegründet, Tempel gebaut und immer größere Veranstaltungen aufgezogen wurden. Für Mā bedeutete das eine wachsende körperliche Belastung, ohne Rücksicht auf ihr Alter, und immer weniger Gelegenheit zu intensiver spiritueller Arbeit mit einzelnen ihrer Anhänger. Ungefähr zwei Jahre vor ihrer letzten Reise sagte sie zu mir: «Niemand von diesen Leuten [gemeint waren die in Scharen kommenden VIPs] will mehr mit mir über Gott reden. Alle wollen nur noch, daß ich ihnen bei der Erfüllung ihrer weltlichen Wünsche helfe.» (Die Leute waren überzeugt, daß Mā, dank ihrer Shakti, jede Art von Wunder wirken konnte.)

Aus eigener Erfahrung kann ich sagen, daß Mā bis zum Ende ihres Lebens, unter dem schweren Streß der äußeren Verpflichtungen, die ihr aufgezwungen wurden, noch die Möglichkeit fand, spirituell zu arbeiten. Sie verließ ihren Körper, nachdem sie vier Monate lang strengstens gefastet hatte (auch getrunken hatte sie kaum), am 27. August 1982 während ihres Aufenthalts in ihrem ersten außerbengalischen Āshram in Kishenpur (Dehradun).

Vorspiel

Im Sommer 1962 wollte ich, von Afghanistan kommend, einige Wochen lang durch Indien reisen. Der Zufall führte mich geradewegs zu Mā, von der ich inzwischen weiß, daß sie von vielen als die stärkste Potenz der Heiligkeit im heutigen Indien betrachtet wird. Sie ist unter dem Namen Ānandamayī Mā bekannt, was soviel heißt wie «die Mutter, die von Glückseligkeit durchdrungen ist». Ich traf sie in ihrem Āshram in Kankhal bei Hārdvār.

Für indische Freunde habe ich aufgeschrieben, was ich während meiner ersten Begegnung mit Mā erlebt habe. Ich gebe hier die noch unreflektierten Eindrücke von damals in Auszügen wieder.

«. . . Gegen Abend wurden wir – etwa fünfzehn Leute hatten sich mit mir versammelt – auf den Dachgarten des Āshrams geführt. Als Mā dann kam, hatte ich keine Wahl zu entscheiden, ob es gegen meine Anschauungen verstoßen würde, vor einem Menschen zu knien. ‹Es› warf mich auf die Knie. Was ich in den folgenden Minuten erlebt habe, ist kaum mitteilbar. Ich kann es nur in Bildern andeuten. Etwa: Denke dir, daß ein Baum – eine schön gewachsene alte Buche – mit ruhigen Schritten auf dich zukommt. Was würde in dir vorgehen? Bin ich verrückt, würdest du dich fragen, oder träume ich? Schließlich würdest du erkennen müssen, daß du in eine dir ganz und gar unvertraute Dimension der Wirklichkeit eingetreten bist. Genau das war meine Situation.

Soviel wir wissen, gehört es zum Wesen eines Baumes, daß er an einem Standort verwurzelt ist. Nach westlichem Denken ist das Wesen des Menschen dadurch bestimmt, daß er ein Ich hat. Hier nun sah ich plötzlich einen Menschen vor mir, von dem ich sofort empfand, daß er kein Ich hat und gerade dadurch nicht weniger, sondern mehr ist als alle anderen Menschen, die mir jemals begegnet sind.

Ich habe später einiges darüber gelesen und lernte, daß die Egolosigkeit ein Wesensmerkmal des Jīvanmukta, des ‹zu Lebzeiten schon Erlösten›, ist. Damals wußte ich von all dem nicht mehr, als ich mit meinen eigenen Augen sah. In meinem Tagebuch habe ich festzuhalten versucht, was ich erlebt hatte. Dort heißt es: ‹... dieser Mensch gehört in die Kategorie von Mātā Gangā und Pita Himalaja (Mutter Ganges, Vater Himalaja). Mā hat die überpersönliche Personalität, die zu uns redet, wenn wir am Meer stehen oder am Fuß eines Gebirges. Aber was redet da zu uns?

... Etwa zehn Minuten lang ging Mā an der gegenüberliegenden Schmalseite des Dachgartens langsam auf und ab. Manchmal blieb sie stehen und betrachtete den Himmel. Uns schien sie nicht wahrzunehmen. Die Abendwolken spiegelten sich in ihren Augen. Was ich dabei sah, liegt gänzlich außerhalb der Rationalität: Die Wolken, die Wälder, die Gipfelkette des Himalaja gingen in dieses Schauen ein wie in ihre heimatliche Wohnstatt. Der Mond, der sich in einer Regenpfütze spiegelt, wird winzig und blaß. Aber Mās Augen spiegelten den Himmel, wie nur das Meer ihn spiegelt: geschwisterlich, vom gleichen Rang in der Schöpfungsordnung...

Später setzte sie sich auf das Bett und unterhielt sich mit den Leuten. Das Fremde, Bestürzende ihrer Existenz trat zurück, aber es verschwand keinen Augenblick ganz. Man konnte versuchen, es zu vergessen. Dann saß dort zwischen den Kissen eine Frau im weißen Sari – ich hätte sie auf Mitte Fünfzig geschätzt –, die, zugleich anmutig und kraftvoll, ein lebhaftes Gespräch führte. Manchmal versank sie in tiefes Sinnen, manchmal brach plötzlich ein Lachen aus ihr hervor, das etwas von einem Sturm hatte, manchmal blitzte es von freundlicher Spottlust in ihren Augenwinkeln.

Wie soll ich euch ihr Gesicht beschreiben? Es gibt Millionen solcher Gesichter in Indien. Seine Umrisse entsprechen einem vollen, regelmäßigen Oval. Jeder einzelne Zug ist kräftig, genau gezeichnet (es gibt keine Verschwommenheiten) und harmonisch ins Ganze gefügt. Die klassische Dreiteilung zwischen Stirn-, Nasen- und Mund/Kinn-Partie ist gut ausgewogen. Die Augen unter starken, geraden Brauen haben den Schnitt, den man mandelförmig nennt. Die Iris ist vermutlich schwarz, wirkt aber oft merkwürdig hell. Über den Lidern, die eine gewisse Schwere haben, liegt ein Schatten. Er hebt sich auch unter den Augen dunkel ab. Die Nase ist gerade, kräftig und ‹stimmt› in der Länge. Der Mund ist geschwungen und klar gezeichnet. Ich fand, daß sich eine große Reinheit in ihm ausdrückt und daß man ihm die Gabe des rechten Schweigens und des rechten Redens ansieht. Das Kinn ist wohlgerundet und verrät Willenskraft. Über die Backenknochen bin ich mir nicht schlüssig geworden. Es gab Sekunden, in denen Mās Gesicht plötzlich das Gesicht Buddhas war: unenträtselbares Asien, schmaläugig, voller Gleichmut, die Weisheit von Jahrtausenden verschweigend. Aber noch in derselben Minute war Mā wieder ein schönes, mütterliches Wesen, das sich nur durch die Hautfarbe von vielen Müttern des Westens unterscheidet.

Ihr seht, ich bin außerstande, mehr als ein paar Andeutungen zu machen. Vielleicht noch eine letzte: Während ich Mā eben zu beschreiben versuchte, zögerte ich, als ich das Wort ‹kräftig› schrieb. In einem gewissen Sinn sind ihre Züge alles andere als kräftig, wenn man nämlich so etwas wie Derbheit darunter versteht. Sie sind eher zart. Laßt mich sagen: Dieses Gesicht, wie überhaupt die ganze Gestalt, ist zart und kräftig zugleich. Sie hat nicht jene Zartheit, die aus körperlicher Dürftigkeit oder Blutarmut resultiert und Schwäche verrät. Ihre Zartheit beruht auf der Durchlässigkeit ihres schönen, kraftvollen Körpers für den Geist: Vitalität, Beweglichkeit und Anmut, durchwirkt vom Geist und transparent gemacht für das Numinose.

Ich beschloß, alle anderen Reisepläne fallenzulassen und nach Kishenpur zu fahren, wo Mā in den nächsten Tagen erwartet wurde. Dort zeigte sie sich vormittags und abends, meistens für etwa zwei Stunden, und war dann stets einem Ansturm ihrer Verehrer ausgesetzt. Mehrmals sorgte sie selbst dafür, daß ich trotz des Andranges in ihrer Nähe sitzen konnte. Es ging mir wie einem begeisterten Musikliebhaber: Während er sich dem Zauber des Klanges mit ganzer Seele öffnet, spürt er doch dem Weg nach, den die Instrumente geführt werden. Mās Gegenwart erfüllte mich mit unwiderstehlicher, geheimnisvoller Faszination, wie ich es ähnlich nie bei einem anderen Menschen erlebt habe.

Trotzdem sah ich das ganz und gar Alltägliche an ihr mit aller Deutlichkeit. Ich sah, wie ihre Augen aufleuchteten, wenn unter denen, die sich vor ihr auf die Knie warfen, ein freundlich vertrautes Gesicht auftauchte. Ich sah, wie sie unter der Hitze litt. Ich spürte die leise Abwehr, wenn sie ihre Füße vor einem aufdringlichen Anbeter zurückzog. Ich beobachtete (von einer Āshramitin über die Situation belehrt) ihr Vergnügen an Wortspielen. Ich sah, wie sie die Parsin fortschickte, die eine Wunderheilung von ihr erbat: ‹Bring deinen Mann zu einem guten Arzt, und bete für den Frieden deiner und seiner Seele.› In diesem Augenblick hatte ihr Gesicht einen Ausdruck von Trauer und Unerbittlichkeit. Ich sah auch, wie sich in ihrer Haltung und den tiefer werdenden Schatten ihres Gesichts Müdigkeit ausdrückte, ehe sie aufstand und sich den Rückweg durch die Andrängenden bahnte.

Die christlichen Maler des frühen Mittelalters hatten ein einfaches und wirkungsvolles Mittel, um die Heiligkeit auszudrücken, wenn sie eine Szene aus dem Leben Jesu oder eines Heiligen malen wollten: Sie stellten die Gestalten vor einen Hintergrund aus Gold. Dieses Gold drückte das unsagbare Geheimnis der Heiligkeit aus. Wer als Maler von dem Heiligen Kunde geben wollte, durfte seinen Pinsel nicht gesprächig werden lassen. Er konnte nur schweigend auf das Geheimnis des leuchtenden Hintergrundes deuten.

Es geht mir wie diesen Malern. Was an Mā beschreibbar ist, ist das Allgemein-Menschliche, Vertraute. Für das andere, das Numinose, habe ich keine Ausdrucksmittel. Aber ich könnte mich einer ähnlichen Chiffre bedienen wie die Maler. Manchmal glaubte ich zu sehen, daß ein Strom von Licht aus Mās Augen kam. Aber gerade dann empfand ich zugleich schmerzhaft meine Blindheit. Ich wußte, daß ich – wäre ich nur sehender – ihre ganze Gestalt in diesem Licht erkennen würde. Wenn ich es nicht sah, so spürte ich es doch, und ich registrierte seine Wirkung an dem vollkommenen Frieden, der allmählich Macht über mich gewann.

Das Geheimnis soll in seiner Verhülltheit unangetastet bleiben, aber vielleicht darf ich versuchen, mich ihm noch um ein paar Schritte zu nähern. Ich empfand, daß jenes Licht mit Mās Ichlosigkeit zusammenhängen muß. Es kommt aus dem ewigen Quellgrund alles Existierenden, und es flutet durch Mā hindurch, weil es in ihr nicht von dem lichtundurchlässigen Gewebe der Ichhaftigkeit abgewiesen wird, das wir alle – mehr oder weniger dicht – in uns tragen. Mās geheimnisvolle Macht liegt in ihrem Sein, nicht in ihrem Handeln. Sie ist nicht, was sie ist, weil sie Gutes tut. Ihr Leben geschieht als reines, in sich ruhendes Sein.

Wahrscheinlich sollte ich sagen: in Gott ruhendes Sein. Insofern entspricht Mā unserer höchsten Vorstellung von gut. Während ich unter den Leuten zu ihren Füßen saß und nichts anderes geschah, als daß wir sie betrachteten, empfand ich die Gegenwart des Heiligen in manchen Augenblicken machtvoller als jemals bei einem feierlichen kirchlichen Ritual. Ich glaubte zu begreifen, daß aller religiöse Ritus aus der Entbehrung der göttlichen Anwesenheit lebt, als eine Gebärde der sehnsüchtigen Beschwörung dessen, der nicht herbeigezwungen werden kann. Aber wo das Heilige *ist*, verstummen selbst die Gebete. Das gottesdienstliche Handeln erlischt in der geheimnisvollen Gegenwart des göttlichen Widerscheins.

Seltsame, nicht mitteilbare Erfahrung: die erfüllte Leere dieses Anschauens. Ein Schauen mit geschlossenen Augen und doch auch bei offenen Augen. Mehrmals nahm ich etwas wahr, das von einem abendländischen Gehirn kaum noch denkend erfaßt werden kann: Ich weiß nicht, wie Mā sich selbst versteht. Gewiß nicht – wie wir es ausdrücken würden – als einen Menschen, in dem der göttliche Funke besonders hell leuchtet, denn sie lebt in der Einheit mit dem Brahman. Ich glaubte also wahrzunehmen, daß sie – in der sich das Heilige vor unseren Augen verkörperte – mit uns einstimmte in die ehrfürchtige Betrachtung des Heiligen, das sie selbst *ist*. In meinem Tagebuch gibt es den ungeschickten Satz: Manchmal entsteht das

Gefühl, als ob Mā sich selbst verehre. Aber diese Haltung hat etwas absolut Überpersönliches!

Ich habe Mās Darshan wohl nur drei-, viermal erlebt. Das Numinose wurde dabei nicht weniger, aber etwas änderte sich zu meiner Überraschung von Grund auf: Das anfängliche Gefühl, in eine völlig fremde Dimension der Wirklichkeit geraten zu sein, verkehrte sich in sein Gegenteil. Ich empfand nun, daß ich die eigentliche – des Menschen eigenste – Wirklichkeit überhaupt erst entdeckt hatte. Immer deutlicher erkannte ich: Was mich von Mā unterscheidet, ist nichts Essentielles, sondern es liegt, bildlich ausgedrückt, da, wo sich der Helligkeitsgrad einer Kerze von dem der Sonne unterscheidet. Dies war freilich eine unerhörte Entdeckung.

Mās letzter Abend in Kishenpur ist mir wie ein großes Fest in Erinnerung. Ich sehe sie im Āshramhof stehen und Prasād austeilen. Nicht feierlich, sondern lachend wie eine Mutter, deren höchstes Glück es ist, den Hunger ihrer Kinder zu stillen. Es war, als wollte sie sich selbst austeilen, und sie tat es mit hundert Händen. Niemals habe ich die Schönheit des Unvergänglichen reiner im vergänglichen Fleisch leuchten sehen.»

Soweit mein Bericht aus dem Jahr 1962.

1963 begab ich mich wieder auf die Reise, um mehrere Monate lang in Mās unmittelbarer Nähe zu leben.

Die folgenden Tagebuchaufzeichnungen muten dem Leser zu, mich in dieses Wagnis hinein zu begleiten. Er wird von der gleichen Fülle fremder Eindrücke überflutet werden, die mich anfangs fürchten ließ, daß es mir niemals gelingen werde, auch nur eine Ahnung vom geistigen Grundriß der Welt aufzuspüren, in die ich eingedrungen war. Ich bitte ihn, mir geduldig in das Verwirrende, Unverständliche, nicht nur Fremde, sondern zuweilen Befremdliche jener Welt zu folgen, auch wenn ihm dieses Abenteuer anfangs, und vielleicht überhaupt, nur wenig «Buchwissen» eintragen wird. Der Hinduismus hat in seiner Lehre, in den Heilswegen und Kultformen eine uns kaum vorstellbare Vielgestaltigkeit, von der hier nur ein sehr schmaler Ausschnitt ins Blickfeld kommt.

Was ich hoffe, andeutungsweise zu vermitteln, ist eine Begegnung mit dem Numinosen im außerchristlichen Bereich.

Ohne daß ich eine besondere Aufmerksamkeit darauf gerichtet hätte, scheinen meine Notizen auch einen gewissen Aufschluß darüber zu geben, welche Phänomene sich einstellen, wenn eine alte Hochreligion gleichsam übergangslos mit den Gegebenheiten des modernen Zeitalters zusammentrifft.

Die einzige Form, in der ich den Versuch eines solchen Berichtes unternehmen kann, sind tagebuchähnliche Notizen. Nur auf diese Weise kann auch das Unfertige, Tastende, der Irrtum und sogar die Verstimmung, kurz: die Unzulänglichkeit dessen, der sich auf das Wagnis dieser Begegnung eingelassen hat, sinnklärend zu Worte kommen.

Ich bitte meinen Leser also, nicht mehr zu erwarten, als solche Notizen geben können. Ich bitte ihn zu bedenken, daß Aufzeichnungen dieser Art – wenn man ihren Tagebuchcharakter nicht verfälscht – erst allmählich eine gewisse Tiefendimension bekommen können; zunächst ist man ganz davon in Anspruch genommen, sich im Phänomenalen zurechtzufinden. Schließlich bitte ich meinen Leser, sich nicht dadurch irritieren zu lassen, daß diese Aufzeichnungen meinen dauernden Stellungswechsel zwischen fragloser Offenheit für das Numinose und dem Versuch einer intellektuellen Befragung des Erlebten widerspiegeln.

Eine letzte Bemerkung: Aus dem folgenden Bericht geht nur selten und auch dann nur andeutungsweise hervor, wie hoch die Anforderungen sind, die ein solches Unternehmen an die körperliche Widerstandskraft und Entbehrungsbereitschaft stellt. Möge sich außerdem niemand, dem vielleicht ein religiöser Tourismus verlockend erscheint, darüber täuschen, daß die psychischen Belastungen für den «Kastenlosen» im Zusammenleben mit orthodoxen Hindus enorm sind.

Fremde Welt im Āshram

30. September 1963

Von Bombay kommend, habe ich den Subkontinent in west-östlicher Richtung durchquert – mein Zug brauchte mehr als vierzig Stunden dafür –, dann eine halbe Nacht auf dem Bahnhof in Benares gesessen und schließlich den Personenzug bestiegen, der mich an mein vorläufiges Ziel brachte.

Auf dem dörflichen Bahnhof von Vindyachal belädt sich ein junger Kuli mit meinem Gepäck. «Willst du zum Āshram?» hatte er mich gefragt und kaum gewartet, bis ich nickte.

Es ist früh am Morgen. Unser Pfad ist kaum fußbreit. Ich gehe hinter dem Burschen her, dessen sehnige Beine schnell ausschreiten. Nach einiger Zeit kreuzen wir eine Landstraße, auf der eine Kamelkarawane daherkommt. Unförmige Kisten schwanken auf den Rücken der Lasttiere, die hochnäsig auf uns herabblicken. Frauen sind auf dem Weg zum nächsten Basar. Sie tragen flache Körbe mit Fladen getrockneten Kuhdungs auf den Köpfen. Er wird zur Feuerung gebraucht.

Allmählich steigt unser Weg an. Ehe er in die Wildnis eindringt, kommen wir an einem großem Tank, einem künstlichen Teich, vorüber, an dem mehrere Brahmanen, halb im Wasser stehend, ihr Morgengebet verrichten. Unter einem Baum bleibt der Kuli stehen. Ohne seine Last abzusetzen, zieht er sich einen Dorn aus der rechten Fußsohle, dann geht er lachend weiter. Während ich schwer atme, zeigt er nicht die geringste Ermüdung, obwohl er einen Zentner auf dem Kopf trägt.

Wir gehen durch lockeren Dschungel: alte, mächtig ausladende Bäume und niederes Gestrüpp. In den Ästen lärmen leuchtendbunte Vögel, Affen fallen aus einem Baum und springen über den Weg, ein nackter Hirtenjunge treibt seine Ziegen vor sich her. Hinter uns im Tal zieht sich das breite Band des Ganges durch die Ebene: blau mit gelbgrauen, versandeten Ufern und vielen Buchten. Kleine Fischerboote treiben auf der Mitte des Stromes.

Der 1936 erbaute Āshram steht an jener Seite des Berges, von der aus man die Gangā sehen kann. Er ist klein und einstöckig und hat fast keine Mauern. Im Parterre zieht sich eine Arkadenveranda ringsherum, und im ersten Stock gibt es nur ein weißes Gitter, das die Veranda umschließt. Hinter dem Hauptgebäude befindet sich ein Gärtchen mit einigen einfachen Bungalows für die Unterbringung der Svāmis und Gäste. Die Küche liegt zwischen dem ersten und dem zweiten Bungalow: ein überdachter Schuppen mit zementiertem Vorplatz.

Schon von weitem sehe ich Mā auf der Veranda im oberen Stockwerk stehen. Regungslos beobachtet sie eine Affenfamilie, die in einer Baumkrone nach Früchten sucht. Als sie mich entdeckt, winkt sie mir lachend zu. Die bescheidene Zeremonie wird von zwei Affen gestört, die sich schreiend zanken. Der schwächere flieht schließlich, eine apfelgroße Frucht in der Pfote. Mā blickt ihm aufmerksam nach und macht die Gebärde des Essens. Dann sieht sie mich fragend an: «Hast du Hunger?»

Ich werde nicht auf dem Āshramgelände untergebracht, sondern in einem Bungalow, der bei Tageslicht in fünfzehn Minuten zu erreichen ist. Er liegt an der entgegengesetzten Seite des Hügels. Mitten zwischen beiden ist ein tiefer Ziehbrunnen, aus dem mehrere Frauen täglich viele Stunden lang das Wasser für den Āshram emporziehen. Sie transportieren es in irdenen Krügen auf ihren Köpfen.

Wer weiß, wie lange mein Bungalow nicht mehr bewohnt wurde? Heiße, muffige Luft schlägt mir daraus entgegen. Auf dem brüchigen Inventar liegt dicker Staub. Aber ich bin froh, daß ich ein Bettgestell habe. Mehr brauche ich nicht.

Neben dem Schlafzimmer ist ein «Bad»: ein zementierter Raum, in dem eine rostige Blechwanne und zwei Eimer stehen. Morgens erscheint eine Frau aus dem Dorf, das jenseits der Bahnstation liegt, und holt mir Wasser vom Brunnen. Sie hockt geduldig vor dem Haus, bis ich erscheine. Das Wasser ist gelbgrau und voller «Fischchen». Gelegenheit, es abzukochen, habe ich nicht; der Āshramkoch hat genug Arbeit, ich möchte ihn nicht darum bitten, also stelle ich mich auf Durst ein, denn eine so schmutzige Brühe mag ich nicht trinken. Es gibt morgens und abends einen Becher Tee im Āshram. Ich will sehen, daß ich damit auskomme.

Drei Tage lang habe ich tapfer gedurstet. Die Hitze ist groß und das Essen scharf. Am Abend des dritten Tages stelle ich zufällig fest, daß es zwei Sorten Wasser im Āshram gibt: das schmutzige, das ich auch im Bungalow zum Waschen habe, und Trinkwasser, das aus einem Brunnen im Tal heraufgetragen wird und sauber ist. Der Durst ist überstanden. Eine typische kleine Panne: Der Gast aus dem Westen kann sich nicht vorstellen, daß es hierzulande «zwei Sorten Wasser» gibt, und die Einheimischen können sich nicht vorstellen, daß sie ihn eigens darauf hinweisen müßten.

Mein Bungalow hat nur einen Fehler: Ich teile ihn mit einer üppig geratenen Rattenfamilie. In der ersten Nacht ließen mich diese Hausgenossen kaum schlafen. Kreischend tobten sie in einem Schrank herum, in dem Blechteller aufbewahrt wurden. Als ich ihn gegen Morgen gewaltsam öffnete, stürzte mir ein Schwarm von zwölf oder fünfzehn Ratten entgegen. Von jetzt an bewegten sie sich auf dem Gelände, fraßen meine Seife und nagten pfenniggroße Löcher in Tuben, Kartons und Kleidungsstücke. Erst als ich nach einigen Tagen einen Zimmernachbarn bekam, einen älteren Offizier, der seinen Urlaub in Mās Umgebung verbringt, wanderten sie für ein Weilchen aus. Mein Nachbar erzählte mir, daß sie munter an seinem Haupthaar knabberten, vermutlich weil er es mit Öl einzureiben pflegt.

Mās Āshrams werden von der sogenannten «Shree Shree Anandamayee-Sangha» unterhalten, einer 1950 in Benares gegründeten Gesellschaft, in der sich ihre Anhänger zusammengeschlossen haben und zu deren Aufgaben eine weitverzweigte religiöse Publizistik, die Durchführung religiöser Veranstaltungen in Nord- und Mittelindien, die Gründung und Leitung von Āshram-Schulen sowie die Einrichtung von medizinischen Ambulanzen für die Armen gehören.

Im Āshram ist alles auf die lebendige Gegenwart von Mā bezogen. Er bekommt seine volle Bedeutung erst, sobald sie physisch dort anwesend ist. Dann verwandelt er sich freilich mit Blitzesschnelle in ein Strahlungszentrum, dessen Wirkung weit ins Land hinausreicht. Schon in der ersten Stunde nach ihrer Ankunft versammeln sich gewöhnlich Hunderte von Menschen, die sie sehen möchten. Wenn sie abreist, wird es genauso schnell wieder still.

Im allgemeinen haben die Āshrams nur wenige ständige Bewohner. Manche dieser spartanisch ausgestatteten Häuser führen zeitweise eine Art Winterschlaf, bis Mā wieder auftaucht; dann quellen sie allerdings über vor Leben und erweisen sich stets als zu klein. Mā hat keinen eigenen Orden im engeren Sinne gegründet. Eine Anzahl Männer und Frauen, die der Welt entsagt haben und wie Mönche und Nonnen leben, haben sich ihr angeschlossen. Manche von ihnen bereits vor Jahrzehnten. Einige waren schon vorher Sādhus, andere traten erst durch ihre Bindung an Mā in den Mönchsstand. Sie alle sind immer wieder für längere Zeit mit Mā unterwegs, während der übrigen Zeit leben sie in den Āshrams. Die Abgrenzung zwischen diesen Mönchen und den Laien unter Mās Freunden ist nicht scharf. Man trifft immer wieder Männer und Frauen, die sich äußerlich nicht von den Sādhus und Nonnen unterscheiden und die doch nur auf Zeit im Āshram leben. Manche für Jahre, manche für Monate oder Wochen oder für ihren Lebensabend. Viele haben ein volles Leben in Familie oder Beruf (oder beidem) hinter sich; manche Mädchen sind im Āshram, um von Mā auf ihre Pflichten als religiöser Mittelpunkt ihrer künftigen Familien vorbereitet zu werden.

Der Āshram, in dem wir uns hier aufhalten, ist erheblich kleiner als die meisten anderen. Mā zieht sich gewöhnlich hierher zurück, um sich nach monatelanger anstrengender Teilnahme an großen Veranstaltungen für ein paar Tage auszuruhen. Die schwer zugängliche Lage des Hauses bewahrt sie vor dem sonst üblichen Massenandrang ihrer Freunde und Anbeter. In ihrer Begleitung befinden sich nur knapp zwanzig Menschen, zum größten Teil Mönche und Brahmachārinis, denen die Ruhe des Ortes willkommen ist, um sich in die Lektüre heiliger

Bücher und in lange Meditationsübungen zu vertiefen. Ich sehe sie oft stundenlang im Schatten der alten Bäume sitzen. Zweimal täglich sammeln sich «Mās Mädchen» (wir würden sagen: die Nonnen) zu religiösem Gesang (*kīrtana*).

Panuda, der gewählte Sekretär der «Anandamayee Sangha», ein früherer Lehrer einer Āshramschule in Almora, erzählt mir die Geschichte des hiesigen Āshrams. Ihm ist es – im Gegensatz zu den Mönchen – nicht untersagt, mit Frauen zu reden: «Ein mit Mā befreundeter Brahmane hat das Gelände vor Jahrzehnten gekauft, um sich selbst hier eine Hütte zu bauen, in die er sich zur Meditation zurückziehen könnte. Lange vorher hatten die Engländer hier einen kleinen, unbedeutenden Tempel ausgegraben und sich dann nicht weiter um den Platz gekümmert.

Als Mā zum erstenmal herkam und noch nichts da war als die Hütte inmitten des lockeren Dschungels, ging sie umher wie im Traum. Die heilige Vergangenheit des Ortes überfiel sie in mächtigen Visionen. Sie erkannte, was niemand bisher gewußt hatte: daß dieser Berg seit Jahrtausenden die Betenden angezogen hat. Wie mit einer unsichtbaren Wünschelrute schritt sie das Land ab und sagte: ‹Grabt hier und hier und hier.›

Wir hatten nicht das Recht, systematische Ausgrabungen vorzunehmen. Aber wir stießen nach wenigen Spatenstichen auf Architekturreste, deren Alter wir nicht bestimmen konnten. Es dauerte lange, bis wir die Regierungsstellen davon überzeugt hatten, daß es sich lohnen würde, hier weiterzugraben. Auch für die indischen Archäologen ist ein Wünschelrutengänger, der die Heiligkeit eines Ortes ergründet, ein unwissenschaftliches Phänomen. Aber schließlich begannen die Ausgrabungen, und was sie zutage förderten, waren, in Schichten übereinanderliegend, die Reste mehrerer Tempel aus vielen Jahrhunderten. Der älteste soll 2500 Jahre alt sein. Es fanden sich auch Götterbilder. Sie stehen jetzt im Museum in Luknow. Mā hatte uns gesagt, wo wir sie finden würden.»

An den Vormittagen sitze ich stundenlang auf dem Dach des Āshrams und blicke über den Dschungel, der um diese Zeit den Affen gehört. Ehe sie erscheinen, rauscht es in den Baumkronen. Sie müssen geschlafen haben, so still war es dort.

Plötzlich sehe ich einzelne Äste sich heftig bewegen, und schon fällt der erste aus dem Baum ins Gebüsch, sofort folgt ihm ein zweiter, ein dritter. Immer kommen sie in großer Sippe. Manchmal zähle ich zwanzig, dreißig. Die Alten bewegen sich gravitätisch. Es sind starke Burschen mit langen Schwänzen, die aufgebogen über den Rücken fast bis zum Kopf reichen. Die Gesichter und Pfoten sind schwarz, die Bäuche gelblich, der übrige Körper grau. Auf den Trümmerresten der alten Tempel, die weit verstreut herumliegen, lassen sich die ehrwürdigen Stammväter und -mütter nieder, um zu sinnen. Jene aus der Sippschaft, die im besten Alter sind, müssen von unersättlicher Freßlust geplagt sein. Sie hocken im Gebüsch, und ich sehe ihre Pfoten mit Windeseile hin und her fliegen, während sie Beeren pflücken und in den Mund stecken.

Indes die Alten nicht mehr viel Mühe auf die Arbeit des Fressens verwenden, sind die Kinder noch zu verspielt dafür. Die Jüngsten haben es ohnehin nicht nötig. Sie hängen an den Brüsten ihrer Mütter. Aber all das kleine Volk, kaum größer als Katzen, treibt nichts als Unfug: schaukelt an den Ästen, jagt sich, wirft sich mit federnden Sprüngen von Stein zu Stein, balanciert auf den Mauerresten des Tempels und spielt mit dem eigenen Schwanz.

Die Svāmis in Mās Umgebung unterscheiden sich im Alter sehr. Es gibt ein paar junge, die etwa Mitte Dreißig sein mögen. Keiner von ihnen scheint zu jenen zu gehören, die Gott wählen, weil sie Angst vor der Welt haben. Sie sind auffallend groß, meist kräftig, mit intelligenten Gesichtern, freien Bewegungen und ungezwungenem Lachen. Ich höre, daß Mā sie seit ihrer Kindheit religiös führt und für ihre allgemeine Bildung und Erziehung gesorgt hat. Sie sollen Zeiten sehr strenger Askese einhalten. Es gehört zu ihren Vorschriften, daß sie nur in dringenden Fällen mit Frauen reden dürfen, und auch dann nur, ohne sie anzublicken.

Von den älteren Mönchen macht Svāmi Paramānanda den stärksten Eindruck auf mich. Er gehört zu den wenigen wirklich freien Menschen, die mir in meinem Leben begegnet sind. In seinem langen, bräunlichen Hemd, das gürtellos bis auf die

Knöchel fällt, kommt er gelassen und freundlich daher, mit einem kaum merklichen Schwingen in den Schultern, das seine körperliche und seelische Gelöstheit ausdrückt. Sein Gesicht ist eher zart als kräftig, klug und schnell bereit zu lachen. In den Augen ist ein Ausdruck, den ich sonst bei keinem der Männer hier sehe. Man hat die Empfindung, daß sie ihr Objekt zwar aufmerksam betrachten, aber gleichzeitig wahrnehmen, was tief im Raum hinter diesem Objekt liegt. Im übertragenen Sinne könnte man sagen, daß Svāmiji, wie er von allen genannt wird (die übrigen Svāmis werden mit ihren Namen angeredet), Mā dient wie ein Kanzler seiner Königin. Er leitet alle ihre «Geschäfte» für sie.

Unter den Brahmachārinis, die zu Mās ständigem Gefolge gehören, fällt mir C. besonders auf, ein intelligentes Mädchen mit verschlossenem Gesicht. In der Art, wie sie mit Mā umgeht, liegt eine Mischung aus ehrfürchtiger Liebe und Sachlichkeit, die mir angenehm ist. P. heißt das Mädchen, dem die Aufgabe der Vorsängerin anvertraut ist. Ich schätze sie auf Ende Zwanzig. Sie sieht elend aus, aber ihr Gesicht ist in einem geistigen Sinne schön. Es besteht fast nur aus Augen.

Didima, Mās Mutter, ist neunzig Jahre alt. Es ist kein Gramm Fleisch mehr in ihrem Gesicht. Ihr Kopf ist kahlgeschoren. Als ich sie zum erstenmal sah, konnte ich nicht ergründen, ob ich einen Greis oder eine Greisin vor mir hatte. Aber: was für eine Lebendigkeit in den Augen, wieviel Freundlichkeit, wenn jemand ihren Rat sucht, welche Entschlossenheit, wenn sie eine Anordnung trifft. Ich beobachte das alles aus respektvoller Entfernung. Es ist mir angedeutet worden, daß Didima große Scheu vor der Berührung mit Fremden habe. Das hängt mit der Juta-Vorstellung zusammen. *Juta* bedeutet unrein im rituellen Sinne. Wenn ein orthodoxer Brahmane durch Verletzung einer Vorschrift Juta wird, muß er sich komplizierten Reinigungen unterziehen. Diese Vorstellungen liegen auch den Regeln zugrunde, die bei jeder Nahrungsaufnahme berücksichtigt werden müssen. Sie erstrecken sich aber auch auf andere Lebensbereiche. Frauen sind zum Beispiel während ihrer Tage Juta. Offenbar ist die Gefahr der Verunreinigung für Brahmanen besonders groß, sobald sie mit etwas in

Berührung kommen, das ein Kastenloser vorher zum Mund geführt hat.

Keschawanand ist mein Eßgenosse. Er stammt aus einer Parsifamilie und ist daher kastenlos wie ich. Während die meisten Anwesenden auf der überdachten Veranda vor dem Gästebungalow essen, wird uns beiden auf einer Plattform im spärlichen Schatten eines mageren Bäumchens serviert. Wenn die Sonne zu unbarmherzig brennt, lege ich dabei den Schirm über meine Schulter. Unsere Tischunterhaltung besteht darin, daß wir uns zunicken, ehe wir uns, möglichst weit voneinander entfernt, hinsetzen. Der Svāmi befindet sich in einer Periode vollkommenen Schweigens. In seiner gelbbraunen Kutte samt Kapuze aus dem gleichen Stoff sitzt er tief vorgebeugt über dem Teller aus Blättern und trägt langsam – mit der Hand essend, wie wir alle – den riesigen Reisberg ab, der seine einzige tägliche Mahlzeit ist.

Nach den Vorschriften des orthodoxen Hinduismus dürfen Angehörige der oberen Kasten – und darum handelt es sich bei allen Begleitern von Mā – nicht mit Kastenlosen wie Keschawanand und mir unter einem Dach essen. Den Platz, auf dem wir gegessen haben, müssen wir danach mit etwas Kuhmist und Wasser rituell reinigen. Es liegt mir daran, niemanden durch die Mißachtung dieser Gebote zu kränken. Wir essen übrigens von Blättern, die, mit den Stielen aneinandergeheftet, brauchbare Teller abgeben. Beim Essen darf nur die rechte Hand benutzt werden. Besteck haben wir nicht. Wasser wird uns in irdenen Bechern gebracht, die nach einmaligem Gebrauch auf den Kehricht geworfen werden. Das Essen besteht meist aus Reis, *dahl* (einem flüssigen Brei aus linsenartigen Hülsenfrüchten) und verschiedenen Gemüsen. Es ist scharf gewürzt – ich sortiere die kleinen Paprikaschoten sorgfältig aus –, aber wohlschmeckend und sättigend.

Köche sind hier nicht Köche in unserem Sinne. Wer für Mā kocht, darf an diesem Tag vorher noch nichts gegessen haben und muß sich strengen rituellen Reinigungsvorschriften unterwerfen. Auch das Essen für die übrigen Āshramiten darf nur von einem Brahmanen gekocht werden. Diese Tätigkeit gehört in den Umkreis des religiösen Dienstes.

Als ich kürzlich zu einem von Mās Mädchen sagte: «Es ist doch schade, daß ich Mās Worte so wenig verstehe», bekam ich zur Antwort: «Vor einiger Zeit hat Mā zu einem französischen Paar, das sich auch darüber beklagte, gesagt: ‹Bekümmert euch deshalb nicht. Der schlafende Säugling trinkt an der Brust seiner Mutter, ohne es zu wissen. So nehmt auch ihr vieles auf, was ich sage, ohne es zu verstehen. Die Wahrheit teilt sich dem offenen Gemüt mit, ohne daß der Verstand eingeschaltet zu werden braucht. Sobald sie ausgesprochen ist, hat sie eine geheimnisvoll fortwirkende Macht.›» Das entspricht genau dem, was ich zuweilen empfinde.

Heute nachmittag saß ich eine Stunde lang vor Mās Zimmertür in der Veranda, ehe sie aufstand. Als sie herauskam – sie hatte wohl geschlafen –, sah sie erschreckend alt und krank aus. Ihr Gesicht war fahl, fast graugrün, die Augen matt und ganz ausdruckslos. Drei Minuten später erschien sie wieder in ihrer Tür: gestrafft, mit lachendem Gesicht, sprühend vor Intensität, ein dynamisches Kraftzentrum, das sich in Blitzen entlud, Freude aus sich schleudernd wie zündende Funken. Was für eine Verwandlung!

Sie ging eine Weile zwischen uns auf und ab, wie sie es hier oft tut. Ich wünschte, ich könnte dieses Wie beschreiben. «Federnd» wäre falsch, es käme darin die große Ruhe und Würde ihres Gehens nicht zum Ausdruck. Jenes Element, das ich – nur zögernd, denn welches dieser Epitheta ist nicht abgegriffen? – «königlich» nennen möchte, oder sollte ich sagen «machtvoll»? Hier müßte schnell hinzugefügt werden: Die Macht, die sich da entfaltet, ist zugleich anmutig, nicht starr und brutal, sondern elastisch und lieblich.

Später setzt Mā sich in der Veranda auf einen niederen Holztritt, mit dem Gesicht zu ihrer Zimmertür. In ihrem Zimmer warten drei alte Männer aus der Umgebung, die gekommen sind, um sie zu sprechen. Der älteste ist blind. Wir anderen lassen uns rechts und links von ihr nieder. Ich sitze etwa vier Meter von Mā entfernt; zwischen ihr und mir befindet sich niemand.

Mā sitzt in Meditationsstellung da. Ich sehe ihr Gesicht nur von der Seite. Ihre Haltung drückt gesammelte Stille aus. Lange bleibt sie regungslos. Plötzlich wendet sie den Kopf nach mir um, ihr Blick trifft mich. Er ist auf mich «eingestellt» wie das Strahlenbündel eines Scheinwerfers. Der Mann, der schräg hinter mir gesessen hat, sagt mir später: «Ich habe auf die Uhr gesehen, weil es kein Ende nahm. Es muß etwa fünf Minuten gedauert haben.» Für mich hat, was da geschieht, keine Zeitqualität, aber es hat ein Aroma, das ich seit meiner Kindheit immer wieder einmal gekostet habe: Es schmeckt nach «außerhalb der Zeit». Ohne ein einziges Wimpernzucken bleibt der Blick auf mich gerichtet, durchdringend, leuchtend wie der große, ruhige Blick der Sonne am Abend. Seine Ruhe teilt sich mir mit. Ich fühle, wie sich die Türen in mir von selbst öffnen. Ein kraftvoller Strom reinen Lichtes geht in mich ein.

Plötzlich wendet Mā den Blick ab und macht noch in derselben Sekunde einen Scherz über eines der Mädchen, das mit grimmigem Gesichtsausdruck an einer Tasche knüpft. Ich beobachte das immer wieder: Die Übergänge von der höchsten geistigen Intensität zum Alltäglichen, ja Banalen, gehen bei Mā in Sekundenschnelle vor sich. Man muß wachsam sein, sonst zerfließt das Kostbare übergangslos im Nebensächlichen. Ich glaube zu ahnen, warum diese Übergänge so bruchlos sind: Für uns sind die Augenblicke der Erhellung, der Berührung durch den Geist kostbar und selten. Mā lebt im Medium des Geistes oder des Lichtes. Es ist ihr so natürlich wie der Stoff unseres alltäglichen Daseins, das sie mit uns teilt. Aber sie lebt nicht in zwei Welten, der des Lichtes und der unserer Stofflichkeit, sondern in der ununterschiedenen Einheit.

Etwas, das noch zu bemerken wäre: der Charakter des Überpersönlichen in Mās Blick heute nachmittag. Was sich mir in ihm mitteilte, schien nicht aus ihrem menschlichen Herzen, sondern aus einem Kraftzentrum zu kommen, das dahinter liegt und dieses Herz nur als Durchgangsstation benutzt, als Transformator. Es nimmt dort eine Beschaffenheit an, für die unsere Empfangsgeräte vorbereitet sind.

Freilich – der Vorgang ist von höchster Subtilität: Diese Verwandlung von Geist in «mitteilbaren Geist», wie sie sich in Mā vollzieht, ist eine Leistung der Liebe, wie ihr Leben überhaupt. Was sie selbst an Licht empfängt, schenkt sie, unserem Sehvermögen angepaßt, weiter an uns, weil unsere «Erleuchtung» das einzige ist, was sie begehrt: Diese ist der Zweck ihres Lebens.

Genau das war es, was mein Bewußtsein feststellte, während Mā mich heute ansah: die ganz überpersönliche Qualität dessen, was sich mir in ihrem Blick mitteilte, und die liebevolle Gebärde des Schenkens. Eines von Mās Mädchen erläuterte mir eine ähnliche Situation so: «Mā ist die Mutter, die sagt: ‹Gott hat mir eine Scheune voll Reis gegeben, und ich habe dir Speise daraus bereitet. Iß, damit du stark wirst.›»

Später, als Mā sich erhoben hatte, ging ich ihr nach und dankte ihr mit einem stummen Pranām. Sie sah fast darüber hinweg. Wer dankt, lebt in der Welt der Dualität, in der gegeben und genommen wird. Für den, der in der Einheit lebt, ist diese Unterscheidung inhaltslos. Als ich aufblickte, schienen ihre Augen mich zu fragen: Dankt man denn auch sich selbst?

Mā setzt sich nach ein paar Runden um die Veranda wieder auf den niedrigen Schemel vor ihrer Zimmertür. Die drei alten Männer warten darauf, von ihr angesprochen zu werden. Sie redet sofort, sprühend und mit großer Leidenschaftlichkeit. In einer Pause gelingt es mir, jemanden zu fragen, was sie zuletzt gesagt hat. Die Antwort: Mā habe sich an den ältesten Mann gewandt. Wie hast du dein Leben genutzt, Pitaji? fragte sie ihn. Jeder Atemzug, bei dem wir nicht an Gott denken, ist verschwendet. Daß wir als Menschen geboren sind, ist eine unerhörte Chance. Nur weil wir Menschen sind, können wir uns Gott nähern. Und zu den anderen allen, die um sie herumsitzen: Fragt euch selbst, was ihr mit eurer Zeit anfangt. Wir vergessen so leicht, daß kein einziger Tag zurückgerufen werden kann. Sie schwinden dahin, ohne daß wir es merken. Plötzlich sind wir alt und zu müde, um noch eine Anstrengung zu machen. Gott ist nicht eine Arbeit für unsere alten Tage, wenn wir sonst nichts mehr zu tun haben; er ist die Arbeit unseres Lebens, an die wir unsere volle Kraft setzen müssen. Wer noch nicht damit angefangen hat, muß heute beginnen. Jetzt sofort! Ihr Blick wandert langsam im Kreis herum. Plötzlich springt sie auf und verschwindet in ihrem Zimmer.

13. Oktober 1963

Letzte Nacht bin ich vor den Ratten auf das Dach unseres Häuschens geflüchtet. Ich habe mich dort auf meine Decke gelegt, aber an Schlafen war nicht zu denken: Der Himmel ist von so bestürzender Herrlichkeit, daß man die Augen nicht schließen kann. Während ich dalag, dachte ich: Wenn du dich jetzt auf die Zehen stellst und die Arme ausstreckst, wirst du die Sterne berühren können. Manche sind so nah, daß man meint, sie hängen in den Baumkronen. Man sieht hier, daß sie leuchtende Körper sind und nicht nur Lichtpunkte.

Im Dschungel ist eine ständige Unruhe. Ich möchte wissen, ob die Affen nachts unterwegs sind, es rauscht in manchen Bäumen so, wie es rauscht, wenn Affen darin herumspringen. Der Wind verursacht ein sanfteres Rauschen. Vielleicht sind die Ziegen noch da. Ich höre es im Unterholz knacken. Oder sind es wilde Tiere? Tiere, deren Namen ich nicht weiß. Ich wünschte, ich könnte sie sehen. Manchmal kommt von weither ein seltsames Jammern, wie das Klagen eines Kindes. Manchmal bellt es, hell und zornig. Meistens antwortet dann sofort ein zweites Bellen oder ein ganzer Chor. Vermutlich sind das Schakale. Auf dem Dach ist es still. Aber auch hier ist Getier unterwegs, winziges, das ich nicht sehen kann. Ich höre nur das leise Schaben unendlich kleiner Füße. Ich wache gern hier. Es bildet sich dabei ein Vertrauensverhältnis zwischen der fremden Landschaft und mir. Ich lasse mich ganz und gar von ihr aufnehmen und träume, daß ich mich in nichts mehr von den Dingen unterscheide, die hier zu Hause sind: den Bäumen, den Tieren, den Steinen, den Menschen.

Heute nachmittag erzählten sich die Leute im Āshram von einem Tiger, der manchmal in der Nähe herumstreicht. Als ich um Mitternacht auf dem schmalen Dschungelpfad vom Āshram zu meiner Hütte ging, brüllte plötzlich dicht hinter mir ein Tier, dessen Stimme ich noch nie gehört hatte. Ich erschrak sehr, und natürlich fiel mir sofort der Tiger ein. Der junge Brahmāchari, der mich begleitete, sagte seelenruhig: Du brauchst dich nicht zu fürchten. Wer zu Mās Freunden gehört, steht unter ihrem Schutz. Wo wir mit ihr sind, singt selbst der Tiger Kīrtana.

Seit vielen Jahren wird (freilich wohl mit Unterbrechungen) Protokoll über Mās Leben und ihre Aussprüche geführt. Nur ein Bruchteil dieser Niederschriften ist in englischer Übersetzung publiziert.

In diesen Protokollen fand ich heute einen Bericht, der Interessantes über Mā aussagt, und zwar über ihr Eingebettetsein in ein kosmisches Verständnis, vielleicht sollte ich sagen: in eine kosmische Liebe. Vielen Schilderungen möchte ich entnehmen, daß Mā eine sehr sensible und lebensvolle Beziehung zum Wirken der kosmischen Mächte – ihrem Spiel in der Natur – hat. Die unendliche Bewegtheit des Meeres, das entfesselte Toben eines Sturmes, der brennende Himmel am Abend – früher müssen solche Erscheinungen auch dann, wenn alle anderen sich vor ihrer Gewalt fürchteten, oft ekstatischen Jubel in ihr erweckt haben. Jetzt ist alles Emotionale in eine helle Stille zurückgenommen. Aber man spürt das Vibrieren einer intimen Zwiesprache mit dem Einen, das sich im Spiel der Mächte offenbart.

Außer in den höchst seltenen Augenblicken einer mystischen *unio* ist Natur für uns immer «das *andere* Leben», das unserem menschlichen Sein gegenübersteht. Für Mā ist Natur «dasselbe Leben». Alles ist Leben «aus dem Selbst». Es gibt nichts außer diesem Selbst. Der Unterschied zwischen Natur (*prakriti*) und Geist (*purusha*) ist im Selbst aufgehoben, in dem sie lebt. Die seelisch-körperliche Gebärde, in der diese Unzweiheit (*advaita*) ihren konkreten Ausdruck findet, kann uns sehr fremd anmuten, archaisch, das heißt: «ursprunghaft». Aber in dieser Ursprunghaftigkeit spürt man eine unerhörte Tragekraft. Sie ist die Basis eines zu höchster Verfeinerung strebenden geistigen Überbaus.

Hier also der Bericht aus dem Jahr 1959:

«... Mā fuhr im Auto von Kanpur nach Luknow. In der Nähe von Unao deutete sie plötzlich aus dem Fenster und sagte: ‹Sieh nur, Didi (D. ist eine der ältesten Anhängerinnen von Mā), was für ein zauberhaftes Dörfchen. Sind diese Bäume nicht schön?› Didi hatte keine Bäume gesehen und fand ganz und gar nichts Ungewöhnliches an dem Dorf. Mā ließ den Fahrer umkehren. Sobald das Dorf erreicht war, stieg sie aus und ging rasch auf ein bestimmtes Haus zu. ‹Wo sind denn die Bäume, von denen du gesprochen hast?› fragte Didi, aber anstelle einer Antwort rief Mā über ihre Schulter zurück: ‹Bring alle Blumengirlanden und die Körbe mit den Früchten aus dem Wagen.›

Als Didi hochbeladen damit ankam, sah sie einen kleinen See und zwei junge Bäume, die Seite an Seite am Ufer wuchsen. Der eine war ein Banyan-, der andere ein Margosabaum. Mā lief auf die Bäume zu und begann sofort, sie mit einer solchen Zärtlichkeit zu umarmen und zu streicheln, daß wir sprachlos dabeistanden und höchst überrascht auf die ungewöhnliche Szene starrten. Indem sie ihre Stirn und ihre Wangen wieder und wieder gegen die Stämme der Bäume preßte, sagte sie: ‹Gut, gut, habt ihr «diesen Körper» [in dieser Weise redet Mā oft von sich selbst] also hierhergerufen, damit er euch sehen kann.›

An den Bäumen ist nicht das geringste Auffällige. Allmählich sammeln sich die Dorfbewohner an dem kleinen See. Der Mann, der die Bäume gepflanzt hatte, war nicht da, aber seine Frau kam, ein schüchternes, tief verschleiertes Wesen, das sich keinen Reim auf die Vorgänge machen konnte. Mā sagte zu ihr: ‹Achtet gut auf diese Bäume, und macht diesen Platz zum Ort eures Gebetes.› Dann schmückte sie die Bäume liebevoll mit Girlanden und verteilte alles Obst an die Dorfleute. Zu der Frau sagte sie noch: ‹Ich habe dich zu meiner Mutter gemacht, und das hier – dabei deutete sie auf sich selbst – ist deine kleine Tochter.› Während sie sich noch einmal fast zärtlich von den Bäumen verabschiedet, sagt sie ‹Margosa› (*Azadirachta indica*) ‹und Banyan› (*Ficus bengalensis*) – ‹Hari und Hara!› (Namen für Vishnu und Shiva).

Beim Weiterfahren kommt sie noch einmal auf die Episode zurück: ‹Wie merkwürdig, die beiden Bäume haben diesen Körper zu sich hingezogen wie menschliche Wesen. Das Auto trug uns schnell fort, aber es war gerade so, als hätten sie mich mit starken Armen gepackt und zögen mich zurück zu sich.›»

In einer Āshramveröffentlichung fand ich heute folgendes über die drei wichtigsten Heilswege des Hinduismus: «Mā sagt zwar, es gibt so viele Wege der Erleuchtung, wie es Menschen gibt, aber von den Gläubigen, die sich zu ihren Schülern rechnen, werden drei Erkenntniswege am häufigsten beschritten. Sie entsprechen den drei Yoga-Wegen Bhakti-Yoga, Karma-Yoga und Jñāna-Yoga.

Über den Weg des Bhakti-Yoga, man könnte ihn Yoga der Gottesliebe nennen, sagt Mā folgendes: ‹Der Sādhaka (der Gläubige, der Sādhana übt, also einen spirituellen Weg geht, der ihn zur Erleuchtung führen soll) erwählt eine Gottheit, zu der er sich hingezogen fühlt und die er zu seinem Geliebten (*ishta*) macht. Wenn er beginnt, vor einem Bildnis (*vigraha*), das für ihn die Gegenwart seines Geliebten verkörpert, zu beten, so wird er im Laufe seiner Übungen in einen Zustand geraten, in dem er den Ishta wahrnimmt, wohin auch immer sein Blick fällt.

Als nächstes wird er erkennen: Alle anderen Gottheiten sind in meinem Ishta enthalten. Er sieht nicht nur, daß der Ishta eines jeden sein Ishta ist, sondern daß alles, was es gibt, in seinem Ishta enthalten ist, und daß sein Ishta in allen Gottheiten und in allem wohnt. Dann sagt er zu sich: Sind nicht alle Formen und Weisen des Seins, die ich wahrnehme, Ausdruck meines geliebten Gottes? Denn es gibt nichts außer ihm. Er ist kleiner als das Kleinste und größer als das Größte.

Bäume, Blumen, Blätter, Berge, Flüsse, Ozeane: Die universelle Form des Einen durchdringt sie alle. Er, der Vielgestaltige, der ständig diese Formen schafft und zerstört, Er ist der Eine, den ich anbete. In dem Maße, in dem der Sādhaka in die immer vollere und weitere Erkenntnis dieser Wahrheit hineinwächst, wird ihm die ständige Verwandlung aller Formen und Seinsweisen bewußt werden, und er wird seine Einheit mit all diesen wechselnden Formen verwirklichen. So wie Eis nichts anderes ist als Wasser, so ist der geliebte Gott – obwohl er sich dem Sādhaka in der Form eines persönlichen Gottes (etwa als Krishna) gezeigt hat – doch eigentlich ohne Form und ohne Eigenschaften (das heißt, er ist das Brahman). Wenn ich das erkannt habe, stellt sich mir die Frage nach einer Manifestation meines Ishta nicht mehr. Ich erkenne ihn überall, und in ihm erkenne ich mich selbst. Denn den Geliebten finden, heißt sich selbst finden, zu entdecken, daß Gott mein eigen ist, gänzlich identisch mit mir selbst, mein innerstes Selbst, das Selbst meines Selbst...›

Karma-Yoga ist der Yoga der Opfer, Riten und guten Werke. Er verlangt von dem Sādhaka, daß er, was auch immer er tut, als einen Dienst betrachtet, den er Gott erweist. Er muß seine Arbeit daher mit großer Pünktlichkeit und Zuverlässigkeit verrichten und soll persönlich vollkommen uninteressiert am Erfolg dieser Arbeit sein. Mā sagt: ‹Wenn dein Guru dir etwas aufträgt, und es hat dich viel Mühe gekostet, diesen Auftrag auszuführen, aber im letzten Augenblick, ehe du ihn beenden kannst, wirst du abgerufen und jemand anders bringt die Sache zum Abschluß und empfängt Lob und Dank dafür, so muß dich dieser Umstand gänzlich unberührt lassen. Nur dann übst du wirklich Karma-Yoga.› Auch dieser Yoga ist ein Weg der Selbstüberwindung. Gewiß sind die guten Werke an sich wichtig, weil sie einem Mitmenschen dienen, aber für den Sādhaka spielt dieser Gesichtspunkt kaum eine Rolle: Für ihn dürfen sie nur als eine Weise der Opferung des Ich im Dienst an Gott Bedeutung haben.

Der Weg des Jñāna-Yoga – vielleicht könnte man sagen: Yoga der höchsten Erkenntnis des Brahman – wird vergleichsweise seltener beschritten. Es ist der Weg, der im engeren Sinne als «Pfad der Selbstverwirklichung» bezeichnet wird und dem Advaita-Vedānta entspricht. Während das Ich des Bhakta im Feuer der Gottesliebe verbrennt, schmilzt das Ich des Jñāna-Yoga in der Glut der Selbsterkenntnis. Der Sādhaka, der sich der höchsten Wirklichkeit (dem Brahman, dem höchsten Selbst) geistig nähern will, kann es nur auf dem Neti-Neti-Weg umkreisen. Um eine Antwort auf die Frage zu finden: Was ist das Brahman?, untersucht er jede Vorstellung, die in seinem Bewußtsein auftaucht, und findet wieder und wieder, daß das Objekt seiner Analyse des Charakters der höchsten Wirklichkeit ermangelt.

Immer wieder muß er feststellen: Neti, Neti! [Dies (ist) nicht (das Brahman), dies (ist) nicht (das Brahman)]. Das ist die Methode, das Höchste Brahman zu finden, indem man nacheinander alles Vergängliche eliminiert, auch und vor allem das eigene Ich. In der Erleuchtung offenbart sich schließlich das höchste Selbst als identisch mit dem eigenen Selbst.»

Frau Kanna, die mit ihrem Mann und den beiden Söhnen zu Besuch gekommen ist, erzählt mir Wunder (*miracles*). Sie ist alles andere als einfältig, aber offenbar fühlt sie sich in diesem Zusammenhang nicht von Skepsis beunruhigt. Das erste Wunder hat ihnen der Koch von Mās Āshram in Delhi berichtet, mit dem sie befreundet sind: Er hatte sich eines Tages auf 100 Esser eingestellt, aber 500 Leute kamen und wollten essen. Schließlich streckte er seine Vorräte, so gut er konnte, und machte 200 Menschen damit satt. Dann kam er ratlos zu Mā: «Was soll ich tun? Es sind noch 300 hungrige Leute da?» Mā befahl ihm, den Topf mit den letzten *tshapatis* zu bringen. Sie legte ein Tuch darüber und sagte: «So, nun teile aus!» An diesem Mittag wurden alle 500 Menschen satt.

Wer denkt nicht an den Bericht von der wunderbaren Brotvermehrung im Neuen Testament?

Ich habe angesichts dieser Schilderungen einen Streit mit einem jungen Schweizer, der nur für einen Tag hier ist. Er bezeichnet all diese Dinge als «Unsinn» und bringt sich selbst um die Möglichkeit, ihren «Sinn» zu erkennen, indem er sie mit den Kategorien seines primitiven Rationalismus angeht.

Ein anderes Wunder, das mir Frau Kanna erzählt: Sie saß im Āshram in Almora zu Mās Füßen, während ihr Mann mit dem Auto im Himalaja unterwegs war. Er hatte dort einen Unfall, bei dem sein Begleiter starb. Der Wagen stürzte in einen tiefen Abgrund. Zur Stunde des Unfalls fragte Mā Frau Kanna plötzlich: «Was trägst du da für eine Kette? Gib sie mir.» Es war eine Goldkette mit einem schwarzen Stein, wie sie in Indien nur von Frauen getragen wird, deren Ehemänner noch leben. Mā warf die Kette ein paarmal langsam von einer Hand in die andere, dann gab sie sie zurück: «Trage sie weiter.» Etwas später sagte sie plötzlich: «Ich denke an deinen Mann.» Am Abend kam das Telegramm mit der Nachricht von dem Unfall und der Rettung ihres Mannes.

Fast alle Leute hier erzählen mir Wunder, die sie mit Mā erlebt haben.

Viele von diesen Episoden aber würde ich nicht als «Wunder» bezeichnen, vielleicht, weil ich die sogenannten Naturgesetze viel weiter fasse. Wir durchschauen nur einen Teilbereich ihrer Wirksamkeit. Und auch dieser Bereich, an dessen Erscheinungen wir gewöhnt sind, ist voller «Wunder». Oder ist es nicht wunderbar, daß ich jeden Morgen erquickt aus einem Zustand aufwache, in dem mein Bewußtsein sich auf Pfaden bewegt, von denen ich nur bruchstückhafte Kenntnis erlangen kann? Ich finde unzählige «natürliche» Dinge nicht weniger wunderbar als Telepathie oder dergleichen. Und selbst wenn ich sagen höre, daß die Schwerkraft in Levitationen überwunden werden könne, denke ich nicht sofort: Das kann nur Betrug oder Suggestion sein. Es drängt mich aber auch nicht zu der Vorstellung: Hier ist ein «besonders wunderbares Wunder» geschehen, die Naturgesetze sind aufgehoben. Es würde mir genügen, zu sagen: Wenn dieses Phänomen tatsächlich aufgetreten sein sollte, so paßt es nicht in das Schema unserer Vorstellungen von dem, was möglich ist. Ein Beweis, daß dieses Schema zu eng ist. Aber das sind nur Stichworte, winzige Schritte in ein weites Feld, von dessen Beschaffenheit ich fast nichts ahne.

In den Protokollen einer Unterhaltung, die Mā mit einem befreundeten Mahātmā führte, las ich gestern folgendes: Er war unangekündigt zu Besuch gekommen, und jemand hatte ihm geraten, sich künftig anzumelden. Darauf sagte einer seiner Begleiter: «Aber Mā, du bist doch allwissend, warum hätten wir uns anmelden sollen?» Mā antwortete lachend: «In dieser weltlichen Welt sollte man keine Ansprüche stellen, die die Grenzen der natürlichen Erfahrung überschreiten. Gehört Allwissenheit zu dieser Welt?»

Das klingt nach einer radikalen Absage an die Menschen, die Wunder von ihr sehen wollen. Aber es gibt andere Protokolle, und es wird von vielen Menschen, auch im westlichen Sinne sehr gebildeten, bezeugt, daß Mā Wunder vollbracht hat und später mit aller Selbstverständlichkeit darüber sprach, wenn sie danach gefragt wurde.

16. Oktober 1963

Heute ist Shrī Gopīnath Kaviraj gekommen, der frühere Leiter des «Government Sanskrit College» in Benares. Er hat einen Titel, der nur wenigen führenden Männern des Landes verliehen wird: Mahāmāho-padhyaya, Großer-großer Lehrer. Offenbar ist er leidend, er bewegt sich schwerfällig am Stock. Zum erstenmal «trifft» mich eine Geste, die ich schon oft gesehen habe und eher übertrieben als eindrucksvoll fand. G. K. läßt sich mühsam vor Mās leerem Bett auf die Knie nieder und berührt den Boden mit der Stirn. Der ehrerbietige Gruß vor der abwesend anwesenden Gottheit.

G. K. hat einen runden, fast kahlen Schädel mit wenigen flammend-weißen Haaren über den Schläfen. Seine Augenlider sind schwer und häufig geschlossen. Der Mund ist breit und fleischig. Auf der Oberlippe sitzt ein kleiner Bart. Das Gesicht hat den Ausdruck von Leiden. Vielleicht von überwundenen? Wenn sich die Lider heben, kommt der Blick oft aus großer Ferne. Zuweilen aus Entrücktheit. Aber manchmal hat er eine blitzende Aufmerksamkeit, der kein Stäubchen entgeht. Dann wird er sachlich und kühl wie der eines Physikers.

Am Nachmittag wird eine große Matte auf den Zementsockel gelegt, auf dem ich gewöhnlich esse. Wir versammeln uns dort, und G. K. beantwortet Fragen. Er spricht ein stark mit Sanskrit durchsetztes Bengali, in dem immer wieder englische Ausdrücke auftauchen. Ich verstehe nur selten, um was es geht. Während er auf die Fragen wartet, sitzt er mit geschlossenen Augen da. Aber der Frager hat kaum ausgesprochen, schon hebt sich der schwere Kopf, und eine strenge Stimme antwortet mit großer Knappheit. Manchmal steigt ein vorsichtiges Lachen aus der Brust des alten Mannes auf, dann wird sein Gesichtsausdruck für einen Augenblick milde. Aber die strenge Sachlichkeit kehrt schnell wieder zurück.

Mā liegt hinter dem Gelehrten auf der Matte, seitlich hingebettet. Fast während der ganzen Zeit hält sie die Augen geschlossen. Ihr Gesicht ist entspannt wie in tiefem Schlaf. Aber immer wieder wirft sie plötzlich eine Bemerkung ins Gespräch. Manchmal wird es danach still. Auch G. K. schließt die

Augen und kommt erst nach Minuten wieder «zurück», um das zu kommentieren, was Mā gesagt hat.

Die Abende hier sind schön. Wir sitzen in Mās Zimmer oder auf der Veranda davor. Auch wenn ich draußen sitzen bleibe, finde ich einen Platz, von dem aus ich Mā sehen kann. Auf der Veranda scheint nur das Licht, das der Mond spendet. Im Zimmer brennt eine schwache Petroleumlampe. Zwanzig bis fünfundzwanzig Menschen sitzen über die Veranda verteilt, die das Haus umgibt. Selten hört man jemanden flüstern. Vermutlich meditieren oder beten die meisten. Viele halten den Rosenkranz in der Hand. In mir entsteht hier zum erstenmal ein gewisses Gemeinschaftsgefühl. Im allgemeinen scheint mir das individualistische Element bei den Hindus viel ausgeprägter zu sein als bei uns, was sich allerdings nur auf ihr religiöses Leben beziehen mag. Etwas, das dem Begriff der Gemeinde entspricht, gibt es im traditionellen Hinduismus wohl nicht. Jeder hat eine individuelle Beziehung zu seinem Guru und geht seinen eigenen Weg. Tempel, die Versammlungsorte einer Gemeinde sind, findet man kaum.

Dennoch scheint sich hier ein Gemeinschaftsgefühl zu bilden. Es ist zu dunkel, um die Gesichter zu erkennen. So bleibt jeder ungestört im Eigenen und weiß doch von jedem, daß Geist und Seele nach dem einen gemeinsamen Mittelpunkt hin geöffnet sind, freilich wiederum in sehr individueller Weise. Viele meiner Gefährten werden jetzt zu Mā beten, wie im Westen zu den christlichen Heiligen gebetet wird. Ich bete nicht, ich versuche auch nicht zu meditieren, und selbst wenn ich über eine Frage nachzudenken beginne, bleibe ich bald stecken. Ich verhalte mich still und nehme etwas auf, das so geheimnisvoll ist wie die Schönheit einer Landschaft, das Leuchten eines großen Gedankens oder der Zauber einer geliebten Musik.

Mā liegt ausgestreckt auf ihrem Bett, lange schweigend, manchmal leise mit jemandem redend. Ihre Gegenwart erfüllt uns alle. Wenn ich nach ihr blicke, glaube ich immer deutlicher zu erkennen, daß das, was uns erfüllt, mit dem Körper auf diesem Bett weniger zu tun hat, als wir meinen, nicht mehr jedenfalls als das Instrument mit der Melodie, die auf ihm gespielt wird, oder der Spiegel mit dem Bild von uns selbst, das wir in ihm suchen.

Ich vergaß zu erwähnen, daß ich jeden Morgen zwischen fünf und halb sechs Uhr auf das Dach meines Bungalows steige, um zu meditieren. Ich setze mich so, daß ich nach Osten blicke und sehen kann, wie die Sonne aufgeht. Sie scheint aus der Gangā zu steigen. Der Fluß macht dort eine Schleife. Zuerst sehe ich nur den oberen Rand einer fahlen Scheibe, die allmählich voll wird. Wenn der Sonnenball höher steigt, kommt er in eine Dunstschicht, in der er glutrot leuchtet. Auf der Gangā liegt dann ein breiter Purpurstreifen, und höher am Himmel, der noch fast weiß ist, reflektieren Dunstwolken das rote Licht. Allmählich färbt der östliche Himmel sich orange und verblaßt nach und nach. Die Sonne wird das gewaltig strahlende Auge, in das wir nicht blicken können, ohne zu erblinden.

Dort, wo der Ganges mir am nächsten ist, im Norden, dauert es länger, ehe die Schleier der Dämmerung vom Licht zerrissen werden. In geisterhaft fahlem, gelblichem Grau liegt die Flußniederung vor mir. In dieser Stunde ist die Gangā der Strom der Toten. Millionen Menschen sind seit unendlichen Generationen an seine Ufer gepilgert, um dort zu sterben. Sein heiliges Wasser hat die Asche ganzer Völker von Toten aufgenommen. Grau und gelassen folgt es der Nacht, die allmählich westwärts zurückweicht.

Ich versuche, den Vorgang in der Natur, von der ich ein Teil bin, widerzuspiegeln in mir selbst: den langsamen Anstieg des Lichtes aus Nacht und Dämmerung. Aber ist das Meditation?

Benares – Mitten im Leben der Hindus

19. Oktober 1963

Benares: nach der Stille von Vindyachal ein Hexenkessel! Wir sind fast nur im Schrittempo mit den Autos vorangekommen, und ich war wie betäubt, als wir endlich den Āshram erreichten. Was für ein Getümmel von Menschen, Autos, Rikschas, Kühen, Kamelen und noch einmal Menschen, Menschen, Menschen. Ein Elefant, neben dem die Fahrrad-Rikschas wie Spielzeug aussehen, mitten im Gedränge, den Rüssel schwenkend. Sollte er je die gute Laune verlieren ...

Die Augen sind voller Staub, auf der Haut liegt eine Schicht von Schweiß und Schmutz, alles klebt am Körper. Wellen dumpfen Gestanks kommen aus den Seitengassen, Schluchten der Armut, in denen es von unterernährten Kindern und räudigen Hunden wimmelt.

Wir müssen an der Hauptstraße aussteigen. Eine winklige Gasse führt zum Āshram. Aber hier – tiefes Aufatmen: die Gangā! Ozeanische Weite, gelassenes Strömen, Verheißung von Ruhe. Der Āshram liegt unmittelbar am Ufer. Hier ist die Stadt zu Ende. Nur noch vereinzelte Häuser am diesseitigen Ufer, dann Niederungslandschaft.

Das Gebäude hat die Form eines zum Strom hin offenen Rechtecks. Das lange Haupthaus, das parallel zum Ufer verläuft, ist vierstöckig. Vor jedem Stockwerk ist eine Veranda, von der aus die Zimmer betreten werden. Wenn ich mit dem Rücken zum Ganges im Hof stehe, befindet sich im linken Querflügel der Kanyapeet, eine Internatsschule für die religiöse Erziehung von Mädchen aus armen Brahmanenfamilien. Im rechten Flügel ist unten eine kleine Halle. Darüber sind im ersten Stock die beiden Tempelräume mit einer großen Veranda, die sich balkonartig über den Hof vorschiebt.

Die Hindutempel sind nicht Versammlungsorte der Gemeinde, sondern Wohnungen der Götter. Nur zu großen Tempeln, etwa an Orten, die von vielen Pilgern besucht werden, gehören Versammlungshallen. In den Tempeln zelebrieren die Priester, die sogenannten Pūjaris, mehrmals täglich eine Pūjā.

Sie besteht darin, daß der Gott, dem der Tempel geweiht ist, durch symbolische Handlungen wie ein geliebter und verehrter Gast vom Priester empfangen, gebadet, bekleidet, bewirtet, mit Blumen, Früchten und wohlriechenden Essenzen beschenkt wird. So bedeutet die Zeremonie zugleich Dank für die Herabkunft des Gottes und Bitte um sein segenspendendes Verweilen. Der Priester muß sich durch bestimmte Gebete und durch das Trinken von heiligem Wasser selbst reinigen, um würdig für den Empfang seines göttlichen Gastes zu werden. Dann zelebriert er den Ritus, der sich in mehreren Phasen entfaltet. Zunächst wird die Gottheit gerufen, und es wird ihr ein Sitz angeboten. Danach werden ihr die Füße gewaschen. Bei manchen Pūjās bekommt sie Milch und Honig, um sich darin zu baden. Während der nächsten Phase bietet ihr der Pūjari Kleider und Schmuck an und beschenkt sie mit wohlriechenden Essenzen, Pasten und Räucherwerk. Endlich wird ihr ein Reisopfer dargebracht, und ihre Füße werden mit Blumen bestreut.

Einer der Tempel, die zum Āshram gehören, ist dem Gott Shiva geweiht. Dort steht eine niedrige Plattform mit fünf kleinen Lingams aus schwarzem Achat. Sie gruppieren sich um einen großen Lingam. Hinter dieser Plattform sind zwei kunstlos gemeißelte Shivabüsten und ein Nandi (der Stier, das Reittier Shivas) aufgestellt. An der Mauer rechts vom Altar ist ein fast lebensgroßes Foto von Bholanath, Mās verstorbenem Mann: Aus klugen, freundlichen Augen blickt mich ein Yōgi an, dessen Bart bis tief über die Brust herabhängt. Zwischen dieser Wand und dem Altar ist das Bett des Gottes aufgestellt. Man findet es in vielen Tempeln. Es ergänzt die Empfangszeremonie des göttlichen Gastes, die in der Pūjā gefeiert wird, sinnvoll. Für den Gast soll auch ein Bett bereitstehen. In unserem Tempel ist es etwa einen Meter lang und eine genaue Nachbildung eines bequemen Bettes mit drei Kissenrollen, die in gelben Seidenbezügen stecken. Selbst das Moskitonetz wurde nicht vergessen.

Heute habe ich einen Priester der Pūjā beobachtet. Er saß vor dem Altar mit den Lingams. Um ihn herum standen mehrere Körbe mit wohlriechenden Pasten, ein Schüsselchen mit gekochtem Reis, Räucherstäbchen, eine Glocke und eine Muschel. Mit der Handglocke wird die Ankunft des Gottes verkündet. Ein langer, dumpfer Ton, der auf der Muschel geblasen wird, zeigt später das Ende des Ritus an. Die Bedeutung all der Dinge ist nicht ohne weiteres erkennbar, aber jeder dieser sakralen Gegenstände ist ein Symbol. Bestimmte Blätter symbolisieren zum Beispiel die Gewänder, die dem Gott dargebracht werden.

Ich kann dem geistigen Ablauf des Rituals nicht folgen, aber ist das so wichtig? Ich sehe die Hand des Priesters – sie ist klein und schmal – behutsam eine weiße Blüte aus dem Korb nehmen, in ein Gefäß mit Wasser tauchen und auf eine Kupferschale legen. Ich sehe seine beiden Hände eine große, rote Hibiskusblüte feierlich ergreifen, sehe, wie sich die Hände in ehrfürchtigem Gruß zu seiner Stirn erheben und wie sie die Blüte auf den Lingam legen. Später sehe ich sie mit wohlriechender Paste eine Wellenlinie auf den dunklen Achat zeichnen, sehe, wie Wasser mit einem kleinen Löffel aus einem Kupferschiffchen geschöpft und über die Symbole des Gottes gegossen wird. Immer wieder nimmt die Hand Blüten und Blätter aus den Körben – sie werden sorgfältig ausgewählt, nur die edelsten sind schön genug, um dem Gott dargebracht zu werden. Immer wieder heben sich beide Hände der geneigten Stirn entgegen, und für die Dauer eines langen Gebetes breitet sich Stille aus. Nur der sandelholzduftende Rauch über den glimmenden Stäbchen steigt kreisend empor.

All das geschieht leise, andächtig, mit behutsamen, feierlichen Bewegungen. Der Priester zelebriert die geheimnisvolle Gegenwart des Gottes: Friede weht in dem Duft des Räucherwerks zu mir her.

Bei meiner vorigen Indienreise hatte ich erhebliche Schwierigkeiten mit dem Symbol des Gottes Shiva, dem Lingam, dessen Form an einen Phallus erinnert. Es soll die schöpferische Potenz der Gottheit zum Ausdruck bringen. In diesem Jahr sehe ich die Sache unbefangen. Das Symbol ist einleuchtend. Was uns daran stört, sein physischer Bezug, tritt nur für uns so aufdringlich in den Vordergrund, weil wir nicht mehr sehen als den Stein, der eine bestimmte Form hat. Der Hindu erfährt die Anwesenheit des Gottes, seine schöpferische Macht, wenn er den Stein anblickt. Daß der Stein die Form eines Phallus hat, tritt hinter diesem geistigen Bezug völlig zurück.

Der Lingam steht gewöhnlich in einer nur leicht gewölbten Schale, einer Yoni, die das weibliche Prinzip symbolisiert. Lingam und Yoni vergegenwärtigen das Zusammenwirken der beiden schöpferischen Prinzipien in der Natur. Sie stehen für den positiven und negativen Pol der schöpferischen Aktivität, die im volkstümlichen Hinduismus als Vater und Mutter des Universums (Shiva und Shakti) verehrt werden. In der esoterischen Deutung symbolisiert die Yoni, in die der Lingam eingebettet ist, das reflektierende Medium, während der Lingam für das – sich in der Yoni reflektierende – göttliche Licht steht. Aus diesem Licht geht nach Auffassung der Hindu-Lehre die ganze Schöpfung hervor.

Eines von Mās Mädchen übersetzte mir heute ein Gespräch, das Mā mit einem katholischen Priester geführt hat, der sie nach ihrer Stellung zum Christentum fragte:

Mā (sinngemäß): «Man kann alles in Christus finden. Auch dieses kleine Kind ist in ihm. Viele Menschen verehren ihn als einen Avatāra des Höchsten Weltenherrn. Unter welcher Gestalt ein Mensch Gott auch immer anbeten mag, dieses kleine Kind heißt ihn mit Freuden willkommen. Es gibt aber Anbeter Christi, die auf alle anderen Religionen herabblicken, als wären nur sie allein Zeugen der göttlichen Wahrheit. Darin irren sie.»

Der Priester: «Wie viele Menschen gibt es, die Selbstverwirklichung erreicht haben?»

Mā: «Es gibt viele, die nahe daran sind, aber unter vielen Millionen nur einen, der sie erreicht.»

Der Priester: «Glaubt Mā selbst, sie erlangt zu haben?»

Mā lacht.

Der Priester: «Wann haben Sie sie erlangt?»

Mā: «Wann war ich nicht?»

Der Priester: «Als Christ ist es meine erste Pflicht, Gott zu suchen, aber genauso wichtig ist es, daß ich meinen Nächsten liebe wie mich selbst. Es ist meine Pflicht, den Armen zu dienen. Es gibt so viel Armut in Indien. Was denkt Mā darüber?»

Mā: «Der Hinduismus lehrt genau dasselbe. Gott in jedem menschlichen Wesen zu dienen ist ohne Zweifel ein Weg zur seelischen Reinigung.»

Der Priester: «Sie sagen, *ein* Weg. Für uns ist es der einzige. Gibt es noch andere Wege zur Vollendung?»

Mā: «Es gibt unzählige Wege. Das Dienen ist nur einer davon.»

Unsere Āshramfamilie aus Vindyachal hat sich im Handumdrehen verzwanzigfacht. Ich sehe kaum noch ein vertrautes Gesicht. Vor dem Ansturm der Leute, die hier ständig auf sie warten, ist Mā in einem Zimmer verschwunden, dessen Tür streng bewacht wird.

Gestern habe ich Shrī Gopīnath Kawiraj besucht. Sein Haus liegt in einem kleinen Garten. Sobald das Tor hinter einem zufällt, tritt man in den Raum der Stille ein, der diesen ungewöhnlichen Menschen in immer stiller werdenden konzentrischen Kreisen umschließt. Eine stämmige, zerzauste Palme, weißüberblühtes, verwildertes Gebüsch. Auf der Terrasse ein kleines Feuer, vom Diener geschürt, der wortlos über seine Schulter in Richtung Haustür deutet. Ein hoher, dunkler Gang, eine steile Treppe, alles ist schmucklos und streng. Der Arbeitsraum des Weisen mehr eine Zelle als ein Zimmer: Rings um das Bett, auf dem er sitzt, türmen sich Bücher, Zeitschriften, Manuskripte. Er deutet auf einen Hocker: «Setz dich!» Aber ich setze mich auf den Fußboden. Ganz ohne Mühe: minutenlanges Schweigen. Schließlich kommt er auf den Artikel zu sprechen, in dem ich meine erste Begegnung mit Mā beschrieben habe. Ein großes, leises Lob. Wieder Schweigen, das diesmal von mir unterbrochen wird. Ich frage, ob ich ihm erklären dürfe, wo ich im Augenblick geistig zu stehen meine.

Er nickt und hört mir mit halb geschlossenen Lidern zu. Manchmal geht ein zustimmendes Lächeln über sein Gesicht.

Als ich ihm sage, daß ich im Grunde keinen besonderen Antrieb hätte, mit Mā zu reden, öffnet er überrascht die Augen. «Das ist sehr gut», erwidert er leise, «reden Sie nicht mit ihr. Betrachten Sie sie, und suchen Sie den Kontakt jenseits der Worte.» Dann frage ich ihn, ob ich meditieren solle, obwohl ich offenbar ganz unbegabt dazu sei. «Es würde Ihnen sehr helfen.» Wir schweigen wieder eine Weile; schließlich bittet er mich, nach einigen Tagen abermals zu kommen. Er werde mir dann praktische Anleitungen geben. Seine Hände falten sich wortlos, ein fernes Lächeln, ein kaum merkliches Neigen des Hauptes. Ich bin entlassen. Nachdem ich mich aufgerichtet habe, bleibe ich noch einen Augenblick stehen. Dieses Zimmer mit den kahlen Wänden und den Bücherbergen ist mir vertrauter, als mir jemals ein eigenes Zimmer war. Ich habe die Empfindung, daß der Weise mit dem spärlichen Silberhaar und den schweren Lidern irgendwann mein Vater gewesen ist oder irgendwann mein Bruder sein wird.

Während ich auf der Riksha durch die überfüllten Gassen fahre, meine ich zu fühlen, daß sich alles, was ich um mich herum sehe, nicht außerhalb meiner selbst abspielt, sondern in mir. Die Haut, die meinen Körper umgrenzt, ist unendlich erweitert. Sie umschließt dieses alles mit. Ich erinnere mich plötzlich an die merkwürdige körperliche Empfindung, die ich vor einem Jahr hatte, als ich Mā zum ersten Mal sah. Da war es, als ob mein Herz – der physische Muskel in meiner Brust – auf das Doppelte seiner bisherigen Größe anwüchse.

Diese Stadt wimmelt von Bettelmönchen, Asketen und Angehörigen der verschiedensten Sekten und Orden. Die Unterschiedlichkeit und Buntheit ihrer Aufmachung ist großartig. Heute saß ein alter Bettelmönch neben mir und wartete auf Mā. Wenn ich mich nicht verzählt habe, so war sein Oberkörper mit nichts anderem als mit 27 Rosenkränzen von unterschiedlicher Länge und Dicke der Perlen bekleidet. Um die Hüften hatte er ein gelbes Seidentuch geschlungen, das ihn bis zur Wadenmitte bedeckte. An den Armen trug er neun rote

Reifen, drei am Oberarm, drei unter dem Ellenbogen und drei über dem Handgelenk. Mehrere breite weiße Längsstreifen liefen von der Schulter bis zur Hand. Sein Haar war mit einer roten Schnur zusammengebunden und fiel wie eine Fontäne auseinander. Es war weiß, aber es hatte gelb gefärbte Strähnen. Ebenso weiß-gelb war der breite Bart, der bis zum Nabel herabhing und das Gesicht umwucherte. Die Gesichtshaut war leuchtend gelb gepudert, die Augenhöhlen schwarz gefärbt. Ein wahres Kunstwerk war die Stirn des frommen Mannes: Sie war in der Mitte von einem breiten roten Streifen geteilt, der sich auf dem Nasenrücken fortsetzte. Zu beiden Seiten davon prangte in großen weißen Dewanagari-Buchstaben der Name seines geliebten Gottes: RĀM.

Heute morgen bin ich ganz früh aufgestanden, um nach Sarnath zu fahren, einem der heiligsten Orte des Buddhismus. Hier hat Buddha «das Rad der Lehre in Bewegung gesetzt»: Er hat zum erstenmal gepredigt. Ich nehme eine Rikscha. Es ist fast noch dunkel, als wir aufbrechen. Wir brauchen ungefähr eine Stunde für den Weg, der quer durch die Stadt führt.

Als ich den heiligen Bezirk betrete, bin ich vollkommen allein. Die Sonne geht hinter einem Wäldchen auf, wilde Tauben gurren in den Baumkronen, und ein fremder Duft überschüttet mich mit heftiger Süße. Ich ziehe meine Sandalen aus und lasse sie am Weg stehen.

Über ein weites Wiesengelände verstreut liegen die Ruinen mehrerer Tempel, Stūpas und Klöster aus der Frühzeit des Buddhismus. Das Gemäuer erhebt sich – abgesehen von einer Stūpa, die fast unzerstört blieb – nur noch bis zu zwei oder drei Metern Höhe über dem Boden. Manche Mauerteile lassen den einfachen Grundriß der Klöster erkennen: ein kleiner, zentraler Hof, umgeben von den Wohnzellen der Mönche, vor denen sich eine schmale Veranda erstreckte. An einer Seite lag der Eingangs-Portikus und ihm gegenüber – im Hof – der Schrein.

Ehe zur Zeit König Ashokas (3. Jahrhundert v. Chr.) die frühesten Klöster gebaut wurden, dehnte sich hier ein weiter Dschungel, in dem nur Asketen und wilde Tiere hausten. Die ersten fünf Schüler Buddhas, die ihren Meister verließen, als er selbst die Askese aufgab, zogen sich in diese Gegend zurück, um ihren Weg einer radikalen Abkehr von der Welt weiterzugehen. Nach Jahren traf der Meister sie hier wieder, Bodh-Gayā lag hinter ihm, er war als ein Lebender ins Nirvāna eingegangen. Seine Schüler erkannten in ihm den Erleuchteten, den Buddha, und wurden die ersten Mönche seines Ordens.

Die erwachende Landschaft ist voller Verkündigung. Ich höre ihre Stimme mit meinen nackten Fußsohlen, während ich die Ausgrabungen langsam umwandere. In allem bezeugt sich die Gegenwart des Erleuchteten. Er ist in den Schatten der alten Bäume, in dem Moos, das die zweitausendjährigen Mauern überzieht, im Schlaf der verfallenen Tempel, in der Luft, die vibriert von den Gebeten der Pilger.

Buddha, der Erleuchtete, der Gott verschwieg. Aber sind Schweigen und Reden nicht dasselbe auf der Höhe, die er erklommen hatte?

Ich strecke mich unter einem Baum aus. Wie ein violettes Seidentuch schlingt sich eine breite Fahne blühender Bougainvillea um den Ast über mir. Weiße, dichte Spinnweben liegen im Gras, weit verstreut wie die Blätter eines Buches. Die Lehre des Erleuchteten, hier zum erstenmal verkündet, wird später in die Welt getragen als Schrift. Mir fällt jener bildhafte Vergleich der Upanischaden ein, der da sagt, daß der Kosmos aus dem Brahman hervorgegangen sei wie der Faden des Netzes aus dem Leib der Spinne, Brahman aus Brahman. – In den taubehangenen Netzen funkelt die Sonne. Im Wort der Lehre spiegelt sich, was Worte transzendiert. Hier und jetzt spiegelt es sich auch in mir: als ein Dank an alle Freunde Gottes. An die, deren Namen ich weiß, und an die unzähligen Namenlosen. Bleibt bei uns, wohnt unter uns. Ohne euch wäre es ewige Nacht.

Die Tage bekommen jetzt ein festes Programm: Vormittags treffen wir uns auf dem Fundament einer im Bau befindlichen Halle, an deren Stirnseite ein großer Tempel errichtet wird. Der Zementsockel ist mit Teppichen ausgelegt und von einem Zelt überdacht. Vor dem Neubau des Tempels ist ein Sitzbett für Mā bereitgestellt, daneben ein zweites Bett, auf dem die

Redner – ein niedriges Pult vor sich – Platz nehmen werden. Die rechte Hälfte des Raumes ist für die Frauen, die linke für die Männer reserviert.

Am Vormittag beginnt die Reihe der Veranstaltungen mit einem halbstündigen Kīrtan-Singen. Dann wird zehn Minuten geschwiegen, damit wir uns für den in Hindi gehaltenen philosophischen Vortrag von Svāmi Bhāgavatanand-Giri sammeln können. Er ist einer der Dauerinsassen des Āshrams, ein breiter, älterer Mann mit einem freundlichen, stoppelbärtigen Gesicht und klugen Augen.

Abends versammeln wir uns wieder auf der Plattform. Ich schätze, daß sich rund 500 Menschen hier zusammendrängen, wir hören einen Vortrag eines emeritierten Historikers von der Universität in Kalkutta über das Rāmāyana. Der Redner ist glänzend in Form; so viel kann ich erkennen, obwohl ich sein Bengali nicht verstehe. Immer wieder gelingt es ihm, seine Zuhörer zu atemlosem Lauschen zu zwingen, und oft löst sich die Spannung in Gelächter. Manchmal sehe ich Tränen in seinen Augen und in den Augen der Menschen, die an seinen Lippen hängen.

In einer Pause seines Vortrags erklärt mir Professor Chakrawarti heute den Sanskritbegriff *kheyal*, der zu Mās Schlüsselworten gehört. In seiner landläufigen Bedeutung bezeichnet er einen plötzlichen psychischen Impuls: einen Wunsch, eine jäh auftauchende Meinung. Aber Mā hat ihn umgedeutet. Da sie selbst kein Ich mehr hat, in dem die Ursache für einen derartigen plötzlichen Impuls liegen könnte, meint sie, wenn sie von ihrem «Kheyal» spricht, eine spontane Willensbekundung des Brahman in ihrem Selbst. Es ist frei von aller Bedingtheit, eine göttliche «Stimme», die durch sie hindurch redet und ihre Schritte lenkt. Mā weiß, daß sie in jedem Augenblick für die Weisungen des Kheyal verfügbar sein muß. Es greift mit einer scheinbar rücksichtslosen Spontaneität ein. Darum sind Mās Schritte nur selten berechenbar. Man muß immer darauf gefaßt sein, daß das Kheyal plötzlich alle Pläne, die für Mā gemacht werden, umwirft.

In dieser ständigen Verfügbarkeit drückt sich ihre vollkommene Unterwerfung unter den Willen Gottes aus. «Nur weil sie kein Ich hat, spricht die göttliche Wahrheit durch sie.» Das ist die Deutung, die der Professor mir für das Kheyal gab. Er fügte hinzu: «Es mag sein, daß auch wir gewöhnliche Menschen manchmal von der Wahrheit als Mund benützt werden. Aber Mā ist in einem ständigen Kontinuum mit der Wahrheit Gottes oder mit dem Brahman. Das unterscheidet sie von uns. Auch wenn sie eine Frage nicht beantwortet, ist ihr Schweigen eine Willensbekundung der ewigen Wahrheit.»

Wenn Mā auf der Veranda vor den Tempeln sitzt, wird oft eine blinde Greisin im orangefarbenen Mönchsgewand zu ihr geführt. Sie macht einen hinfälligen Eindruck. Manchmal sagt sie etwas, das flehend klingt. Zuweilen betastet sie Mās Füße. Mā hält dann ganz still, mit einem Gesichtsausdruck, der mich heute plötzlich an eine Bluttransfusion denken ließ. Ich habe vor Jahren beobachtet, wie ein Mann sich Blut abzapfen ließ, das einem verunglückten Kind übertragen werden sollte. Dieses Gefühl: Nimm von meiner Lebenskraft! Hier der geistigen, dort der biologischen.

Als die Greisin ihre Hände sinken ließ, legte sie den Kopf in den Nacken, und ihre blinden Augen waren auf Mās Gesicht gerichtet. Mā stand dicht vor ihr. Sie sah gesammelt und ernst aus. Ein langer, ruhiger Blick senkte sich in die blinden Augen. Zerteilte er die Nacht? Auf dem Gesicht der alten Frau war plötzlich eine große Helle. Dann barg sie es in ihren Händen. Mā wandte sich schnell ab. Während die Blinde fortgeführt wurde, weinte sie.

Eine andere, kahlköpfige Frau im mönchischen Gewand, die auch schon recht alt zu sein scheint, sitzt häufig zu Mās Füßen auf der Veranda. Oft bekommt ihr Gesicht einen Ausdruck ekstatischer Hingerissenheit, der mich für sie wünschen läßt, sie säße «im stillen Kämmerlein» und nicht hier unter unseren Blicken. Aber das peinliche Gefühl, das die Preisgabe innerer Vorgänge gegenüber fremden Augen bei uns auslöst, haben diese Menschen wohl nicht. Wenn ich darüber nachdenke, weiß ich auch nicht, warum ich mir etwas auf unsere seelische Schamhaftigkeit einbilden sollte. Zwei Stile – einer so «berechtigt» wie der andere. Diese Frau ist ein typischer Bhakta: ein

Gläubiger, der den Weg der Gottes*liebe* gewählt hat, um zur Erleuchtung zu gelangen.

24. Oktober 1963

Seit Tagen feiern wir Durgā-Pūjā. Es ist eines der wichtigsten Feste des Hindukalenders, vor allem für die Bengalen. Durgā soll die am meisten verehrte weibliche Gottheit sein. Ihr Name wird mit «die Unnahbare» übersetzt. Ich habe schon oft versucht, durch Fragen zu ergründen, was sich die Menschen, die hier zu ihrer Ehre versammelt sind, unter ihr vorstellen. Unser westlicher Drang, die Phänomene scharf zu umreißen und genau zu unterscheiden, stößt hier auf Widerstand. Manche Leute versichern mir, Durgā sei nur ein Name unter vielen für die eine Höchste Wirklichkeit des Brahman. Andere erklären, jeder dieser Namen bezeichne eine gesonderte Gottheit.

Ein Beispiel schwerverständlicher Widersprüchlichkeit in sich scheint der Gott Shiva zu sein. Sein Name bedeutet «der Gute» oder «der Gnädige». Aber in der Dreigestalt (*trimūrti*) der höchsten Gottheiten, die an der Spitze des Pantheons stehen: Brahmā-Vishnu-Shiva, verkörpert er (unter anderem) die Zerstörung der Welt. Dennoch ist der Lingam sein Symbol, das die schöpferische Potenz ausdrückt. Diese Götter erweisen uns nicht den Gefallen, übersichtlich jeweils eine begrenzte göttliche Eigenschaft zu verkörpern. Ihr Wesen ist vielschichtig. Und gar die Vielschichtigkeit, die Shiva beweist, wenn wir versuchen, seine Gemahlinnen kennenzulernen. Die bekanntesten sind: Shakti, Pārvatī, Durgā, Kālī.

Hier und jetzt haben wir es also mit Durgā zu tun, und auch ihr Wesen ist geheimnisvoll vielschichtig. Die Menschen, die sich zu ihrem Fest versammeln, verehren in ihr die «Höchste Mutter», die «Mutter des Erbarmens», die «Ewig Liebende». Soweit ich mich erinnere, habe ich freilich noch nie eine bildliche Darstellung der Durgā gesehen, in der sie anders als in ihrem zehnarmigen Kampf mit einem bösen Dämon gezeigt wurde. Die Mythen berichten von ihren neun blutigen Siegen über mächtige dämonische Wesenheiten, aber die Dämonen, die die «Ewig Liebende» besiegt, wohnen auch in uns als Haß, Gier, Rachsucht... Kürzlich fand ich ein Zitat aus einem der heiligen Bücher des Hinduismus, in dem Durgā angerufen wird: «Allein in dir, o du Göttliche, die Segen über alle drei Welten aussendet, erblicken wir Grausamkeit im Kampf, verbunden mit Erbarmen im Herzen.» Svāmi Bhāgavatanand-Giri gibt mir einen Kommentar dazu: «Der besiegte Dämon kann allein dank dieser Niederlage im Kampf mit der Göttin das Nirvāna erlangen.»

In der Stadt sah ich heute mehrere Durgās, von Kulis getragen, auf dem Weg zu den Tempeln, in denen sie aufgestellt werden sollen. Es ist Brauch, daß die Durgā-Bilder für die große Pūjā angefertigt werden: Die Hersteller formen das vollplastische Bild zunächst aus Draht vor (es hat ungefähr halbe «Lebensgröße»). Dann werden die Umrisse der Gestalt aus Stroh gebildet und schließlich aus Lehm modelliert und bemalt.

Unser Durgā-Bildnis kam heute mittag und wurde in dem Tempelraum, der zum Wohnhaus von Mās Bruder gehört, aufgestellt. Ich konnte es nur flüchtig sehen. Die zehnarmige Göttin: eine kraftvolle weibliche Gestalt in rotem Gewand und mit goldener Krone, zu ihren Füßen ein scheußlicher, grünfratziger Dämon (soviel ich sehen konnte, in der Gestalt eines Stieres), besiegt von der Streitbaren. Rechts und links von Durgā standen zwei kleinere Göttinnen. Sarasvatī, die Göttin der Gelehrsamkeit und Kunst, und Lakshmī, die Göttin der Familie und des Wohlstandes. Das Ganze ungemein farbenprächtig, bewegt, naiv und sprechend.

Der Ritus darf nur von Angehörigen der Brahmanenkaste, die sich einer strengen geistigen und körperlichen Reinigung unterworfen haben, vollzogen werden; und die Priester dürfen nur seidene Gewänder tragen. Ich stehe auf der Schwelle zu dem kleinen Hof, gegenüber der Tempeltür, und sehe undeutlich, daß die Göttin fast völlig hinter den Blumengirlanden verschwindet, mit denen sie geschmückt ist. Mās Bruder, von zwei jüngeren Mönchen unterstützt, feiert den Ritus, dessen einzelne Phasen ich nicht erkennen kann. Mā selbst sitzt vor dem Tempel, neben ihr die drei Söhne ihres Bruders, zwei davon sind noch Kinder, auch sie, wie ihr Vater, in Dhotis aus ungefärbter Rohseide.

Die Tür des Tempels ist mit Blumengirlanden geschmückt. Überall stehen Palmenzweige und hängen leuchtendbunte Gebinde. Der erste Tag des Festes: Heute wird dem Götterbild Geist eingehaucht. Morgen ist «der Tag der göttlichen Mutter». Am dritten Tag wird «Durgās Sieg über den Dämon» gefeiert, und am vierten «sagt Durgā Lebewohl!».

Ich habe fast den ganzen Tag auf der Schwelle des kleinen Hofes gestanden, der zu dem Haus gehört, in dem Mās Bruder mit seiner Familie lebt. Es liegt unmittelbar neben dem Āshram. Einer der Erdgeschoßräume ist als Tempel eingerichtet, und hier wird der eigentliche Ritus zelebriert. Mā hat mich sonst oft zu sich in den Hof kommen und zu ihren Füßen sitzen lassen, um mich vor dem atemberaubenden Gedränge zu bewahren. Jetzt läßt sie mich auf der Schwelle stehen. Ich habe das Gefühl, daß viele der hier versammelten orthodoxen Hindus die Anwesenheit eines Nicht-Hindus als störend empfinden. Manche versuchen ganz unverhohlen, mich von meinem Platz auf der Schwelle, die zu überschreiten ich mich hüte, fortzudrängen.

Ich beobachte stundenlange Lesungen der Priester und das geheimnisvolle Spiel mit Blumen, Blättern, geweihten Essenzen, Tüchern, einem Gerät, das wie ein Staubwedel aussieht – sein Griff ist aus kunstvoll zisieliertem Silber –, Räucherstäbchen, Früchten und einer Muschel, der die Priester manchmal einen dumpfen Hornklang entlocken. Zugleich stoßen die Gläubigen einen lauten Ton aus, der wie das Heulen einer Sirene klingt. Wieder und wieder werden die Geräte, die Bücher, die Schwelle des Tempels und alle Anwesenden mit Gangeswasser besprengt. Mā scheint besonderen Wert darauf zu legen. Ich höre sie öfter *«gangājal»* rufen. Dem Wasser des heiligen Stromes wird reinigende Kraft zugeschrieben. Die Göttin will nur in einem Tempel verweilen, aus dem alle Unreinheit vertrieben ist, und auch der Leib ihrer Anbeter bedarf der symbolischen Reinigung durch *gangājal*. Jeder Pūjā liegt, gleichsam als Idee, zugrunde, was ich auf Seite 54 geschildert habe. Einzelheiten des Rituals ändern sich, je nachdem, für welche Gottheit es gefeiert wird. Zum Beispiel werden bestimmte Früchte oder Pflanzen bestimmten Göttern geopfert, denen sie heilig sind. Während der Durgā-Pūjā werden außerdem Hymnen aus den Shāstras gelesen, in denen die «Unnahbare» und ihre Taten verherrlicht werden.

Viele von den Menschen, die sich hier versammeln, sind einfache Leute. Um jeden Preis suchen sie nach einer Gelegenheit, Mā zu berühren – und sei es nur ihr Gewand, ihren Schuh oder ihr Bett. Durch diese Berührung, so glauben sie, werden göttliche Kräfte auf sie übertragen, von denen sie ganz konkrete Hilfe erwarten: etwa die Heilung von einer Krankheit, die Befreiung von Arbeitslosigkeit, Frieden in einem Familienstreit, einen wohlhabenden Schwiegersohn usw.

Es schmerzt mich, wenn ich sehe, wie Mā von dieser Primitivität «eingekreist» und wie sie auch körperlich von den Leuten bedrängt wird. Manchmal kommt mir dies alles wie ein großes Mißverständnis vor. Ist es genug, sich jemandem wie Mā zu nähern, nur um ein wenig von seinen geistigen Kräften abzuzapfen und davonzutragen wie einen Raub? Verzichten diese Leute dann nicht selbst auf das eigentliche Geschenk, das Mā für sie bereithält?

Wahrscheinlich sind das falsche Fragen. Mā sagt: «Ich bin ein Instrument. Wie die Musik dieses Instrumentes klingt, hängt davon ab, wie es gespielt wird.» Immer wieder weist sie darauf hin, daß es unzählige Ebenen der Unwissenheit und der gradweisen Erkenntnis gibt. Alles, was ein Mensch von der Ebene aus, auf der er sich befindet, mit ehrlicher Überzeugung denke und tue, sei richtig. Wer auf der Ebene des Fetischismus lebt, handelt also richtig, wenn er damit zufrieden ist, Mās Gewand zu berühren. Wer primitive Musik spielt, hört primitive Musik. Aber das Erstaunliche ist: Nichts läßt erkennen, daß das Instrument sich lieber von einem Künstler als von einem Stümper spielen läßt. Mā begegnet den einfachen Leuten mit der gleichen fröhlichen Herzlichkeit wie den gebildeten und hochstehenden. Es ist also Unsinn, daß ich mich in sentimentalen Betrachtungen über das tragische Los des Heiligen in dieser Welt von unerzogenen Kindern ergehe. Wahrscheinlich tauchen solche Gedanken nur auf, weil ich mich selbst ungemein «erwachsen» und darin nicht angemessen gewürdigt fühle.

Als ich vorhin laut darüber «meditierte», daß manche von Mās Verehrern sich den Weg zu ihr mit brutaler Rücksichtslosigkeit bahnten, sagte Vasu, eines der jüngsten von Mās Mädchen, lachend: «Was willst du? Sie liebt die unartigen Kinder genauso wie die artigen. Und sie weiß, daß die Unartigen sie noch nötiger brauchen als die anderen, die sowieso schon gelernt haben, ihre Wünsche zu zügeln und sich nicht überall vorzudrängen.»

Im Hof vor dem Tempel wird Kumārī-Pūjā gefeiert, ein Bestandteil der Durgā-Pūjā. Für das Wort *kumārī* finde ich folgende Erklärung in einem Buch von Shrī Gopīnath-Kaviraj: «... die ewige unbefleckte Jungfrau, die göttlicher Natur ist. Ihre Form nahm die göttliche Macht vor der Erschaffung der Welt an. Kumārī ist die Mutter der ganzen Schöpfung.»

In diesem Ritus werden drei kleine Mädchen (sie dürfen nicht älter als zehn Jahre sein) zu Symbolen – Mā spricht oft von «Brennpunkten» – der Anbetung der göttlichen Kumārī erhoben. In leuchtendroten Saris sitzen die Kleinen (es sind Schülerinnen der Āshram-Schule) nebeneinander im Hof. Sie haben die Knie an den Leib gezogen, und ihre Füße stehen auf Silbertellern. Die Fußsohlen sind rot gefärbt. Alle drei haben den Sari über den Kopf gelegt und sind mit Blumen bekränzt. Vor ihnen stehen die Gerätschaften, die vor den Götterbildern in den Tempeln bereitgestellt werden, ehe der Priester die Pūjā feiert.

Ein bengalischer Rechtsanwalt, der seit geraumer Zeit hier im Āshram lebt, um seinem Ruhestand durch religiöse Übungen Sinn und Inhalt zu geben, übernimmt die Rolle des Pūjaris. Er ist ein freundlicher alter Herr, in einen gelben Umhang gekleidet, und er setzt sich gemächlich vor die Mädchen auf den Boden. Wie bei allen Pūjās wird die Gottheit durch symbolische Handlungen begrüßt, gespeist, getränkt, gebadet, mit edlen Essenzen gesalbt. Während der Priester den Text des Rituals aus einem Buch vorliest, besprengt er die Kleinen gleichzeitig mit dem reinigenden *gangājal*, legt ihnen Blüten auf die Köpfe und Füße, füttert sie mit Süßigkeiten und läßt sie aus einem geweihten Gefäß trinken. Das alles geht mit so ungezwungener Natürlichkeit vor sich, daß man meinen könnte, hier füttere ein freundlicher Großvater seine Enkel. Eines der Mädchen macht sich offenbar nichts aus den Süßigkeiten, die es essen soll. Lange Zeit preßt es eigensinnig die Lippen aufeinander, aber es rechnet nicht mit der Geduld «seines Großvaters», der ihm immer wieder ein Bröckchen der Speise an den Mund hält. Schließlich öffnet es die Lippen und schluckt tapfer.

Bei Sonnenuntergang ist heute das Bild der Göttin in die Gangā versenkt worden. Gegen fünf Uhr wurde es in großer Prozession ans Ufer hinuntergeleitet und auf einen breiten Kahn getragen, der von zwei Männern gerudert wurde. Wohl ein Dutzend Leute bestiegen den Kahn und ich mit ihnen.

Das Götterbild wurde an die eine Längsseite des Bootes gestellt, so daß vor ihm ein breiter, freier Platz blieb. Die Mitfahrer stellten sich im Heck und Bug auf.

Zwei Stunden lang kreuzten wir in großen Schleifen über die Gangā. Allmählich füllten sich die *ghats* (Ufertreppen) mit Tausenden von Menschen, die dem Götterbild Geleit gaben. Hier und da stießen Kähne vom Ufer ab, wie der unsere mit Durgā-Bildnissen beladen. Auf vielen wurde gesungen und musiziert.

Auf unserem Boot tanzte ein junger Bengale ohne Unterbrechung stundenlang vor dem Bildnis der Göttin. Er hielt dabei eine Tonschale voll glühender Kohlen und Räucherwerk in der Hand. Ein weites, bräunliches Hemd fiel ihm bis auf die nackten Füße. Sein Gesicht war mir schon öfter aufgefallen: Er hat eine dunkle Haut und kurzgeschorenes Haar. Nur am Hinterkopf ist ein fingerlanges, dünnes Zöpfchen stehengeblieben. Der Schnitt der Augen und die stark hervortretenden Backenknochen wirken mongolisch. Sein Mund ist kräftig, aber nicht wulstig. Sein Körper hat eine tigerhafte Eleganz und Geschmeidigkeit. Anfangs tanzte er langsam und fast schwerfällig. Er führte das Gefäß mit dem Räucherwerk über den Kopf und unter seinem rechten Arm hindurch, dabei bewegte er sich halb schreitend, halb tanzend im Kreis. Aber die Musikanten (Trommeln, Muschelhörner, Gongs) ließen ihm nicht lange Ruhe. Zügig steigerten sie das Tempo und zwangen ihn zu immer schnelleren Sprüngen. Mit wildem Hüftschwenken riß es ihn zwischen Heck und Bug im Kreis herum. Manchmal sprang er mit geschlossenen Füßen, manchmal mit gespreizten Knien. Immer wieder schnellte er steil in die Höhe und schrie den Namen der Göttin: «Durgā-Mātā!» (Mutter Durgā) – *«jai»* (Heil) antwortete der Chor. «Ānandamayī-Mātā!» – *«jai!»* Allmählich jagten ihn die Trommeln in einen rasenden Taumel: Mit zurückgeworfenem Kopf, verdrehten Augen und klaffendem Mund tanzte er seine Ekstase. Dann hatten die Musikanten Erbarmen und verlangsamten ihr Tempo. Seine Bewegungen zuckten nur noch wie ein verlöschendes Feuer. Er kam zu sich, lächelte uns an und verfiel in ein ruhiges Kreisen.

Indes war die Sonne hinter der Stadt versunken. Das östliche Ufer mit seinem breiten Strand färbte sich rosig, und die Uferwasser leuchteten aquarellblau. Auf der Mitte des Stromes war das Wasser violett. Langsam wuchsen die Schatten der Stadt zu uns herüber. Blaß tauchten die ersten Sterne im milchigen Blau auf.

Der Tänzer nahm noch einmal Abschied vom Bild der Göttin, indem er steil in die Höhe schnellte und ihren Namen schrie: «Durgā-Mātā!» – *«Jai!»* – dann wurde es dem Strom übergeben, zugleich mit vielen Bildnissen von anderen Kähnen. In dem Augenblick, in dem Durgā-Mātā im Ganges unterging, verschwand ihr Tänzer mit ihr. Aber er tauchte lachend wieder auf, ließ sich in den Kahn ziehen und tanzte sofort weiter. Als wir unterhalb des Āshrams landeten, ließ er – nach zweistündigem Tanz – keinerlei Ermüdung erkennen. Er sprang die fast hundert Stufen leichtfüßig hinauf, lief vor Mās Zimmer und begann dort aufs neue zu tanzen, indem er ihren Namen jubelte. Später drohte ihn die Ekstase zu verschlingen. Er hatte nicht mehr die Bewußtseinskraft, seinem eigenen Tanz ein Ende zu setzen. Mehrere Männer mußten ihn dazu zwingen.

Philosophische Gespräche am Ganges

Mās Mädchen sagten mir heute, daß Mā Fieber habe und sich schlecht fühle. Der Vormittags-Darshan war kurz. Sie sah müde aus und sagte kaum etwas. Am frühen Nachmittag war ihr Zimmer stundenlang abgeschlossen. Wahrscheinlich hat sie eine Grippe.

Ich stand in der Nähe ihrer Tür, als Mā wieder erschien. Ihr Gesicht war fahlgrau. Man sah ihr an, daß sie noch vom Schlaf befangen war. Sie taumelte ein wenig, als sie sich auf den Weg zu ihrem Platz zwischen den Tempeln machte. An einer Ecke des Ganges stand, für Mā unsichtbar, ein Mann mit einer großen Girlande aus fast noch geschlossenen Lotos-Knospen. Diese Knospen sind hart und schwer. In dem Augenblick, in dem Mā um die Ecke bog, schlug der Mann ihr die Girlande mit solcher Wucht über die Schultern, als wollte er sie damit zu Boden werfen. Mā war auf diesen «Überfall» nicht gefaßt, um so weniger, als sie noch halb schlief. Sie zuckte erschrocken zusammen. Ein Ausdruck von Gequältheit kam in ihr Gesicht, zugleich hörte ich sie leise stöhnen: Hari, Hari, Hari! (Gott, Gott, Gott!) Aber noch in derselben Sekunde vertrieb ein Lächeln den Ausdruck des Schmerzes. Es schien zu sagen: Was für Kinder ihr doch seid! Aber ihr wißt es nicht besser. Ich liebe euch! Einen Augenblick blieb sie stehen. Dann ging sie in ihr Zimmer zurück.

Ich beobachte Mā nun schon seit sechs Wochen genau. Ich weiß nicht, wie viele tausend Menschen ich sie in dieser Zeit einzeln habe begrüßen sehen. Seit fast vier Jahrzehnten drängen sich Tag für Tag die Trostbedürftigen, die Anbetenden, die Neugierigen, die Erkenntnishungrigen zu ihr. Immer empfängt sie sie mit einem Lächeln, dessen Charme unwiderstehlich ist. Dieses Lächeln hat viele Nuancen, nur seine Liebenswürdigkeit ist unveränderlich.

Neulich wurde mir klar, daß ich Mā gelegentlich in der unbewußten Absicht «belauere», sie endlich einmal bei einem Lächeln zu ertappen, das nur Maske ist, nicht wirklich im Moment empfundene liebevolle Zuwendung. Es ist mir bis heute nicht gelungen, und ich bin glücklich darüber, obwohl es mir vielleicht eine fragwürdige Genugtuung bereiten würde, sie doch einmal lächeln zu sehen wie die Großen der Welt. Es würde mir diese Genugtuung vielleicht bereiten, weil das, was ich hier an Mā beobachte, nach menschlichem Ermessen kaum möglich ist. Und weil es «stört», etwas zu erleben, das vernünftigerweise nicht sein kann: Bekundung einer Freundlichkeit, die in 40jähriger «Abnützung» nichts von ihrer Frische, Ursprünglichkeit, Echtheit und Kraft eingebüßt hat.

Die unscheinbare Episode heute, als Mā so rücksichtslos von dem Mann «überfallen» wurde: Sie fühlte sich krank, und sie war noch schlafbefangen; der Schreck, eine Stichflamme körperlicher Schmerzen – sehr deutlich von ihrem Gesicht ablesbar – und schon, nahtlos, das liebevolle Lächeln. Nachdem sie in ihrem Zimmer verschwunden war, fragte sie eines der Mädchen, ob viele Leute in der Veranda auf sie warteten. Als die Frage bejaht wurde, machte sie sich sofort wieder dorthin auf den Weg. Sie ging mühsam, wie ich sie noch nie habe gehen sehen. Vermutlich ist sie recht krank. Als sie dann schweigend auf ihrem Platz saß – sie verließ ihn nach zehn Minuten wieder –, hatte sie einen unbeschreiblich rührenden und beredten Ausdruck: Seht mich an, ihr Lieben, sagte er. Manchmal ist unser Fleisch sehr elend. So wie meines heute. Aber Gott ist voll unendlicher Herrlichkeit und Kraft. Blickt auf ihn, durch mein elendes Fleisch hindurch.

Charme und Charisma haben denselben Wortstamm. Wenn man Mā ansieht, begreift man es unmittelbar. Ihr Charme ist eine religiöse Gabe. Das gilt auch für ihre unterschiedslose Freundlichkeit. Man versteht das wohl nur richtig, wenn man es innerhalb der Vorstellung von der Einheit des Brahman deutet, die den Rahmen für Mās Selbstverständnis bildet: Ihre Freundlichkeit ist ein Ausdruck der Liebe, mit der Gott sich selber liebt.

Als ich gestern abend in einem kleinen Restaurant Tee trank, kam ich mit einem Herrn ins Gespräch, der mir schon öfter im Āshram begegnet ist, einem jüngeren Arzt aus Madras. Er hat gerade eine Fachausbildung in Amerika abgeschlossen. Während er sich in meiner Nähe niedersetzte, sagte er: «Nicht wahr, Sie sind sicher der Meinung, daß Riten in jedem Fall eine Angelegenheit für primitive Gemüter sind?» Und ehe ich antworten konnte: «Sind Sie katholisch oder protestantisch?»

«Ich bin in einer protestantischen Familie geboren, gehöre aber zu keiner der Kirchen mehr. Vieles am Katholizismus ist anziehend für mich.»

«Und zur Frage der Riten?»

«Das ist nicht so einfach. Manche Protestanten verachten den Ritenreichtum der Katholiken. Sie finden ihn primitiv. Eine vergeistigte Religiosität braucht diese Stützen in der Welt des Sichtbaren, Hörbaren, Fühlbaren und Riechbaren nicht mehr. So sagen sie gern. Aber haben sie recht damit? Die Sehnsucht nach Gott oder die Freude an ihm drückt sich in der inneren – der sogenannten geistigen – und in der äußeren Gebärde aus. Warum nicht? Weder das eine noch das andere muß primitiv sein. Die ritenfeindliche protestantische Haltung kann Verarmung, Austrocknung bedeuten, wie die ritenfreudige katholische Haltung Veräußerlichung bedeuten kann.»

Mein Gegenüber hat mir lebhaft nickend zugehört: «Wissen Sie, daß Ihre Haltung genau der des Hinduismus entspricht? Wir billigen beide Weisen und lassen jedem die Wahl. Sie haben gesehen, mit welcher Freude und Intensität Mā das Ritual feiert, dabei ist sie gewiß nicht auf eine äußerliche Stütze angewiesen.»

Wir schweigen eine Weile, dann nimmt der junge Arzt das Gespräch wieder auf. «Und wie steht es mit der Idolatrie, die der Westen uns so gern vorwirft? Finden Sie, daß unsere Idolatrie sich wesentlich von der der Christen unterscheidet?»

«Darüber habe ich nachzudenken versucht, aber ich bräuchte mehr Ruhe dafür, als man in dieser Stadt finden kann. Zunächst: Was verstehen Sie unter Idolatrie?»

«Im strengen Sinne wohl, daß jemand glaubt, ein Götterbild sei als solches selbst Gott oder göttlich. Aber ich bezweifle, daß es das im Hinduismus noch irgendwo geben kann.»

«Im Christentum gibt es das auch nicht.»

«Ich habe häufig Katholiken anbetend vor Bildnissen ihrer Heiligen knien sehen, so wie wir uns vor den Bildnissen unserer Gottheiten verneigen.»

«Natürlich: Vor dem Bildnis der Jungfrau Maria wird zu ihr gebetet. Das Bildnis selbst genießt keine Anbetung. Es hilft dem Gläubigen nur, sich betend auf die geistige Gegenwart dessen vorzubereiten, der im Bild dargestellt ist.»

«Genauso hätte ich es für unsere Götterbilder formuliert. Das Bild ist nur die Repräsentation der Gottheit. In der Dreidimensionalität die gröbste, in der zweidimensionalen Darstellung (Gemälde) verfeinert. Im Symbol, etwa dem Shiva-Lingam, schon erheblich sublimer und im Yantra, der Vergegenständlichung des Mantras durch ein Diagramm, fast schon ganz aus der stofflichen Welt herausgelöst.»

«Aber nur bei der Pūjā – am ersten Tag wurde die Göttin herbeigerufen. Dem Bildnis aus Draht, Stroh und Lehm wurde göttliches Leben eingehaucht. Am letzten Tag wurde der Göttin Lebewohl gesagt. Wie kann Gott veranlaßt werden, zu kommen und zu gehen? Sieht das nicht doch nach primitiven magischen Praktiken aus?»

Mein Gesprächspartner lachte herzhaft: «Auf diese Frage habe ich gewartet. Als ich Sie neulich auf der Hofschwelle stehen sah, glaubte ich in Ihrem Gesicht zu lesen, daß Sie sich mit solchen Fragen herumschlugen. Ich nahm mir vor, mit Ihnen darüber zu sprechen, falls sich eine Gelegenheit böte. Hören Sie: Es mag sein, daß primitive Menschen glauben, der Priester habe Macht über eine Gottheit und könne sie erscheinen oder verschwinden lassen. Aber das ist ein Mißverständnis. Gott ist in all seinen Aspekten – auch in Durgā – allgegenwärtig. Wenn der Betende ihn herbeiruft, das heißt gleichsam in das Bildnis aus Lehm hineinruft, so gibt er damit nicht der Gottheit, sondern nur seinem eigenen Geist einen Befehl. Er befiehlt sich, die Gegenwart des Gottes zu erkennen, wahr-zu-nehmen. Wir vergessen sie so leicht, darum bedürfen wir solcher Riten zur Verdeutlichung und Ermahnung.»

«Schön, aber wieso kann der Gläubige den Gott dann am

Ende der Pūjā wieder fortschicken, gleichsam aus dem Bild vertreiben?»

«Wie wenig uns das Bild selbst bedeutet, kann nicht überzeugender ausgedrückt werden als dadurch, daß wir es ins Wasser werfen. Wenn der Gott es verlassen hat, ist es nur noch Lehm und Stroh. Leider können wir – jedenfalls die meisten von uns – nicht in ständiger Anbetung verweilen. Die Pūjā muß ein zeitliches Ende haben. Aber wir vernichten das Bild, damit es nicht stehenbleibt und wir vielleicht vergessen, daß es nur aus Lehm ist, und ihm selbst göttliche Kraft zuschreiben. Wenn wir – genötigt durch unsere Lebensbedingungen – die Pūjā beenden und das Bild vernichten, sagen wir dem Gott Lebewohl. Nicht weil er von uns fortginge – er ist allgegenwärtig und immer bei uns –, sondern weil wir unsere Aufmerksamkeit anderen Dingen zuwenden müssen, unserer Familie, unserem Beruf, was auch immer es sei. Sie wissen ja, daß jede Pūjā den symbolischen Empfang des Gottes als eines geliebten und verehrten Gastes feiert. Das heißt nicht, daß er nur in der kurzen Zeitspanne des Ritus bei uns ist. Es heißt, daß wir uns in dieser Zeitspanne auf seine heilige Gegenwart besinnen.»

«Sind Sie eigens zur Durgā-Pūjā nach Benares gekommen?»

«Nein, ich mache mir nichts aus Riten, welcher Art auch immer. Ich bin gekommen, um Mā wiederzusehen und sie um ihren Segen für meine Pläne zu bitten.»

«Darf ich wissen, welcher Art diese Pläne sind?»

«Warum nicht! Ich habe in Amerika eine junge israelische Ärztin kennengelernt, die ich heiraten möchte.»

Professor Chakrawarti fährt Abend für Abend fort, das Rāmāyana zu erzählen und zu kommentieren. Gestern hatten wir Besuch von einem Rāma-Bhakta, einem jüngeren Mönch, der den Weg der Liebe zu Gott Rāma gewählt hat, um auf ihm Erleuchtung zu finden. Er trug einen weiten, orangefarbenen Kittel und einen kleinen Turban aus demselben Stoff. Sein Haar war in zwanzig oder mehr dünne Zöpfchen geflochten, die ihm bis auf die Brust herabfielen. Er hatte einen kleinen Oberlippenbart und ein faseriges Bärtchen in der Mitte des Kinns. Als der Professor den Rednersitz verlassen hatte, nahm der Bhakta dort Platz, nachdem er zuvor Mās Bett ehrerbietig mit der Stirn berührt und eine Girlande von ihr bekommen hatte. Die 300 bis 400 Leute, die wie jeden Abend versammelt waren, lärmten unbekümmert wie immer, wenn das Programm unterbrochen wird.

Etwa eine Viertelstunde lang saß der Bhakta mit geschlossenen Augen und gesenkter Stirn mitten in diesem Lärm. Seine sich bewegenden Lippen verrieten, daß er betete. Plötzlich begann er halblaut zu beten: «Rām, Rām, Rām ...» Als er die Augen aufschlug, stürzten Tränen über sein Gesicht. Immer noch betend, sah er, blind vor Verzückung, über die Köpfe seiner Zuhörer hinweg. Erschien der Gott Rāma vor seinem inneren Auge?

Dann begann er leise zu singen. Je stiller seine Zuhörer wurden, um so kraftvoller sang er. Nichts an seiner Stimme entsprach dem natürlichen Laut eines menschlichen Organs. Unerhört fremde Klänge für meine Ohren, aber eine artistische Leistung: näselnd, gepreßt, jammernd, plötzlich schrill aufschreiend, voller kühnster Dissonanzen wie das Vibrieren von Stahlsaiten, gurgelnd, knarrend. Sein schmales, dunkles Gesicht war von Schweiß übergossen, die Lider halb gesenkt.

Plötzlich unterbrach er sich. Er saß einen Augenblick mit zurückgeworfenem Kopf, geschlossenen Augen und zitternden Lippen da, dann schien er zu sich zu kommen. Er blickte freundlich im Kreis herum und begann sofort mit einer Erläuterung seines Gesanges. Dabei sprach er schnell, mit hoher Stimme und in monotonen Rhythmen. Seine Worte wurden in der Ausdrucksweise der Mudrās ergänzt. Die langen, beweglichen Hände formten leicht und elegant jene Zeichen, in denen Asien eine spirituelle Geheimsprache gefunden hat. Als der Mönch wieder zu singen begann, störte ihn nicht mehr das leiseste Geräusch aus der Menge seiner Zuhörer. Halb schluchzend, halb jubelnd erhob er die Stimme, den Namen seines Gottes auf den Lippen – ein Träumer, ein Verliebter, nicht mehr auf dieser Welt.

Mā lauschte dem jungen Ekstatiker mit einem fast zärtlichmütterlichen Ausdruck. Sie kennt die Wege, auf denen sein Geist sich dem Gipfel der Erleuchtung nähert. Als er am

Schluß noch einmal die Knie vor ihr beugt, legt sie ihm die Hand auf den Kopf und spricht mit ihm wie mit ihrem Sohn.

Ein junger Inder in europäischer Kleidung stellte Mā heute ein paar Fragen, die er mir später selbst übersetzte. «Stimmt es, daß du eine Gottheit bist?»

Mā: «Es gibt nichts außer Gott. Auch du bist eine Verkleidung Gottes.»

«Was ist der Zweck deines Lebens in dieser Welt?»

«In dieser Welt? Ich bin nicht hier oder da oder in der Welt. Ich Selbst ruhe in mir Selbst.»

«Aber für wen bist du hier?»

«Für wen könnte ich hier sein, da es doch nur das Eine gibt!»

Das Agfa-Thermometer in einem Photogeschäft zeigte heute nachmittag – wir haben den 30. Oktober – immer noch 37 Grad Celsius im Schatten. Vormittags war wieder die alte, fast blinde Nonne beim Darshan. Sie schien in einem besonders traurigen Zustand zu sein. Während sie Mās Füße betastete, weinte sie. Offenbar verliert sie nun auch noch den letzten Rest ihres Augenlichtes.

Mā sprach mit ungetrübter Heiterkeit zu ihr, zwischendurch lachte sie mehrmals. Sie sagte: «Es wird Zeit, daß du die inneren Augen öffnest. Gott hilft dir, indem er deine äußeren erblinden läßt. Sag doch selbst: Das, worauf es ankommt, hast du in einem langen Leben mit den äußeren Augen nicht gesehen. Glaube mir: Was du mit den inneren Augen sehen wirst, ist unendlich viel schöner, als das, was du jemals mit den äußeren sehen könntest. Aber solange du nicht bereit bist, die äußeren zu schließen, werden die inneren nicht aufgehen.»

Einen Augenblick ist die Nonne still, dann beginnt sie von neuem zu wehklagen. Erstaunen huscht über Mās Gesicht: Wie ist es möglich, daß du dich so gegen Gottes Willen auflehnst? scheint es zu fragen. Mā blickt schweigend auf die Greisin nieder. Um Mund und Augen ist ein kurzes Aufflackern von Mitleid, aber es macht schnell wieder der klaren Heiterkeit Platz. «Du wärest nicht der erste meiner Freunde», sagt sie lachend, «der sehend geworden ist, als er blind wurde.»

Ich habe schon wiederholt beobachtet, daß Mā Jammern und Wehklagen mit Lachen beantwortet, freilich nicht in allen Fällen, in denen jemand zu ihren Füßen weint. Manchmal streichelt sie die Verzweifelten schweigend, manchmal spricht sie leise zu ihnen, am häufigsten scheint sie Tränen mit Lachen zu beantworten. Mehrmals sagte sie: «Ihr sollt nur darum weinen, daß Gott zu euch kommt. Eure Tränen sollen nur um seinetwillen fließen.» Sie sieht, was wir nicht sehen: das Unvergängliche hinter den irdischen Verwesungsprozessen und das Licht, in dem unsere menschlichen Dunkelheiten nur wie der Schatten einer Fliege auf einer weißen Mauer sind. Um mit uns zu wehklagen, müßte sie ihr Wissen verleugnen und zu unserer Unwissenheit herabsteigen.

Heute wurde Mā von einem ihrer Anhänger zur Besichtigung eines Industriebetriebes eingeladen. Wir gingen alle zur Hauptstraße. Dort warteten Autos auf uns. Als das letzte abgefahren war, stand ich als einzige noch auf der Straße. Ähnliche Situationen gibt es gelegentlich. An die Mönche und Mās Mädchen wird gewöhnlich zuerst gedacht, alle übrigen Leute müssen selbst für sich sorgen. Wenn man nicht daran gewöhnt ist, sich vorzudrängen, bleibt man leicht auf der Strecke. Es wird einem auch manchmal eine Wagentür vor der Nase zugeschlagen, weil die Insassen sich vor der zu engen Tuchfühlung mit einer Kastenlosen fürchten.

Anfangs fiel es mir in solchen Situationen schwer, nicht verstimmt zu sein. Aber ich beurteilte sie falsch. Ich nahm sie persönlich. Diese Dinge sind nicht gegen mich gerichtet.

Vielleicht ist eine gewisse Schonungs- und Rücksichtslosigkeit das Gesetz eines Landes, dessen Bevölkerung übermäßig schnell wächst, ohne daß genug Brot für alle da wäre. Not und Enge in den Städten führen fast zwangsläufig zu Egoismus und Rücksichtslosigkeit. Es ist kein Zufall, daß mir diese Eigenschaften mehr bei den armen als bei den wohlhabenden Menschen auffallen. Die Rücksichtslosigkeit richtet sich nicht speziell gegen Fremde. Oft sind die Einheimischen untereinander rücksichtslos. (Was für Szenen spielen sich in den öffentlichen Verkehrsmitteln ab!) In verblüffendem Ausmaß sind sie es manchmal gegenüber ihren Dienern oder den noch «Tieferstehenden», etwa den Kulis. Freilich habe ich auch Gegenbeispiele erlebt, die um so heller leuchteten.

Die Tiere scheinen das Los der Kulis zu teilen. Gerade hier in Benares wimmelt die Straße von räudigen, halb verhungerten Hunden, klapperdürren Eseln, alten, kranken Kühen. Das, was ich Schonungslosigkeit nenne, richtet sich oft auch gegen die eigene Person. Auf Schritt und Tritt trifft man hier Männer und Frauen, die nichts mehr besitzen außer ihrer Bettelschale und denen man ansieht, daß sie rücksichtslos gegen die normalen Bedürfnisse ihres Körpers wüten.

Es ist gewiß auch die Natur, die die Menschen in diesen Breiten rauh macht. Die Gnadenlosigkeit der Sonne, die Gewaltsamkeit des Regens, Hochwasserkatastrophen, bei denen ganze Landstriche überflutet werden. Dürre, die mörderischen Hunger zur Folge hat, grauenhafte Seuchen, wütende Wirbelstürme . . .

Solange die Bewohner dieses Landes zurückdenken können, wurde Generation auf Generation mit dieser grausamen Überlegenheit zerstörerischer Mächte konfrontiert. Jeder Mensch war von jeher Zeitgenosse von Tausenden, oft von Millionen, die verhungerten, ertranken oder elend an Krankheiten zugrunde gingen. Diese Erfahrung gehört als Selbstverständlichkeit zu ihrem Leben.

Als ich Mā deutlich zu machen versuchte, wie entsetzlich ein Bombenangriff während des Krieges war, bei dem zehntausend Menschen in einer Viertelstunde getötet wurden, hatte ich die Empfindung, daß sie mich nicht verstand. Sie begriff nicht, warum die Erinnerung an diese Bombennächte uns heute noch in Schrecken versetzt. Zehntausend Menschen, die nach einer Mißernte in einer der indischen Provinzen verhungern, und dreitausend, die ein Taifun in einer Stunde tötet, sind Gefahren, die den Bewohnern dieses Landes fast ständig drohen. Wer redet nach ein paar Jahren noch von solchen Katastrophen? Ein Baum, dessen Blüte von einem Nachtfrost zerstört wird, blüht wieder, wenn es an der Zeit ist. Im unendlichen Kreislauf von Geburt und Tod hat ein einzelnes Leben wenig Gewicht. Jedes Ātman durchläuft Äonen der Wiederverkörperung. Ein Leben, dem die Kostbarkeit des «Nur-ein-Mal» nicht zugeschrieben wird, hat geringeren Anspruch auf Schonung. Vielleicht liegt in dieser Einstellung auch eine der Ursachen für das, was ich Rücksichtslosigkeit genannt habe.

Ich sollte lernen, alle Erscheinungen zunächst nur auf Indisches zu beziehen und gelassen zu betrachten. Es führt zu Mißverständnissen und Mißdeutungen, wenn man ständig Östliches und Westliches, Christliches und Hinduistisches vergleicht.

Sobald man eine Aussage über Indisches wagt, muß man sich klar darüber sein, daß ihr Gegenteil auch stimmt. Ich bin noch nie in irgendeiner Richtung zu einer allgemeinen Feststellung gelangt, deren Gegenteil nicht ebenso richtig wäre. Das scheint mir geradezu typisch zu sein.

Das «Sammeln» von Widersprüchen, von denen ich nicht weiß, ob es echte Widersprüche sind, fängt an, mir Spaß zu machen; zum Beispiel: Was bedeuten die Füße für den Hindu? Mā spricht oft von den Lotos-Füßen Gottes. Ich habe gehört, daß die Weisheit der Erleuchteten durch die Berührung ihrer Füße übertragen werde. Und ich beobachte ständig, wie die Leute danach trachten, Mās Füße zu berühren. Andererseits gilt es als besonders ungehörig, wenn man jemanden, sei es aus Versehen, sei es absichtlich, mit dem Fuß berührt. (Erst Monate später erklärte mir ein Mönch, daß für den Heiligen in vieler Beziehung das genaue Gegenteil dessen zutreffe, was für den Durchschnittsmenschen gilt. Zum Beispiel wird Speise, die ein gewöhnlicher Mensch mit seinem Mund berührt hat, für jeden anderen ungenießbar, weil im rituellen Sinne verunreinigend. Durch die gleiche Berührung verwandelt Mā sie in segenstiftendes Prasād.)

Überhaupt die physischen Berührungen: Alle Āshramangehörigen geben sich peinlich Mühe, einander körperlich nicht zu berühren. Für einige der Āshramiten würde es darüber hinaus geradezu ein Unglück bedeuten, wenn sie mit mir in Berührung kämen. Aber oft (z. B. beim Darshan) sitzen fünfzig Menschen an einem Platz auf dem Boden, der nach unseren Begriffen für zehn einigermaßen ausreichen würde. Einerseits Überempfindlichkeit, andererseits vollkommene Unempfindlichkeit.

Oder die Einstellung zu den Tieren: Man darf ihnen nichts zuleide tun, weil sich Gott auch im Tier verkörpert. Nach der Lehre der Seelenwanderung kann ein Mensch in seiner nächsten Wiedergeburt ein Tier werden. Es gibt auch Tier-Gottheiten: zum Beispiel Hanuman, den Affengott, oder Ganesha, den Gott mit dem Elefantenhaupt. Aber wie viele elende, kranke, halbverhungerte, vernachlässigte Tiere trifft man hier überall.

Oder die ausgesprochene Rationalität der Karma-Lehre. Das Logische, fast Rechnerische darin: Jede Tat wird genau vergolten, die gute ebenso wie die böse. Und andererseits das stark irrationale Element: Niemand wundert sich ernstlich über ein «Wunder». Oder die großartige geistige Toleranz: Bilder von Buddha, Christus und Maria in Hindu-Āshrams. Andererseits die recht häufige orthodoxe Ausschließlichkeit in der Praxis: etwa wenn ein Nicht-Hindu gewisse Tempel betreten möchte.

Und das gleiche Element der Widersprüchlichkeit im Wesen der Gottheiten selbst: Kālī, die große Mutter – aber sie trägt eine Girlande aus blutigen Totenschädeln. Das ließe sich unendlich fortsetzen. Was ich daraus lerne, ist: Vorsicht! Wir unterscheiden und kategorisieren zu schnell. Das führt zu endlosen Mißverständnissen. Die ganze Breite der Phänomene anrollen lassen. Eine Welle voller scheinbarer Gegenströmungen, aber *eine* Welle. Wie die Gangā: voller unzähliger, blitzender Wirbel, und doch ein Strom.

Mā erzählte heute, auf welche Weise der Āshram in den Besitz des schönen Gopāl-Bildes gelangt ist, das in einem der Tempel einen Schrein aus Sandelholz bewohnt. Gopāl war dem Āshram als Geschenk angeboten worden, aber der Tag seiner Ankunft hatte sich mehrmals verzögert. «Damals reiste ich nach Vrindāvan, ehe die Sache geklärt werden konnte», berichtet Mā. «Unterwegs sagte ich zu Gopāl: ‹Hör mal, was soll das eigentlich? Mal sieht es so aus, als ob du zu uns kommen willst, und dann scheinst du wieder nicht kommen zu wollen. Entscheide dich. Wenn du wirklich kommen willst, komm bitte gleich und sei nicht so unentschlossen!› An dem Tag, an dem ich aus Vrindāvan zurückkehrte, schickte ich das Auto, das mich vom Bahnhof abgeholt und in den Āshram gebracht hatte, gleich zu den Leuten, bei denen Gopāl bis dahin gewohnt hatte. Und was glaubt ihr? Er kam wirklich sofort mit zu uns. Jetzt wußte ich auch, warum er so lange gezögert hatte: Er war nicht früher gekommen, weil er nicht wollte, daß ich ihn mit nach Vrindāvan (dem Geburtsort Gopāls) nehme. Er wollte in Benares bleiben. Übrigens war der Tag, an dem er endlich doch zu uns kam, gerade sein Geburtstag. Wir schmückten ihn, legten ihn in die Wiege und schaukelten ihn.» (So wie es in vielen Tempeln Betten für die Gottheiten gibt, haben die Anbeter Krishnas eine Schaukel für das göttliche Kind, dessen Name Gopāl ist. Shrī Krishna heißt, wenn er in seiner kindlichen Gestalt verehrt wird, Gopāl.)

Mā berichtet das alles sachlich, ohne Verniedlichung oder märchenhafte Ausgestaltung. Man könnte meinen, es handele sich um den Sohn einer befreundeten Familie und nicht um den Gott Krishna. Sie hat de facto mit dem göttlichen Kind gesprochen und es nicht ohne leisen Vorwurf ermahnt, sofort zu kommen, wenn es überhaupt noch kommen wolle. Der Gott ist so wirklich für sie wie ein Mensch. Diese Entsprechung ist keine Fiktion, sondern hundertmal erfahrene Realität.

In Mās Verhalten kommt auch noch etwas anderes zum Ausdruck: die hierarchische Ordnung. Ich vermute, daß ein einfacher Gläubiger es nicht wagen würde, das göttliche Kind wegen seiner scheinbaren Unentschlossenheit zu schelten. Aber Mā redet mit den Göttern wie mit ihresgleichen. In den Jahrzehnte hindurch geführten Protokollen vieler ihrer Gespräche lese ich es: Mā sieht plötzlich eine der Gottheiten unter einem Baum, in ihrem Zimmer, an der Schwelle des Hauses – und sie spricht mit ihr. Manchmal schildert sie Einzelheiten über das Gewand oder die Haltung oder die Bewegungen ihres göttlichen Gastes.

Die Frage, über die ich immer wieder nachdenke: Was sind diese Götter? Wer sind sie? Mein Nachbarzimmer im Gästehaus ist seit einigen Tagen von einer vierköpfigen Familie bewohnt. Frühmorgens höre ich die Frau singen, und im Vorbeigehen sah ich den Mann mit dem Rosenkranz in der Hand auf seinem Bett sitzen. Er hat mir heute gesagt, daß er Mathematiklehrer an einem College sei. Offenbar ist er also im «östlichen» Sinne ein Gläubiger und im «westlichen» Sinne ein gebildeter Mensch. Während wir auf einer Bank vor dem Gästehaus saßen, brachte ich das Gespräch auf die Hindu-Gottheiten. Er erläuterte mir eine Theorie über ihre «Entstehung». Irgendwann einmal in grauer Vorzeit müsse einer der Männer, die die Hindus Rishis nennen, eine überwältigende Begegnung mit dem Numinosen gehabt haben. Diese selbsterfahrene Offenbarung habe er in Worte und Zeichen übersetzt. Er habe ihr Gestalt und Namen verliehen.

Hier schaltete ich mich mit der Frage ein, ob diese Begegnung als innerpsychisch gedacht werden müsse oder ob jener Rishi das Numinose mit seinen Sinnen wahrgenommen, es in der Außenwelt gehört oder gesehen habe?

«Für uns ist innen außen und außen innen», antwortete der Lehrer lachend. «Sie werden viele Leute treffen, die Ihnen erzählen, Mā sei ihnen bei bestimmten Gelegenheiten plötzlich erschienen, um ihnen zu helfen. Meine Frau hatte kürzlich eine solche Erscheinung ihres Gurus. Sie erkannte deutlich, daß er eine gelbe Mangofrucht in der Hand hatte und einen Rosenkranz aus Glasperlen trug, wie sie ihn noch nie an ihm gesehen hatte. Seine Stimme klang, wie sie immer klingt, rauh und leise. Auf die Frage, ob er ihr nur innerpsychisch oder in der äußeren Welt begegnet ist, wird sie Ihnen keine Antwort geben können.

Etwas Entsprechendes gilt wohl auch für die Erfahrung des Numinosen, die jenem frühen Rishi widerfuhr. Die Kunde wurde durch viele Generationen überliefert. Vielleicht weil die Erfahrung überwältigend mächtig war und ausstrahlte, vielleicht weil der Rishi eine besondere Fähigkeit hatte, sie ins Bild zu übersetzen. Ganze Hierarchien von Seher/Priester-Dichtern formten weiter an dem Bild der Gottheit. Es entstanden die großen Epen, in denen die überlieferten Offenbarungen vieler Rishis zu einem riesigen Bilderteppich verwoben wurden. Das ursprünglich Geschaute, vermischt mit allen Elementen menschlicher Phantasie, reinen und unreinen, der Liebe, der Angst, der Machtgier entsprungen.»

Nachdem wir eine Weile geschwiegen hatten, sagte ich: «Sie sind ein gläubiger Hindu, nicht wahr? Ich wundere mich über

Ihre rationalisierenden Deutungsversuche. Verlieren die Gottheiten dabei nicht ihr Wirklichkeit?»

«Ich spreche mit Ihnen in der Sprache, die Sie verstehen», antwortete der Lehrer lächelnd. «Mein eigenes religiöses Ziel ist die Selbstverwirklichung, also die Identität mit dem Brahman. Aber meine Frau ist ein Krishna-Bhakta, und ich meine, daß sie der Wahrheit über das unauslotbare Geheimnis des Brahman dadurch nicht ferner ist als ich. Warum sollte der numinose Keim im Bild der Gottheiten, der aus den ursprünglichen Offenbarungen unserer Rishis stammt, nicht tatsächlich eine Macht repräsentieren, die weit über dem menschlichen Bereich da ist? Nicht nur da ist, sondern in das Leben der Menschen hineinwirkt? Wenn also der Krishna-Bhakta den Namen seines Gottes betet, warum sollte sein Ruf nicht von jener numinosen Macht, die wir Krishna nennen, vernommen, warum nicht auch beantwortet werden?»

Die Frage, die mich beunruhigt, seitdem ich Mā zum erstenmal gesehen habe: Wer bist du? Ich stelle sie mir täglich. Wer ist sie, wenn sie mit jenen transzendenten Mächten redet wie mit ihresgleichen?

Es scheint mir bezeichnend, daß sie nur selten und nur in ganz speziellen Zusammenhängen – etwa wenn sie die Geschichte des geschenkten Gopāl-Bildes erzählen will – von einer der Gottheiten spricht, also von Krishna, Shiva, Durgā usw. Bei ihren religiösen Belehrungen redet sie meistens von Gott als Bhagavān, und sie braucht diesen Namen in dem Sinne, in dem wir im Westen von Gott sprechen. Manchmal sagt sie auch «der Herr» oder «der höchste Weltenherr» oder einfach «Er». Die große Zahl der Gottheiten scheint dann ganz in den Hintergrund zu treten. Gelegentlich spricht sie ihn so an: «Du bist Mutter, du bist Vater, du bist Geliebter, und du bist Herr. Wahrlich, du bist alles in allem.»

Wenn sie mit Skeptikern oder philosophisch gebildeten Menschen spricht, scheint sie sich gern der Ausdrucksweise des Vedānta zu bedienen. Sie redet dann vom «tat», dem Das, der nichtpersonhaften Höchsten Wirklichkeit, dem Brahman. Aber während wir immer und überall danach trachten, zu unterscheiden und scharf abzugrenzen, wird hier alles in einem und eines in allem geschaut. Bhagavān ist nur der personhafte Aspekt des Tat. So wie Eis nur geformtes Wasser ist. Und in den einzelnen Gottheiten setzt sich dieser Ausformungsprozeß fort: Sarasvatī ist zum Beispiel die Göttin der Gelehrsamkeit und der Künste. Dieser spezielle Aspekt Gottes ist in ihr personifiziert.

Mā wird oft direkt gefragt: «Wer bist du?» – Es scheint, daß sie darauf am häufigsten etwa folgendermaßen antwortet: «Wen immer du in mir erblicken willst, der bin ich.»

Auf die Frage nach dem Sinn ihres Lebens antwortete sie kürzlich (nur scheinbar ausweichend): «Ich Selbst ruhe in mir Selbst.»

Ebenso «ausweichend» schien die Antwort zu sein, die sie dem katholischen Priester auf die Frage gab: «Wann hast du die Selbstrealisation erlebt?» – «Wann war ich nicht?»

Auf die Frage, wo sie zu Hause sei, hat sie gelegentlich erwidert: «Dieses ganze Universum ist mein Haus. Ich bin immer in meinem Haus, auch wenn es so aussieht, als ob ich von Ort zu Ort ziehe.»

Bei einer anderen Gelegenheit erklärte sie: «Ich bin sowohl bedingt wie unbedingt. Ich bin weder unendlich noch begrenzt, und doch bin ich beides zu gleicher Zeit.» Oder: «Mein Wille wäre unwiderstehbar, wenn ich ihn aussprechen würde.» Oder: «Ich bin mit jedem, ob Kind, Jüngling, Mann oder Greis. Ich war da vor der Erschaffung der Welt, wie ich nach ihrer Zerstörung da sein werde.»

All diese Formulierungen drücken das nämliche aus: die in Mās Seele verwirklichte Identität mit dem Höchsten Brahman. Sie sind eine Variante von *«aham brahmāsmi!»* – Das Brahman bin ich. Unzählige Aussprüche scheinen zu belegen, daß sie sich als eins mit der Höchsten Wirklichkeit oder mit Bhagavān erfahren hat und versteht, und zwar in uneingeschränkter Identifikation. Es fällt mir auf, daß ich mich bisher noch nie gefragt habe, ob Mā hochmütig oder demütig ist. Dabei müßte, nach manchem, was ich sie sagen höre, die Vermutung, sie könnte in einem erschreckenden Maße hybrid sein, sich eigentlich aufdrängen. Tatsache ist, daß sich dem, der Mā gesehen hat, diese

Frage überhaupt nicht stellt. Wenn man sie anblickt, begreift man unmittelbar: Die Frage nach Hochmut oder Demut arbeitet mit Kategorien, die hier gänzlich unangemessen sind. Wer kein Ich mehr hat, kann nicht einmal mehr «geringer sein als der Geringste». Wie viel weniger könnte er die Grenzen gerechtfertigter Ansprüche überschreiten.

Früher, in den Jahren, in denen sie noch selbst Pūjā gemacht hat, hat Mā sich gelegentlich auch ausdrücklich mit einzelnen Gottheiten, mit Krishna, Durgā, Kālī, Nārāyana usw. identifiziert. Für ihre Anbeter muß das völlig konkret gewesen sein. Ich höre und lese öfter darüber, daß Mā damals vor den Augen ihrer Verehrer zu Shrī Krishna, Durgā usw. geworden sei. Eine vermutlich zu äußerliche Erklärung, mit der ich mich diesem Phänomen zu nähern versuche, wäre, daß sie die Bildnisse dieser Gottheiten unzählige Male in den Tempeln gesehen und sich so innig in sie versenkt hat, daß ihr Körper plötzlich die bestimmten Haltungen (*āsanas, mudrās*) und den physiognomischen Ausdruck, in dem sich das Wesen der jeweiligen Gottheit kundtut, spontan darstellte: ein Vorgang, der nicht als bewußt gedacht werden darf.

Indes sehe und höre ich, daß Mā sich jetzt nicht mehr mit einzelnen Gottheiten identifiziert. Sie tritt nicht mehr aus der Einheit mit dem Brahman hervor. Warum sie diese Gestaltwerdungen hinter sich gelassen hat, weiß ich nicht. Aber sie feiert ja auch keine Pūjā mehr selbst und betet nicht mehr. Vielleicht hat ihre Einheit mit dem Brahman einen solchen Absolutheitsgrad erreicht, daß sie nicht einmal mehr zum Heile ihrer Anhänger «das Spiel der Dualität spielen» kann; ein Ausdruck, den ich wiederholt gehört habe. Er weist darauf hin, daß sie ihr früheres Leben, in dem sie sich noch mit einzelnen Gottheiten identifizierte, noch Riten zelebrierte und anbetete, jetzt als «ein Spiel» betrachtet. Ich hoffe, daß ich über diese Zusammenhänge im Laufe der Zeit mehr Aufschluß gewinne.

Wenn Mā über den Zustand der Erleuchtung befragt wird, verweist sie immer wieder darauf, daß solches Fragen den Bereich des Sagbaren zu überschreiten versucht. Es gibt nur noch Andeutungen in Paradoxen: «Er (der Erleuchtete) geht ohne Füße, redet ohne Mund, hört ohne Ohren…»

Den folgenden Ausspruch von Mā fand ich dieser Tage in den Protokollen. Er scheint mir, wenn auch «kryptisch», etwas über ihren eigenen geistigen Zustand zu sagen: «Vor dem, der das Tat gesehen hat, steht die Erkenntnis der Unwissenheit und die Erkenntnis der Erkenntnis ganz und gar entschleiert. Er betrachtet sie nicht mehr als zwei Dinge, die unterschieden werden müssen. Seine Handlungen, ob er geht, spricht oder ißt, werden zu nichthandelndem Handeln. Ob er in diesem Zustand noch religiöse Riten feiert oder nicht, bedeutet keinerlei Unterschied mehr.»

Es ist einfach, den Weg eines Menschen zu verstehen, der nach Erleuchtung strebt. Aber was hier geschieht, ist schwer zu begreifen. Für den, in dem Wissen und Nichtwissen als ein Ganzes enthalten sind, geht es nicht mehr darum, etwas zu erreichen oder nicht zu erreichen. Darum ist auch Nichterreichen kein Verlust für ihn...

Mā begrüßt die Leute, die zu ihr kommen, oft mit dem Gruß, mit dem sich die Svāmis grüßen: *Namo Nārāyana!* In ihrer Abwandlung lautet er meistens: *Nārāyan, Nārāyan!*

Namo Nārāyana heißt: Ich grüße in dir die höchste Verkörperung Gottes. Nārāyana ist ein anderer Name für Vishnu. Heute sah ich Mā die Hände vor einem Bübchen zum Gruße falten, das vielleicht ein Jahr alt war und auf dem Arm seines Großvaters zu ihr gebracht wurde. Während sie sich ein wenig verneigte, sagte sie dreimal ernst: *Nārāyana, Nārāyana, Nārāyana.* In dem Kind grüßte sie die höchste Verkörperung Gottes.

Mā übernimmt es nicht, jemandes Guru zu sein, jedenfalls nicht in formalem Sinne. Sie gibt keine Einweihung (*dīkshā*) und hat also auch im strengen Sinne keine Schüler. Aber wenn ihr jemand erklärt: «Ich erblicke in dir meinen Guru», widerspricht sie nicht. Viele ihrer Anhänger haben sich von Mās Mutter, Didima, Einweihung geben lassen. Zuweilen sehe ich Didima früh am Morgen mit einem Schüler, den sie unterweist, in einer Ecke des Āshramtempels sitzen. Es ist der Tempel, in dem der geschenkte Gopāl in seinem geschnitzten Schrein aus Sandelholz wohnt. Die Schüler sind heranwachsende Jungen. Sie sitzen zu Didimas Füßen und lauschen dem kaum vernehmbaren Flüstern ihrer neunzigjährigen Meisterin.

Neulich fragte ich jemanden, warum Mā selbst keine Einweihung gibt: «Dort, wo Mā ist, in der Einheit mit dem Brahman, wird nicht mehr zwischen Guru und Schüler unterschieden. Das Schüler/Meister-Verhältnis gehört in unseren Bereich, von dem wir meinen, daß es darin Dualität gäbe.»

In den Protokollen finde ich folgendes Zitat von Mā: «Da dieser Körper keinen persönlichen Willen und keinerlei vorgefaßte Ideen und Pläne hat, kann es auch so etwas wie die Vornahme einer Einweihung nicht für ihn geben. Bei manchen Gelegenheiten kommen plötzlich Mantras aus diesem Mund. Es kann dann geschehen, daß jemand sie hört und Gebrauch davon macht. Das heißt, er hört das Mantra und geht in der Meinung davon, es sei alles hier für seine Einweihung vorbereitet worden. Was wäre dagegen einzuwenden? Was geschehen soll, geschieht.»

«Im Anfang war das Wort» – dafür gibt es ein «Gegenstück» in der Hindu-Philosophie: *sabda brahman*; es wird von Shrī Gopīnath Kaviraj folgendermaßen erklärt: «*Sabda brahman* ist die Bezeichnung für den ewigen Klang, der die erste allem Werden vorausgehende schöpferische Bekundung der Höchsten Wirklichkeit ist.» (Es heißt nicht zufällig «ist» statt «war», denn für den Hindu ist Schöpfung, Erhaltung, Zerstörung ein ewig nebeneinanderherlaufender und ineinanderübergehender Prozeß ohne Anfang und Ende.)

Im Wort wird die Gottheit vergegenwärtigt. Das Mantra bedeutet Anwesenheit des Gottes im Wort. Durch das Mantra kann göttliche Macht vom Meister auf den Schüler übertragen werden. Nicht die Weisheit, die den gedanklichen Inhalt des Mantras ausmachen mag, sondern die geistige Macht, die im Wort anwesend ist; hierher gehört auch die mystische Klangverkörperung der Höchsten Wirklichkeit in der Silbe «OM», die auch als klanglicher Ausdruck des *sabda brahman* gilt.

Nach dem allabendlichen Meditationsschweigen singt einer der anwesenden Mönche oder Brahmachārinis stets das folgende Mantra aus den Upanischaden:

Wahrheit, Erkenntnis, Unendlichkeit – all das ist Brahman.
Friede, Güte, Schönheit – all das ist Brahman.
Verkörperung der Freude, Ungespaltenheit – all das ist
Brahman.
Eines ohne ein Zweites – das ist Brahman.

Etwas, was ich eigentlich nur mit drei Kreuzen in meinem
Tagebuch vermerken kann (mit den drei Kreuzen, die der An-
alphabet anstelle seines Namens macht, weil er nicht gelernt
hat, ihn zu schreiben): Manchmal überfällt es mich jetzt – auf
der Straße, oder wenn ich im Āshram sitze, oder mitten in der
Nacht –, ich wache plötzlich auf, und es ist da: eine Freude, die
aus sich selbst leuchtet, ohne Ursache, ohne Gegenstand, ohne
Namen. Alle Wünsche aufhebend, alle Fragen auslöschend. Im
Brennpunkt des Augenblicks: Ewigkeit.

Östliche und westliche Welterfahrung

10. November 1963

Mās Darshan heute vormittag: alles Sagbare und Beschreibbare
weit überschreitend. Sie ließ uns über eine Stunde auf der Veranda vor den Tempeln warten. Als sie dann kam, war sie wie
in einem Kokon aus unsichtbarem Licht. Ich kann es nur so
paradox ausdrücken. Man hatte den Eindruck, daß ihr Körper
von einer Lufthülle umgeben war, deren Beschaffenheit nicht
der Luft entsprach, die uns gewöhnlich umgibt. Sie war zwar
durchsichtig wie jene, aber zugleich schien sie ein undurchlässi-
ger Schutzmantel zu sein, nicht von gläserner Starrheit, sondern durchpulst von flutender Lebendigkeit.

Mā setzte sich auf den niedrigen Schemel zwischen den beiden Tempeln. Im allgemeinen beginnt dann gleich ein lebhaftes
Gespräch mit Besuchern, die ihr Fragen stellen. Heute hatte sie
eine solche Aura von Stille, daß niemand zu reden wagte. Sie
gab P. einen Wink, und das Mädchen begann sofort zu singen.
Ich beobachte öfter, daß Mā singen läßt, wenn sie besonders
intensive Ausstrahlungen hat. Vielleicht unterbindet sie auf
diese Weise ein allgemeines Gespräch, von dem vorher nicht
abzusehen ist, welchen geistigen Gehalt es haben wird.

Noch nie habe ich P. so singen hören wie heute. Sie unterscheidet sich von vielen indischen Sängern dadurch, daß sie
sich jeglicher äußeren Ausdrucksmittel streng enthält. Es gibt
keine einzige Gebärde der Hände, keinerlei Untermalung
durch Mienenspiel. Beim Singen tritt auch der subjektive Ge-
fühlsausdruck in der Stimme, der von vielen Sängern hier gepflegt wird, ganz zurück. P. schließt die Augen und legt den
Kopf ein wenig in den Nacken. Ihr schmales Gesicht ist ge-

zeichnet von asketischer Selbstentäußerung, dennoch ist es ein junges und in den seltenen Momenten des Lächelns ein liebliches Gesicht. Manchmal sitzt sie einen Augenblick mit leichtgeöffnetem Mund da. Sie wartet, bis es aus ihr singt. Meistens beginnt es leise, es wird nie sehr laut, aber es bekommt zuweilen eine hinreißende geistige Intensität.

Mā sitzt entspannt gegen die Wand gelehnt. Sie lauscht mit halbgeschlossenen Augen. Als erstes singt P. eine lange Reihe von Variationen des Jubelrufes: «*Jai Mā!*» Dann folgt ein Lied, das immer wieder mit dem Anruf: «Mahārani, Mahādevi!» beginnt: «Große Königin, große Göttin!» Diese Hymnen werden auch zu Ehren von Durgā und Kālī gesungen. Hier gelten sie Mā.

Anfangs ist eine leise Unruhe in Mā. Ihre Schultern und Hände bewegen sich. Sollte ihr Körper in diesen kaum angedeuteten Gebärden Abwehr ausdrücken gegen solche Verehrung? Aber das ist wohl zu westlich gedacht. Die Unruhe erlischt auch völlig. Mās Augen sind jetzt geschlossen. Ihr Kopf hat eine leichte seitliche Neigung. Plötzlich ist wieder der Ausdruck da, der mich so betroffen machte, als ich Mā zum erstenmal traf. Damals verstand ich nicht, was ich sah. Jetzt weiß ich, was es bedeutet: daß sie, in der sich das Heilige vor den Augen ihrer Anbeter verkörpert, mit ihnen einstimmt in die ehrfürchtige Betrachtung dieses Heiligen, das sie selbst ist: *aham brahmāsmi* (das Brahman bin ich). Mahārani, Mahādevi: Was immer ihr in mir seht, bin ich, denn: Brahman bin ich, das Eine, das Alles in Allem ist.

Später öffnet Mā die Augen. Ihr Blick richtet sich, über unsere Köpfe hinweg, auf etwas, das in großer Ferne liegen muß. Es hält ihn fest. Was sich auf ihrem Gesicht zu spiegeln beginnt, liegt jenseits alles Mitteilbaren. Hie und da wendet sich ein Kopf, ein Augenpaar nach dem anderen folgt der Richtung ihres Blickes, um auch zu sehen, was sie sieht. Ich widerstehe dieser Versuchung nicht ohne Mühe, obwohl ich weiß, daß ich es nicht sehen würde. Niemand außer ihr sieht es. Wahrscheinlich geht schon sein Widerschein auf Mās Gesicht über das hinaus, was wir – ohne Trübung durch unsere Begehrlichkeit – wahrnehmen können.

In der Stadt unterhielt ich mich heute mit einem älteren Amerikaner, der seit Jahren indische Techniker ausbildet. Er erzählte mir, daß seine Studenten, die meistens einer vornehmen Kaste entstammen, im allgemeinen eine gute Auffassungsgabe für das Theoretische haben. Aber bei der Umsetzung des theoretisch Erlernten in die Praxis sei für viele ein schweres Hindernis zu überwinden.

«Wie eine Maschine funktioniert, können die meisten schnell sagen. Sie erkennen unter Umständen auch ziemlich leicht, wo ein Fehler liegt, wenn etwas nicht klappt, weil sie die Zusammenhänge verstehen, aber wenn sie den Fehler selbst beheben sollen, sind sie hilflos. Die jungen Amerikaner haben eine Art sechsten Sinn für die technische Praxis. Welcher Junge hat nicht ein leidenschaftliches Vergnügen daran, seinen Motorroller auseinanderzunehmen und wieder zusammenzusetzen? Sie haben einfach die richtigen Hände dafür. Die Hände der jungen Inder finden sich dabei selten zurecht, so gut sich ihre Gedanken im Motor zurechtfinden mögen.»

Ich denke, daß diese Beobachtung mit dem grundlegenden Unterschied im Weltverständnis zusammenhängt. Für den Osten ist das Universum eine Emanation des Brahman. Der Weltprozeß verläuft vom göttlichen Zentrum fort in die Peripherie. Vom absolut Wirklichen des Einen Brahman zum Unwirklichen der phänomenalen Vielfalt, die wir wahrnehmen, weil wir nicht hinter den Schleier der Maya blicken. Wer also dem absolut Wirklichen, dem Brahman, Gott begegnen will, muß der Peripherie den Rücken zukehren, sich von der vielfältigen Welt und seinem ihr verhafteten Ego lösen und der vorkosmischen Wirklichkeit entgegenstreben, der er sich nur in der totalen Verinnerlichung nähern kann.

Westliches Denken beruht auf der Vorstellung, daß die Welt eine reale Schöpfung Gottes ist. Als Ego macht sich der Mensch die Welt «in Gottes Auftrag» untertan. Diese Einstellung schafft eine ganz andere Voraussetzung für die Be-fassung mit den Dingen der Welt. Wenn sie als Realität verstanden werden, die be-meistert werden soll, müssen sie be-griffen werden. Es entsteht ein in zahllosen Generationen gewachsenes Vertrauensverhältnis zwischen den menschlichen Händen und den Dingen. Wenn aber die Welt-Dinge sich nur auf dem Schleier der Māyā spiegeln, wenn man sich jahrtausendelang darin geübt hat, ihnen den Rücken zu kehren, wie sollen die Hände auf einmal mit ihnen als mit einer Wirklichkeit umzugehen verstehen? Das mag vor allem für die Angehörigen der oberen Kasten gelten.

Während ich eben über die «tiefe Fremdheit» nachdachte, die östliche von westlicher Welterfahrung unterscheidet, fiel mein Blick auf die folgende Tagebucheintragung von gestern: In den grundlegenden religiösen Verhaltensweisen erkennt man, je weiter der Horizont der eigenen Erfahrung wird, immer mehr Gemeinsames. Was uns, solange wir nicht eingedrungen sind, am Hinduismus abschreckt, ist ein der Vorstellung vom Göttlichen beigemischtes Element der Grausamkeit. Bedenken wir jemals, daß es umgekehrt genauso sein könnte? Kürzlich sagte mir eine Frau, die in einer Klosterschule aufgewachsen ist:

«An eurer Vorstellung von Gott stört mich die schreckliche Grausamkeit. Nicht nur, daß er seinen Sohn von den Menschen kreuzigen läßt, viel schrecklicher ist die ewige Verdammnis der Schuldigen. Jeder Hindu glaubt, daß er – wenn auch erst nach vielen Wiedergeburten – trotz all seiner Sünden einmal in die Seligkeit des Brahman eingehen wird. Euer Gott läßt euch nur die geringe Chance des einen Erdenlebens, und wer darin fehlt, ist von ewiger Höllenqual bedroht. Ist das nicht entsetzlich? Könnte ein noch so liebloser Menschenvater so grausam an seinen Kindern handeln?»

Heute nachmittag wurde die Pūjā mit dem üblichen Opferfeuer beendet. In der Nacht waren Mā und ihre Mutter, Didima, zu einer Durgā-Pūjā im Haus eines ihrer Anhänger eingeladen. Sechzig bis siebzig Menschen begleiteten sie. Wir fuhren zunächst in Autos bis an eine Straßenkreuzung, an der wir in eine unbefahrbare Gasse einbiegen mußten. Zwei Sänften warteten auf Mā und Didima. Mit goldbesticktem Purpursammet war die eine überzogen; orangefarben und silberbestickt die andere. Sie sahen aus wie Kuppeltempelchen. Die Stangen, mit denen sie auf den Schultern ihrer Träger ruhten, hatten kunstvolle Silberbeschläge. Langsam wand sich die Prozession durch dunkle Gassen, nur einmal aufgehalten von einem Kamel.

Unerwartet öffnet sich ein größerer Platz, und wir stehen vor einem stattlichen Haus. Auf der Freitreppe grüßen Musikanten mit Muschelhörnern, Flöten und Trommeln. Aus vielen Kehlen jubelt es: «Jai Mā, jai Mā, jai Mā.» Der Hausherr führt seinen hohen Gast zu einem Saal mit einer tiefen Bühne an der Stirnseite. Sie ist durch Arkaden abgegrenzt. In ihrer Mitte steht ein höchst kunstvoller Schrein der Göttin, links von ihm ein Liegesessel für Mā. Unter weißen Seidenlaken sehe ich silbergetriebene Füße, die Armlehnen sind Kissen aus lebenden Rosen. Nachdem die Herrin des Hauses sich tief vor Mā verneigt hat, umkleidet sie sie mit einem weißen Seidentuch und schmückt sie mit einer Girlande aus roten Rosen. Neben Mā ist ein ebenso bequemer Sitz für Didima bereitet. C. und U. (jenes von Mās Mädchen, das seit fast zwanzig Jahren vollkommen schweigt) halten sich dienstbereit hinter den Sesseln. Der jüngste Sohn des Hauses schwingt, nur mit einem rohseidenen Dhoti bekleidet, einen riesigen Fächer aus Pfauenfedern. Von allen Männern wird nur Shrī Gopīnath Kaviraj durch einen erhöhten Sitz geehrt. Er hat auf einem einfachen Stuhl Platz genommen und trägt, wie immer, sein braunes, verblichenes Hemd. Seine Hände ruhen auf dem Krückstock, und sein Kopf ist geneigt. Er rührt sich nicht ein einziges Mal während der Pūjā, aber die Stille, die von ihm ausgeht, hat ihre Ursache nicht im Physischen.

Links vom Schrein der Göttin sitzt eine Gruppe würdiger Greise auf Teppichen. Diejenigen Männer der Familie, deren Haar noch nicht ergraut ist, bleiben stehen. Man sieht es ihnen an, daß sie gewöhnlich nicht diese seidenen Togen tragen, sondern Schneideranzüge. Die Kinder begrüßen Mā einzeln und verschwinden schnell wieder. Frauen in weißen Saris treffen die letzten Vorbereitungen.

In der Mitte der Bühne sind die Gaben gesammelt, die der Göttin zum Opfer dargebracht werden sollen, damit sie davon genieße und sich das profane Mahl in geweihte, segenspendende Speise verwandle. Kostbare Silberdosen liegen auf purpurnen Kissen. Auf roten Teppichen stehen Schalen mit erlesenen Süßigkeiten. Zwischen vielerlei Silbergerät prangen Blumengewinde.

Zwei Pūjaris feiern den Ritus. Männer, deren Gesichter, Stimmen und Gebärden eine hohe Kultur ausdrücken. Während sie Mantras murmeln, musizieren Trommeln, Hörner und Schellen, laut und ekstatisch. Die Luft ist von duftenden Wolken erfüllt, auf einem Gefäß mit glühenden Holzkohlen verbrennt kostbares Räucherwerk. Zum Schluß wird die Ārati gefeiert: In nur angedeuteten tänzerischen Bewegungen schwingen die Priester Schalen mit brennenden Kerzen vor der Göttin im Schrein und vor Mā, dem Gast, in dem eine Verkörperung der Gottheit verehrt wird. In dem Augenblick, in dem die Musik verstummt, fallen alle Männer zum großen Pranām auf ihr Angesicht. Dann reicht die Hausherrin Mā einen Trunk Wasser in silbernem Becher, indes verteilen die Männer der Familie an mehrere hundert Gäste Süßigkeiten in Blattschälchen als Mās Prasād.

Der Ritus ist beendet. Es war nicht nur seine vollendete formale Darbietung, die ästhetische Schönheit des Rahmens, sondern auch die höchst gesammelte, freudige Stimmung der Anbetung, die es selbst dem «Ungläubigen» erlaubte, sich einbezogen zu fühlen. Wie in einem Brennpunkt sammelte sich die Andacht aller in Mā.

In ihrer Haltung, in der wieder etwas kaum Beschreibliches lag, ein Element des Schwebens; und in der durchdringenden, ganz und gar überpersönlichen Freude ihres Gesichtes. Während ich das schreibe, habe ich es als weißleuchtend in Erinnerung.

Ich sehe manchmal Leute, die blutige Felle junger Hunde an einer Schnur hinter sich herziehen. Was mag es bedeuten? Jedenfalls ist es ein ekelerregender Anblick. Das ästhetische Empfinden wird in dieser Stadt vielfältig und brutal auf die Probe gestellt. Und doch hat sie ein starkes Fluidum der Heiligkeit. Man spürt es – nicht wegen der unzähligen Bettelmönche, des rituellen Badegetümmels oder der ewig brennenden Scheiterhaufen, sondern trotz alledem.

Die religiöse Betriebsamkeit stößt mich hier ebenso ab wie an manchen katholischen Wallfahrtsorten, wenn auch aus anderen Gründen. Um so merkwürdiger, daß dieser Platz dennoch intensive Heiligkeit atmet. Der Geist der Anbetung hat dieses Ufer seit Jahrhunderten, vielleicht seit Jahrtausenden imprägniert. Er hat ihm eine Aura verliehen, die unbefleckt bleibt von allen konkreten Widerwärtigkeiten, über welche man im physischen Benares stolpert. Wer hier nichts anderes wahrnimmt als Schmutz, Elend, religiöse Hysterie, Aberglauben und priesterliche Geldgier, wäre einem Menschen vergleichbar, der dem heiligen Franziskus begegnete und nur einen schwärenbedeckten, von religiösen Wahnideen verfolgten Landstreicher in ihm erblickte.

Ich beobachtete heute einen jungen Mönch in lautlosem Gespräch mit einem Bildnis des elefantenhäuptigen Gottes Ganesha. Seine Lippen und seine Hände bewegten sich, und sein Gesicht zeigte einen lebhaft wechselnden Ausdruck. Das Geistige muß für diese Menschen eine Wirklichkeit haben, die um nichts hinter der Realität des Physischen zurücksteht. Gedanken sind so real wie Dinge. Sie unterscheiden sich von diesen gleichsam nur durch den anderen Aggregatzustand. So wie Wasserdampf sich von Wasser unterscheidet. Daher die Wichtigkeit, die dem Segen zugemessen wird, und die Angst vor der Verfluchung. Daher auch die Bereitschaft, an Wunder zu glauben. Die unmittelbare Beeinflußbarkeit der Materie durch den Geist muß nach Meinung dieser Menschen viel größer sein, als wir anzunehmen geneigt sind.

Nach Mās Auffassung betet nur der richtig, der *eins* mit dem Gegenstand seiner Anbetung geworden ist. Der Krishna-Bhakta wird selbst Shrī Krishna. Merkwürdig für unsere Vorstellungen! Wir sind geneigt zu meinen, daß diese Identifikation das Ende jeglichen Betens wäre. Wenn nicht das Gegenüber von Betenden und Angebetetem gewahrt bleibt, scheint das Gebet unmöglich zu werden. Wenn ich selbst der Gott werde, wie kann ich dann noch zu ihm sprechen?

Andererseits: Wenn ich so bete, daß ich es nicht mehr selbst «mache» – wenn *es* in mir betet, das ist dann auch das Ende aller Worte und Gedanken. Was dann übrigbleibt, ist nur der Name Gottes. In solchen Augenblicken meine ich, daß alles Beten nur die Anrufung seines Namens sein sollte. Also Japa doch als das eigentliche Gebet? Vielleicht, aber eben auch nur, solange es nicht «gemacht» wird. Aber es wird von allen Hindus, die ich hier um mich sehe, gemacht. Zu jeder Tageszeit sitzen sie Japa betend in den Ecken. Und manche machen es auch, während sie den Vorträgen zuhören. Ihre Lippen murmeln ununterbrochen, oft rasend schnell, den Namen ihres Ishta. Ihre Finger zählen dabei am Rosenkranz mit, tausendmal und öfter am Tag. Es scheint vollkommen automatisch zu gehen. Die Gedanken können sich dabei auf den Vortrag konzentrieren. Kürzlich sagte Mā zu einem jungen Mann, der Japa betend vor einem Tempel saß: «Vergißt du auch nicht, die Frucht deines Gebetes Gott zu weihen?» – Wann immer der Gläubige den Namen seines Ishta gebetet hat, soll er den Segen, den dieses Gebet ihm «einbringt», seinem geliebten Gott schenken. Bei ihm wird er gleichsam aufbewahrt. Es ist unter den Hindus üblich, das Japa zu zählen, aber damit sie nicht in Versuchung kommen, diese Gebete zu «hamstern», sich etwas auf ihren religiösen Eifer einzubilden, sollen sie sich von dem Segen trennen. «Wir legen ihn vor Gott nieder», las ich kürzlich. «Er ist in Wahrheit nicht unser, sondern sein Werk und wird als seine Gnade zu uns zurückkommen, wenn es Zeit ist.»

Als ich eben über diesen Zusammenhang nachdachte, verstand ich auch, was gemeint ist, wenn die Hindus sagen: Im vollkommenen Gebet werden der Betende und der Angebetete eines. – Paulus: «Nicht ich lebe, sondern Christus lebt in mir.» Oder Meister Eckhart: «Gott und ich, wir sind eins in der Erkenntnis.»

Allmählich haben sich die Vermieter der Boote an mich gewöhnt. Wenn man als Nicht-Inder in die Nähe der Bade-Ghāts kommt, wird man gleichzeitig von einem Dutzend Indern überfallen. Sie verdienen ihren Lebensunterhalt, indem sie Fremde auf dem Ganges spazierenrudern. Es dauert eine Ewigkeit, bis man sie abschütteln kann. Jetzt wissen sie, daß ich zwar oft am Ufer erscheine, aber fast nie ein Boot miete. Noch lästiger sind die Horden bettelnder Kinder. Wenn man Pech hat, wird man sie überhaupt nicht los. Nur nachts und ganz frühmorgens hat man Frieden vor ihnen. Ich habe einen Trick, um sie wenigstens minutenweise abzuschütteln: Gelegentlich werfe ich eine Handvoll Paissas (Pfennige) in ein unübersichtliches Gelände. Dann schießen sie davon. Aber sie finden ihr Opfer immer wieder.

Der berühmteste Tempel von Benares ist Shiva geweiht, dem göttlichen Patron der Stadt. Er trägt einen seiner «tausend Namen»: Vishvanātha-Tempel. Nicht-Hindus dürfen ihn nicht betreten. Man kann nur vom oberen Stockwerk eines gegenüberliegenden Hauses auf sein Dach blicken: Es ist aus Kupfer mit einem Blattgoldüberzug und hat viele ornamentüberwucherte Turmhelme. Die Gasse davor: vielleicht anderthalb Meter breit, dunkel, schmutzig. In den Häusern rechts und links zu ebener Erde unzählige Schreine mit plumpen Götterbildern. Davor bettelnde Priester, unter ihnen auch Frauen. Wenn man ihnen ein paar Pfennige zuwirft, gießen sie einem mit kleinen Löffeln eine trübe Flüssigkeit in die Hände. Aber es gibt auch unzählige Bettler, die ihr Elend nicht durch dieses fromme Geschäft vertuschen: einer neben dem anderen – Männer und Frauen jeglichen Alters – an den Häusermauern sitzend. Sie halten einen Teller oder eine Schale in der Hand. Die meisten starren stumpf vor sich hin, manche treten den Fremden fordernd in den Weg. In den Bettlerschalen liegen ein paar Pfennige und ein wenig Reis.

In der Nähe der Verbrennungs-Ghāts sitzen die Leute neben den Leichen ihrer Angehörigen, von denen sie die Fliegen nur mit lässiger Aufmerksamkeit vertreiben. Ich sah auch Menschen dort liegen, bei deren Anblick ich nicht erkennen konnte, ob sie die Agonie schon hinter sich hatten. Von irgendwoher haben sie sich nach Benares geschleppt, um hier zu sterben. Jemand hat sie ans Ufer der Gangā getragen, die ihre Asche aufnehmen wird, wie eine Mutter ihr müdes Kind aufnimmt. Dieser Gedanke mag ihnen Frieden geben. Das westliche Ufer dieses Flusses, von der Einmündung der Assi im Süden bis zur Mündung der Varuna im Norden, der Bezirk umfaßt den Hauptteil der Stadt, gilt den Hindus als «das Heiligste des Heiligen». Hier liegen die berühmten Ghāts, deren Erde von den Füßen der Götter geweiht wurde: *Durgākund*, der Platz, an dem die Göttin ihr Schwert niederwarf, nachdem sie die Dämonen Sumbha und Nisumbha erschlagen hatte; *Hanumanghāt*, das *Asvamedhaghāt*: Hier hat der Gott Brahmā das Opfer der zehn heiligen Pferde gefeiert; das Ghāt, auf dem ein Ohrring der Göttin Pārvatī in einen Brunnen fiel; der Marmorstein, der die Fußspuren des Gottes Vishnu trägt... Mythos – für viele der Pilger, die jahraus, jahrein an dieses Ufer kommen, um sich vom Wasser des heiligen Flusses reinigen zu lassen, noch heute lebendige Wirk-lichkeit.

An den Bade-Ghāts drängen sich Pilger und Neugierige. Priester halten Ausschau nach Gläubigen, die eine Pūjā bei ihnen bestellen. Sie müssen ihre Familie von dem Geld ernähren, das sie den Pilgern entlocken. Frauen halten ihre Saris nach dem Bad wie Segel in den Wind, um sie zu trocknen. Eine Gruppe junger Männer übt akrobatischen Yoga. Friseure, deren Kundschaft vor ihnen auf dem Boden hockt. Überall Badende: Die Frauen ziehen ihre Saris dabei nicht aus, die Männer steigen halbnackt ins Wasser.

Auf den oberen Stufen der Ghāts, über dem Gedränge, Mönche im Meditationssitz, unbeweglich wie Statuen. Wenn ich frühmorgens hier umherstreife, sehe ich sie mit erhobenen Händen die aufgehende Sonne anbeten. Nachts sitzen manche von ihnen ganz und gar in Tücher gehüllt.

Hier und da stehen die strohbewickelten Drahtgerippe der Durgā-Bilder von der letzten Pūjā. Die buntbemalte Lehmverkleidung ist vom Fluß abgewaschen. Was übrigbleibt, interessiert nicht einmal mehr die Wasserratten.

Über den Verbrennungsplätzen steigt schwarzer Rauch auf. Die Erde ist besudelt von verkohltem Holz und Kuhmist. Fünf oder sechs Scheiterhaufen. Unter einem halbverbrannten Leichnam flackert es müde, ein anderer Holzstoß ist fast niedergebrannt, ein dritter wartet darauf, in Brand gesetzt zu werden. Abseits liegen die Toten, in weiße Tücher gehüllt, manche in violette Seide. Zerlumpte Männer bringen die nächsten: Zu viert tragen sie die Toten mit gestreckten Armen über ihren Köpfen. Dabei singen sie, hart – fast schreiend –, in kantigem Rhythmus: «*Rāma nāma satya hai!*» – Der Name Gottes ist Wahrheit. Kinder in Lumpen, ein Mann, der sein Hemd über einem verglühenden Scheiterhaufen trocknet, fliegenumsummte Leichen, hungrige Kühe, Schmutz.

Shiva triumphiert! Der Tod wird weder ästhetisch noch rituell verhüllt. Er zeigt sich nackt. Aber ich sehe niemanden, der weint. Wer viele Wiedergeburten hat, hat auch viele Tode, der einzelne ist nicht wichtig. Und es gibt kein ersehnteres Sterben als das Sterben hier am Ufer des heiligen Stromes.

Gestern entdeckte ich in der letzten Reihe der Leute, die zu Mās Darshan gekommen waren, einen jungen bärtigen Sādhu, mit dem ich mich schon öfter unterhalten habe. Als er den Āshram verließ, folgte ich ihm die Treppe zum Ganges hinunter und fragte ihn, ob er Zeit für mich habe. Statt einer Antwort setzte er sich auf eine Stufe und wies mir einen Platz auf dem seitlichen Sockel an.

Ich hatte einen Brief aus Deutschland bei mir, in dem mir eine katholische Freundin Gedanken mitteilte, zu denen ich ihr gern eine sachkundige Erwiderung vom Standpunkt des Hinduismus schreiben wollte.

Das erste Prinzip des Hinduismus, so hieß es in diesem Brief, sei der monistische Pantheismus, während jüdisch-christliches Denken Gott und seine Schöpfung als zweierlei betrachte. «Dieser Unterschied scheint mir absolut. Ob es neben dem Sein Gottes noch anderes Sein gibt, von ihm geschaffenes, aber wirkliches Sein einer anderen Art, oder ob alles neben der Gottheit nur Illusion ist.» Man könne nicht sagen, der monistische Pantheismus *und* die christliche Auffassung hätten recht.

Mein Gesprächspartner hörte, indes ich ihm den Brief übersetzte, mit dem Gesichtsausdruck eines geduldigen Lehrers zu. «Wir unterscheiden zwischen zwei Aspekten des Brahman», sagte er. «Das Höchste Brahman – wir nennen es transzendent und akosmisch – ist zweiheitlos, ohne Eigenschaften und erhaben über Raum, Zeit und Kausalität. Die Frage nach einer Schöpfung des Universums kann von diesem Aspekt aus gar nicht auftauchen, denn alles, was ist, ist Brahman. Aber dieses Höchste Brahman wird nur vom Auge des Erleuchteten wahrgenommen. Es verhüllt sich und erscheint uns dank der Täuschung der Māyā als das phänomenale kosmische Brahman der unendlich vielfältigen Formen und Gestalten. Diesen zweiten Aspekt des Brahman nimmt das unerleuchtete Auge wahr.

Und was es sieht, hat von seiner Erkenntnisebene aus Wirklichkeit. Das relative Brahman manifestiert sich auch als der persönliche Gott. Wasser bleibt in seiner Essenz Wasser, selbst wenn es die Gestalt des Eises annimmt. Gott hört nicht auf, Brahman zu sein, er ist Person gewordenes Brahman. Sie wissen, daß wir in diesem Bereich der ‹zweiten Ebene› von Gott als dem Schöpfer, Erhalter und Zerstörer der Welt reden. Insofern vereinigt unser Denken also doch den strikten Monismus, der in der Lehre vom zweiheitlosen Höchsten Brahman zum Ausdruck kommt, mit der Vorstellung einer Schöpfung, die von ihrem Schöpfer unterschieden werden kann. Es gibt vedische Schöpfungsmythen, wie es die biblische Schöpfungsmythe gibt.»

Meine zweite Frage bezog sich auf Samādhi. Sie lautete: «Was geschieht in der Seele des Menschen, wenn es ihm dank seiner religiösen Begabung und dank der erlernten Technik gelingt, diesen Zustand herbeizuführen? Stimmt es, wenn ich sage, daß er zu einer Wahrnehmung des Gottesebenbildes in sich selbst kommt? Das wäre eine Deutung, die dem Christen verständlich ist. Bezweifelt wird von ihnen im allgemeinen, daß es sich bei Samādhi um eine direkte oder gar absolute Wahrnehmung Gottes selbst handeln kann. Um das *lumen gloriae* aushalten zu können, muß der Mensch nach Meinung der Schultheologie im ewigen Leben erst eine intensive Verwandlung erfahren.»

Dazu mein Partner: «Lassen Sie mich eines vorausschicken: Unter den Vorbedingungen, die zur Erreichung von Samādhi notwendig sind, vergaßen Sie die wichtigste, auf die Mā immer wieder hinweist: die göttliche Gnade. Ohne ihre Mitwirkung sind alle Anstrengungen sinnlos. Und nun muß ich wiederholen, was ich vorhin bereits gesagt habe: Auch hier ist im Hinduismus wieder die dualistische neben der non-dualistischen Deutung möglich. Sie kennen den Ausspruch: Was nützt es mir, Zucker zu werden? Ich will Zucker schmecken! Das ist der Standpunkt des Dualisten. Er erfährt sich selbst als den Diener Gottes, dem er sich unendlich nähert, ohne daß die Distanz gänzlich aufgehoben würde. In der seligen Einheit mit dem Herrn bleibt doch immer die Zweiheit. Der Non-Dualist «*wird* Zucker». Er glaubt, daß es nur ein Brahman gibt, und er dringt durch alle Schleier der Māyā, über alle Stufen des Samādhi zu der geheimnisvollen Grenze vor, an der ihn die göttliche Gnade in eine absolute Einheit mit dem Brahman hineinnimmt. Sie sehen, hier wird nicht nur geglaubt, daß der Mensch das *lumen gloriae* schauen, sondern daß er Eines mit ihm werden kann. Die läuternden Verwandlungen, die die Kirchenlehre ins Jenseits verlegt, haben die Seele des Menschen während der Dauer unzähliger Wiedergeburten schon auf Erden für die *unio* mit Gott bereitet.»

«Aber es kann doch nur einer recht haben. Entweder der, der sagt: Der Mensch kann Gott in der Erleuchtung *schauen*, oder der, der sagt: Er kann Gott *werden*!»

«Woher wissen Sie das? Religion ist nicht Mathematik. Sie gehen davon aus, daß eine bestimmte Auffassung richtig ist, und schließen daraus, daß alles andere nicht richtig sein kann. Wo es um Gott geht, müssen Sie vorsichtig sein. Für ihn ist alles möglich.»

«Meine dritte Frage schließt sich an die zweite an. Genauer: Es ist die Frage der Briefschreiberin. Ich darf sie übersetzen: Die Gottesoffenbarung, die dem Hindu – etwa in Samādhi – zuteil wird, liegt innerhalb der natürlichen Erkenntnismöglichkeit des Menschen. Es scheint mir (so schreibt sie) die Weise der Gotteserfahrung ‹von unten›, das heißt vom Menschen her, innerhalb seiner vorgegebenen Erfahrungswelt, in der Richtung, in der er vorstößt zu Gott und Gott sich von ihm finden läßt. Aber Gott hat darüber hinaus noch etwas von sich aus getan. Er hat sich auf den Menschen zubewegt. Er hat außer der Schöpfung noch eine andere Initiative ergriffen. Er ist in Christus gekommen und hat durch ihn zur Welt gesprochen. Das würde ich die übernatürliche Offenbarung nennen, im Gegensatz zu der natürlichen, archaischen des Hinduismus. Was wäre dazu zu sagen?»

«Natürlich und übernatürlich sind in diesem Zusammenhang Kategorien des menschlichen Nachdenkens über das Geheimnis der Transzendenz. Wir benützen sie auch, aber nur auf der Ebene, von der aus wir den relativen Aspekt der höchsten Wirklichkeit des Brahman, betrachten. Der Erkenntnismöglichkeit dieser Ebene gemäß offenbart sich das Brahman als persönlicher Gott, als der höchste Weltenherr, Bhagavān. Auch wir glauben, daß er sich nicht nur in der Schöpfung manifestiert, sondern sogar mehrmals eine Initiative darüber hinaus ergriffen hat, indem er zu uns gekommen ist und uns gelehrt hat: in Shrī Krishna zum Beispiel, oder in Shrī Rāma, oder in Christus und Buddha. Worin liegt der essentielle Unterschied?

Neulich las ich, daß die Christen unseren Avatāren ‹vorwerfen›, sie seien nicht wahre Menschen, sondern nur verkleidete Götter – Götter, die sich in menschliches Fleisch verkleidet haben. Das werde daran deutlich, daß sie, unsere Avatāre, nicht wirklich gelitten hätten. Ich bitte Sie: Wer will das abmessen – und mit welchem Maß?

Aber wenn die Frage der Leiden wirklich so wichtig ist, lesen Sie das Rāmāyana. Das Leben Shrī Rāmas war eine Kette von Leiden. Was macht die Einmaligkeit Christi aus? Daß er sich ans Kreuz hat schlagen lassen? Das Opfersterben Gottes ist eine herrliche und eine schreckliche Wahrheit. Es kommt auch in unseren Mythen vor, in dem, was eure Wissenschaftler Mythen nennen. Ich würde sagen, in den Überlieferungen, in denen sich eine ewige Wahrheit, wenn auch oft sehr verhüllt, offenbart. Oder ist die Auferstehung Christi das, was ihm die Sonderstellung einräumt? Sie werden auch heute noch in Indien Menschen finden, die Ihnen bestätigen, daß sie mit Verstorbenen gesprochen haben, über die der Tod keine Gewalt hatte. Sie kommen zu uns in einem geistigen Leib. Der Guru meines Vaters lebte vor mehr als drei Jahrhunderten, und doch zeigte er sich meinem Vater mehrmals und berührte ihn wie mit einer fleischlichen Hand.»

Mein Partner spricht so schnell, daß ich Mühe habe, ihm zu folgen. Wir haben indes einen Schwarm von Kindern angelockt, die uns großäugig beobachten. Unser Gespräch hat ein apologetisches Element bekommen, das mich zu stören beginnt, so liebenswürdig ich den jungen Mönch in seiner Offenheit und leidenschaftlichen Interessiertheit finde. Ich muß ihm noch einmal sagen, daß er keinen vollwertigen Partner in mir erblicken darf. Meine Kenntnisse sind nur lückenhaft. Dabei erinnere ich mich einer Bemerkung eines protestantischen Theologen, der mir von seinen Erfahrungen mit Asiaten berichtete und schon vor Jahren festgestellt hat, daß eine Generation junger Buddhisten und Hindus heranwachse, die sich von der religiösen Ideologisierung des Westens habe anstecken lassen und zunehmend apologetisch argumentiere.

Vielleicht hat der Mönch mir vom Gesicht abgelesen, was mir durch den Kopf geht. Er versucht, mir ein Stück weit entgegenzukommen:

«Wollen wir uns jetzt wie Kinder darum streiten, wer von uns den mächtigeren Vater hat? Sehen Sie, ihr findet unseren Glauben archaisch oder kosmisch, stehengeblieben im Bereich der natürlichen Gottesoffenbarung. Wenn ich Ihnen in dem Geist dieser Feststellung antworten sollte, müßte ich sagen: Euer Dualitätsdenken, zusammen mit dem Absolutheitsanspruch, den ihr für die Gottesinkarnation Christi erhebt, mutet uns kindlich an. Wir würden meinen, diese Haltung entspricht der Ebene, auf der nur der zweite Aspekt des Brahman wahrgenommen wird, jener, den wir den dualistischen, relativen nennen und von dem gesagt wird, er entspreche der Erkenntnisfähigkeit des Unerleuchteten. Aber eine solche Entgegnung führt uns nicht weiter. Ich sage also: Ihr habt recht, so wie wir recht haben. Im Höchsten Brahman sind beide Wahrheiten ‹aufgehoben›: bewahrt und in die letzte Wahrheit eingeschmolzen.»

Offenbar hatte der junge Mönch es auf einmal eilig. Mit ein paar Sprüngen war er am Flußufer und schöpfte Wasser in den hohlen Händen, um es über seinen Kopf zu gießen. Dann nahm er seine Brille ab, schüttelte sich lachend und nickte mir zu. Er hatte sich schon ein Dutzend Schritte längs des Ufers stadtwärts entfernt, als er plötzlich zurückkam.

«Höre», sagte er, «vergiß alle Etikette: transzendent, kosmisch, akosmisch, archaisch. Das sind Spitzfindigkeiten von den Leuten, die in ihre Weisheit verliebt sind. Liebe Gott. Ich will dir sagen, was Shrī Krishna seinem Freund Arjuna zugerufen hat: ‹Laß allen anderen Halt fahren. Nimm allein Zuflucht in mir. Ich werde dich von deinen Sünden befreien, denn du bist mir lieb.›»

Die kurzsichtigen Augen des jungen Mannes sind plötzlich mit einer strahlenden Fröhlichkeit auf mich gerichtet, die etwas Ansteckendes hat. So stehen wir voreinander und lachen. Ich wüßte gern, ob ich der Versuchung standhalten könnte, mit ihm zu argumentieren, wenn meine Kenntnisse ein echtes Streitgespräch erlauben würden. Dabei: Wieviel authentischer ist er jetzt, in dem Augenblick, in dem er alle ideologische Besserwisserei abgeschüttelt hat. Ich begreife plötzlich, daß eines der tiefsten Geheimnisse für Mās Glaub-würdigkeit darin liegt, daß sie nicht besser-weiß, sondern weiß.

Unsere Stunden in Benares sind gezählt. Schade, daß ich den jungen Sādhu erst in den letzten Tagen kennengelernt habe. Ich möchte noch manches mit ihm besprechen. Aber er kommt immer erst zum Darshan, wenn Mā schon da ist, setzt sich in die letzte Reihe und verschwindet, ehe sie wieder geht. Trotzdem habe ich es heute noch einmal gewagt, ihn anzusprechen. Er machte eine verzweifelte Handbewegung, dann lachte er, und wir setzten uns unter die Büsche im Āshramhof.

Vorreden schneidet er mir jedesmal mit einer Handbewegung ab. «Um was geht es heute?»

«Um das Problem von Gut und Böse. Ich höre und lese oft, daß der Erleuchtete jenseits von Gut und Böse sei.»

«Natürlich, denn Moral ist ein Bestandteil der unvollkommenen Welt. Sie sind moralisch, Sie sagen zum Beispiel: ‹Eigentlich müßte ich als Pflegerin in eine Aussätzigen-Siedlung gehen›, nicht wahr? Müßte! Dieses ‹müßte› zeugt von Ihrer Unvollkommenheit. Nur der Erleuchtete, dessen Ich, wie Mā oft sagt, im Feuer der Selbsterkenntnis verbrannt oder in der Gottesliebe geschmolzen ist, hat die absolute Freiheit. Er kämpft nicht mehr für das Gute und gegen das Böse, denn die Tugend ist seine Natur geworden. Darum gelten für ihn die Moralgesetze nicht mehr. Er sagt nicht: ‹Ich müßte das Gute tun›, er *ist* gut.»

«Das verstehe ich. Aber kämpft er wirklich nicht mehr gegen das Böse?»

«Nein, er erlöst es. Hat Christus die Sünderin durch Moralpredigt oder Strafe gebessert? Er hat sie durch Liebe und Gnade erlöst. Das hat nichts mit Moral zu tun. Wie sagt Shrī Krishna? ‹Liebe mich, so erlöse ich dich von deinen Sünden.›»

«Mā antwortete, als ich mich über das Böse in mir beklagte: ‹Ich sehe nichts davon, ich sehe nur dein göttliches Selbst.› Hat also das Böse keine faktische Realität? Machen wir es etwas greifbarer, als es bei mir zutage tritt: ein Mord aus Habgier oder Eifersucht.»

«Auf der Ebene, auf der Sie jetzt stehen, ich nannte es die Ebene des phänomenalen Brahman, hat es Realität, und in dieser Realität müssen Sie es bekämpfen. Im absoluten Brahman sind Gut und Böse nichts anderes als Wellen in einem unendlichen Ozean. Ich weiß, es verwirrt euch, daß wir in den Kategorien verschiedener Erkenntnisebenen denken und doch in der Vielheit das Eine sehen. Jede Ebene hat ihren richtigen Aspekt der Wahrheit. Ein zehnjähriger Junge ist ein guter Schüler, wenn er die Grundlagen der Rechenkunst beherrscht. Niemand wird Erkenntnisse der höheren Mathematik von ihm verlangen. Sie sind nur dem mathematischen Denken auf einer anderen Ebene zugänglich.»

«Meine zweite Frage: Wo ist der Ursprung des Bösen?»

«Sagte ich Ihnen nicht schon, daß wir das Weltgeschehen oder den kosmischen Prozeß Līlā nennen? Das Spiel des Brahman mit sich selbst. Dieses Līlā ist nach beiden Zeitdimensionen hin unendlich, es besteht aus einer unendlichen Kette spontaner Manifestationen des Brahman. Ein Plan wie der der biblischen Weltschöpfung liegt ihm nicht zugrunde. Es gibt also auch keinen Ursprung des Bösen als einer Macht, die irgendwann einmal geschaffen oder auf andere Weise aus dem Nichtsein aufgetaucht wäre. Es gibt überhaupt keine böse oder satanische Macht. Alles ist Brahman.»

«Aber das ändert nichts daran, daß wir Böses sehen und tun, zum Beispiel den Mord aus Habgier. Wenn es schon keinen kosmisch-geschichtlichen Ursprung hat, so muß es doch eine Ursache haben.»

«Natürlich. Im Karma. Ob die lichten oder die dunklen Kräfte in Ihrer Seele mächtig sind, hängt davon ab, ob und wie Sie in Ihren früheren Leben dem Licht oder dem Dunkel zugewandt waren. Sie können auf der Ebene des Ethischen für Licht und Dunkel Gut und Böse setzen.»

«Hier funktioniert also dieser pedantische Mechanismus: für

ein Pfund Böses – ein Pfund Karma, für ein Pfund Karma – ein Pfund Leiden...»

«Wenn Sie so wollen.» Der junge Sādhu ist eifrig damit beschäftigt, die Perlen seines Rosenkranzes zu «zählen», während er mit mir redet; oder macht er womöglich mit einer Art zweitem Bewußtsein Japa? Meine unverfrorene Formulierung hat ihn aufgeschreckt. Er läßt den Rosenkranz in seinem Gewand verschwinden.

«Wir würden sagen, hier waltet die immanente Gerechtigkeit des Weltgeschehens. Was vom Brahman aus Spontaneität ist, kann uns wie Gesetz erscheinen. Wir könnten genausogut sagen: Hier waltet Gottes Gerechtigkeit. Aber sprachen wir nicht schon über Gnade und Liebe, die uns allein vom Bösen befreien können? Weil wir uns mit unserem Körper und den Wünschen unserer Sinne identifizieren, sagen wir: Das hier bin ich, das dort bist du! Unser Ich will das Du besitzen, sich aneignen; stößt es auf Widerstand, so wird und handelt es böse. Unser Selbst fühlt die heilige Anziehung des ewigen Selbst. Gottes Gnade heilt es von der Unwissenheit, die die Ursache alles Bösen und aller Leiden ist: von dem Irrtum, es hätte ein abgegrenztes Selbst. Der durch die Gnade Bhagavāns Erleuchtete ist auf den Weg gebracht, an dessen Ende er nur noch Brahman sieht.»

«Aber wie kann er nichts als Licht in all dem Dunkel erblikken, oder, anders ausgedrückt, was kann ich tun, um weniger Dunkel zu sehen?»

«Wenn Sie einsichtig genug wären, um eine Antwort auf diese Frage zu verstehen, würden Sie nicht mehr fragen. Der Baum fragt auch nicht: Was kann ich tun, um Früchte zu tragen? Wenn er reif geworden ist, trägt er Frucht.»

«Aber es muß doch möglich sein...»

Eine kräftige braune Hand fährt mir fast zornig in die Parade. «Schweigen Sie jetzt! Worte helfen Ihnen hier nicht mehr weiter!»

Mit großer Begleitung ist Mā verabschiedet worden. Wir haben einen Erster-Klasse-Wagen, der fast ganz für uns reserviert ist. Mā reist in einem Zweibett-Abteil. Das obere Bett ist mit Gepäck vollbeladen, im unteren liegt sie. P. bleibt während der Fahrt bei ihr, um für sie zu sorgen. Als ich mich bei Gelegenheit darüber wunderte, daß das Oberbett über Mā und ihrer Mutter nie von den Begleiterinnen benützt, sondern immer mit Gepäck vollgeladen wird, sagte mir jemand: Das ist doch selbstverständlich; man kann doch nicht über einem Wesen liegen, das man als Gottheit verehrt. Würde jemand über einem König eines europäischen Landes schlafen dürfen? Und Mā ist doch viel mehr als ein König!

Mās Gefolge reist in betont konservativem Stil: Koffer sind unerwünscht. Aber es gibt riesige Bettrollen, Eimer, Körbe, Bündel, große Tonkrüge mit Trinkwasser und kleinere, häufig schön verzierte Krüge mit dem heiligen Gangeswasser, von dem sich jeder einen kostbaren Vorrat mitnimmt. Für Mā sind die Eisenbahnfahrten oft auf Monate hinaus die einzige Gelegenheit, etwas auszuruhen. Sie liegt fast die ganze Zeit, schläft viel, unterhält sich mit ihren Begleitern, die aus den anderen Abteilen oder von der dritten Klasse, in der die meisten Sādhus und Mädchen reisen, kommen, um sie zu besuchen. Oder sie diktiert Antwortbriefe. Leider hat sie auch im Zug nicht viel Ruhe. An den größten Bahnhöfen erscheinen oft Scharen ihrer Anhänger und stürmen in den Wagen oder rufen sie an die Tür. Manche Leute fahren für ein Weilchen mit im Zug, um Mā sprechen zu können. Wie oft bin ich – auch bei späteren Reisen – nachts von dem ungeduldigen Ansturm der Leute aufgewacht, die um Mitternacht, um eins, um zwei, um drei an irgendeinem größeren Bahnhof auf den Zug warteten, um Mā zu sehen.

P. schläft auf dem Boden vor Mās Bett, halb sitzend, halb gegen einen Gepäckhaufen gelehnt. Als ich ihr sagte: «Ich bewundere dich, daß du so schlafen kannst», antwortete sie lächelnd: «Wo immer ich mit Mā bin, schlafe ich ausgezeichnet. Wenn ich nicht bei ihr bin, kann ich nicht gut schlafen.» Mās

Abteil steht während der Nachtfahrten offen, ganz entgegen den üblichen Gepflogenheiten im indischen Reiseverkehr.

Nur in meinem Abteil fährt ein Fremder mit, ein Lehrer, der sich stundenlang hinter seiner Zeitschrift versteckt. Ich bin gebeten worden, die übrigen Abteile unseres Wagens nicht zu betreten. Viele meiner Reisegefährten halten sich streng an die orthodoxen Vorschriften: Sie essen und trinken nur, was aus dem Āshram kommt. Sobald ich unter das «Dach» ihrer Abteile kommen würde, würden ihre Eßvorräte, die sie nicht durch Käufe auf den Bahnhöfen ergänzen können, im rituellen Sinne verunreinigt, die Āshramiten müßten also für den Rest der Reise fasten.

Am Nachmittag fährt der Zug lange durch bewaldetes Hügelland. Ende November: Die Bäume bekommen herbstliche Farben. Merkwürdig die vielen toten Stämme in verblichenem Weißgrau, bizarr geformt. Im Unterholz blüht es noch rötlich, und der Himmel hat ein sehr helles Blau. Durchsichtige Aquarelltöne, ein feines Liniengespinst: die Profile der felsigen Hänge, gestürzte Bäume, ein Pfad, der sich verliert, die Flugbahn eines weißen Vogels. Überall lautloses Vergehen: Shiva in einem sanften Sieg.

Mit dem Lehrer komme ich in ein interessantes Gespräch. Er arbeitet an einer holländischen Missionsschule, stammt aber aus einer – wie er sagt – «sehr orthodoxen Brahmanenfamilie». Sein Vater ist jetzt 85 Jahre alt und seine Mutter 79. Er hat neun Geschwister, sieben Schwestern, die alle verheiratet sind, und zwei Brüder, die, wie er selbst, studiert haben. Sein Vater war Beamter im Erziehungsministerium. Als all seine Kinder versorgt waren und seine Mitarbeit vom Staat nicht mehr beansprucht wurde, zog er sich, zusammen mit seiner Frau, endgültig aus dem bürgerlichen und Familienleben zurück. Er erfüllte damit seine traditionellen religiösen Verpflichtungen.

«Jetzt lebt er mit meiner Mutter in einer Lehmhütte, die er sich selbst dicht am Ufer des Ganges in der Nähe von Hardvār gebaut hat», berichtete der Lehrer. «Die Hütte hat zwei Räume. Das Inventar besteht aus einer Kochstelle, den beiden Schlafmatten meiner Eltern, einer Kiste mit Büchern und dem

Schreibzeug meines Vaters. Außerdem ist dort natürlich ein kleiner Pūjā-Altar.

Meine Eltern stehen nachts um zwei auf. Dann liest mein Vater bis vier Uhr aus den heiligen Büchern vor. Danach gehen sie zwei Stunden lang spazieren. Um sechs Uhr nehmen sie ihr Morgenbad im Ganges. Darauf verzichten sie selbst im Winter nicht, wenn das Wasser eiskalt ist. Im Laufe des Vormittags unterrichtet mein Vater Schüler einer nahen Sanskrit-Schule. Um zwölf Uhr nimmt er zum erstenmal etwas zu sich. Meine Mutter trinkt morgens Tee. Zu Mittag essen beide so viel oder so wenig wie kleine Kinder. Jeder ißt drei *tshapatis* (Brotfladen) und etwas Gemüse. Dann ruhen sie sich aus. Später studiert mein Vater allein in den Veden. Manchmal hat er Diskussionen mit den Lehrern der Sanskrit-Schule. Meine Mutter trifft sich mit den Frauen anderer Männer, die sich in der Umgebung genauso niedergelassen haben wie mein Vater. Die Frauen singen Kīrtana oder beten, manchmal schwätzen sie wohl auch ein wenig. Natürlich feiern meine Eltern gemeinsam Pūjā. Auf ihrem kleinen Hausaltar ist ein Shiva-Lingam, aber sie beten nicht zu einer bestimmten Gottheit. Sie singen und rezitieren Verse aus den Veden, und sie meditieren. Um acht Uhr abends gehen sie schlafen. Beide sind übrigens noch nie von einem Arzt angerührt worden. Mein Vater sagt: ‹Uns muß Gott helfen!› Seitdem meine Eltern in ihrer Eremitage leben, sehen wir sie nur selten. Aber wir besuchen sie manchmal, und Lehrer der Sanskrit-Schule sagen uns, daß sie immer heiter und freundlich sind. Ich glaube auch, sie sind glücklich!»

«Gilt das in genau der gleichen Weise für Ihre Mutter wie für Ihren Vater?»

«Unsere Mutter würde darüber nie ein Wort verlieren, aber ich denke, sie macht das alles um unseres Vaters willen mit. Sie möchte sich nicht von ihm trennen, und sie will ihn auch nicht allein lassen. Sollte mein Vater zuerst sterben, so wird sie wohl zu einem von uns kommen. Wenn sie zuerst stirbt, bleibt mein Vater bis an sein Ende allein in der Hütte, es sei denn, daß er sein Leben als Bettelmönch beschließt, obwohl er eine Pension hat, mit der er in einer Stadt leben könnte.»

«Darf ich fragen: Werden Sie, wenn Sie alt sind, das gleiche tun, was Ihr Vater jetzt tut? Wird Ihre Frau mit Ihnen gehen?»

Der Lehrer hat das Gesicht einer alten, kultivierten Rasse. Es ist hellhäutig, fein geschnitten, ernst und trägt die Zeichen verschwiegenen Wissens und gemeisterter Leiden. Er spricht leise und zögernd. Auf meine Frage antwortet er längere Zeit nicht. Dann sagt er lächelnd:

«Es scheint mir jetzt fast unmöglich, mich so gänzlich von all dem zu lösen, was unser Leben angenehm macht. Aber wer weiß, wie ich darüber denken werde, wenn ich alt bin. Meine Frau würde mitgehen, wohin immer ich ginge. Da habe ich keine Sorge.»

Ich nutze die lange Bahnfahrt zum Lesen. Seit einiger Zeit vertiefe ich mich in eine von einem indischen Gelehrten verfaßte Interpretation der Bhagavad-Gītā, in der öfter auf christliches und westlich-philosophisches Denken Bezug genommen wird. Was mich dabei nachdenklich macht, ist die Feststellung, daß dem Autor, der ein berühmter Mann zu sein scheint, bei der Anwendung der westlichen Terminologie häufig krasse Fehlgriffe unterlaufen.

Wenn ich westliche Interpretationen indischen Geistesgutes lese, habe ich oft Sorge, daß die deutschen oder englischen Übersetzungen der indischen Begriffe ebenfalls am Wesen des Gemeinten vorbeigehen. Das fängt an bei der Übersetzung von so «geläufigen» Begriffen wie Brahman als «objektiver Geist» und Ātman als «subjektiver Geist». Ich bin immer froh, wenn die Sanskrit-Begriffe selbst in den Texten erscheinen. Für viele dürfte es keine direkte Übersetzung in westliche Sprachen geben. Man muß sie zu umschreiben versuchen, auch wenn es umständlich ist.

Im Gespräch mit dem Lehrer, der doch an einer christlichen Schule arbeitet und westliches Bildungsgut genauso lückenhaft beherrscht wie ich, stellte ich vorhin fest, daß es nicht möglich war, eine Verständigung über den Begriff der Vergebung zu erzielen. Wir hatten über eine Zeitungsmeldung, die einen Mord betraf, gesprochen. Diese Erfahrung sollte mich wohl vor dem übereilten Optimismus bewahren, Hindus und Christen (zu denen ich mich, wenn auch nicht im orthodoxen Sinne, wohl rechnen darf) müßten nur miteinander reden, um sich zu verstehen. Die Gespräche mit dem jungen Sādhu in Benares liefen so merkwürdig «glatt». Nachträglich taucht die Frage in mir auf: Hatte ich dabei nicht öfter das Gefühl: Vorsicht, wir gehen zu großzügig mit den Begriffen um? Außerdem war er wohl kaum typisch. Er wußte zu viel vom Christentum. Der Lehrer, der jetzt auf seinem Bett liegt und in einem Band *The Plays of Oscar Wilde* liest, hat wenig Ahnung von christlichen Vorstellungen. Und doch würde ich nicht sagen, daß er mir fremd ist. In einer Wesensschicht des Reinmenschlichen, unterhalb der Begriffsebene, kann ich sehr viel mit ihm teilen: die Sorgen um seine Nächsten, um die eigene Gesundheit, um den beruflichen Erfolg, um den Frieden in der Welt . . .

Als ich mich abends auf meiner gutgepolsterten Liegebank zum Schlafen ausstrecke, bin ich von den Haarspitzen bis zu den Fußsohlen von einem köstlichen Behagen durchflutet: zu Hause in meiner Haut, in diesem Eisenbahnwagen, in diesem Land, auf dieser Welt . . .

Im ersten Morgengrauen habe ich ausgeschlafen. Vom Bett des Lehrers höre ich das leise Aneinanderklingen der Rosenkranzperlen. Ich gehe auf den Gang hinaus. Es ist eben erst halb fünf. Die Abteiltüren stehen offen. Nārāyana-Svāmi betet mit knarrender Stimme: «Nārāyana, Nārāyana, Nārāyana . . .» Auch Gopīnath Kaviraj sitzt regungslos auf seinem Bett – meditierend? Im Abteil von Didima wird geflüstert. P. hockt betend vor Mās Bett. Mā schläft.

Fasten und Meditieren in Ahmedabad

23. November 1963

In Ahmedabad findet eine große Samyam-Mahāvrata, eine Fast- und Meditationswoche, statt. Sie wird alljährlich von Mās Freunden veranstaltet, in diesem Jahr zum vierzehnten Mal, gewöhnlich an einem Ort, der als Pilgerzentrum berühmt ist. Von dieser Regel wurde bei der Wahl des Platzes diesmal abgewichen, um den letzten Wunsch eines alten Anhängers von Mā zu erfüllen, der, ehe er starb, Mā darum gebeten hatte, eine Meditationswoche auf seinem Grundstück durchzuführen.

Vom ersten Augenblick an hat man den Eindruck, daß die Veranstaltung gut organisiert ist. Wir werden am Bahnhof erwartet und mit Autos zum Haus des Veranstalters gebracht. Auf seinem Grundstück hat er ein hübsches Häuschen aus Preßplatten für Mā errichtet, in dessen Nähe ein großes, elegantes Versammlungszelt aufgebaut wurde. Diese Zelte haben eine solide Konstruktion. Ihre tragenden Pfeiler sind tief in den Boden eingemauert, und ihr Dachgerüst trägt das Gewicht von riesigen Ventilatoren, hier sechzehn, Lampen und Lautsprechern.

Das Wohnhaus des Veranstalters ist modern, weiträumig und im Stil sachlich. Hier finden die Leute aus Mās unmittelbarer Umgebung Unterkunft. Mir wird eine Veranda als Aufenthaltsraum angewiesen, wo ich auch esse. Das übrige Haus betrete ich nicht, um nicht unnötige Komplikationen heraufzubeschwören. Schlafen kann ich im Haus eines Fliesenfabrikanten, der drei bequeme Zimmer für Tagungsteilnehmer zur Verfügung gestellt hat und sich als ein sehr liebenswürdiger Gastgeber erweist.

Wir können wählen, ob wir uns in die Klasse A oder B der Fastendiät einschreiben wollen. Am ersten Tag fasten alle Teilnehmer ganz. Im Gelände sind mehrere Tanks mit Gangeswasser aufgestellt, und wir werden ermuntert, so viel wie möglich davon zu trinken. Es sei der physischen und seelischen Reinigung besonders förderlich. Das Wasser ist aus Rishikesh geholt worden, dem Platz, an dem der heilige Strom den Himalaja verläßt und sich in die Ebene ergießt.

Die Diätklasse A nimmt auch am siebten Tag nur Gangeswasser zu sich und bekommt an den übrigen Tagen lediglich eine Eintopfmahlzeit. Selbstverständlich wird während der Woche weder geraucht, noch sind andere Genuß- oder Anregungsmittel erlaubt. Die Diätklasse B, in die ich mich eintragen lasse, bekommt außer dem Mittagseintopf abends noch ein Glas Milch.

Das eigentliche Tagungsprogramm fängt um acht Uhr morgens mit einer einstündigen Meditation an und beginnt auch nachmittags mit einer solchen Übung. Abgesehen von der großzügig bemessenen Mittagspause ist der Tag bis gegen zehn Uhr abends, manchmal auch länger, ununterbrochen mit Vorlesungen aus den heiligen Schriften des Hinduismus, mit Vorträgen und Kīrtan oder Fragestunden ausgefüllt. Er stellt nicht nur an die geistige Aufnahmefähigkeit, sondern auch an die körperliche Widerstandskraft, besonders der strengen Faster, hohe Anforderungen. Vom ersten Tag an habe ich den Eindruck, daß sich hier eine Elite versammelt hat; Menschen, die es ernst meinen mit ihrem spirituellen Streben. Viele der Teilnehmer kommen seit Jahren zu diesen Wochen und sind offensichtlich keine Anfänger mehr in der Meditation. Vermutlich ist auch das durchschnittliche Bildungsniveau ziemlich hoch. Man sieht nicht wenige Gesichter – und zwar bei Männern und Frauen jeglichen Alters –, in denen sich geistiges Erbe und Selbstzucht überzeugend ausdrücken. Das macht sich auch in den allgemeinen Umgangsformen wohltuend bemerkbar.

Freilich sind alle diese Veranstaltungen mit Vorbedacht «offen», das heißt: Wer immer von den Bewohnern Ahmedabads daran teilnehmen möchte, wird gern gesehen. Diese nichteingetragenen Gäste füllen den hinteren Teil des Zeltes.

Es gehört zur traditionellen Erziehung der Menschen dieses Landes, daß sie von Kindheit an lernen, sich in geräuschvoller Umgebung auf geistige Inhalte zu konzentrieren. Nur darum kann eine solche Veranstaltung eine glückliche Synthese zwischen den Ansprüchen einer Elite, den Vratis, und der Masse sein. Es stört die Vratis nicht oder doch kaum, daß es an der Peripherie beinahe so munter zugeht wie bei einem Volksfest. An den Nachmittagen kommen Hunderte von Leuten aus Ahmedabad, häufig ganze Sippen mit Kindern aller Altersstufen. Sie lagern sich auf dem Rasen. Die Kinder spielen, und die Erwachsenen hören mit einem Ohr auf die Übertragungen der Reden. Wahrscheinlich kommen die meisten von ihnen, weil sie hoffen, Mā zu sehen.

Die Organisation des eigentlichen Tagungsprogramms liegt in den Händen eines jungen Brahmachāris, der schon als Halbwüchsiger zu Mā kam. Er entledigt sich seiner schwierigen Aufgabe mit Charme. Ein Riese: breitschultrig, mit einem dichtbehaarten Rundkopf, tief herabreichendem Stirnhaar, buschigen Brauen, einem kurzen Bart und herrlichen Zähnen. Von Tag zu Tag verschwindet sein Gesicht tiefer in einem Urwald schwarzer Haare, denn die Vratis dürfen sich nicht rasieren. Der junge Riese hält die Zügel mit einer fast mädchenhaften Sanftmut. Nie wird seine Stimme unfreundlich oder nur laut, wenn er über das Mikrophon Anweisungen erteilt. Manchmal hebt er halb lachend, halb flehend die Hände, um Verständnis für eine notwendige Maßnahme zu erbitten. In seinem orangefarbenen ärmellosen Sari wirkt er wie ein junger Athlet in einer klassischen Toga, dabei rafft er die Falten seines Gewandes mit der Anmut einer jugendlichen Fürstin. Das Seltsame ist: Er schafft es, die Ordnung aufrechtzuerhalten, trotz seines radikalen Verzichts auf Machtausübung.

Nur in einem Punkt hat er bis zum Schluß Schwierigkeiten: Die meisten Redner überschreiten die ihnen zugestandene Zeit und bringen das Programm dadurch in Unordnung. Schließlich erscheint der sanfte Riese mit einem mächtigen Küchenwecker, den er den Rednern vor die Nase stellt. Aber keineswegs alle lassen sich dadurch imponieren.

Auf der Bühne stehen eine Reihe von Couches für die Redner, die Pandits und die übrigen Svāmis. Es geht mir wie immer: Ich verstehe nicht, oder fast nicht, was gesagt wird, aber einige allgemeine Dinge fallen mir auf. Wieder sprechen alle Redner frei. Man hat den Eindruck, daß sie ihrem Gedankengang tatsächlich vollkommen spontan folgen und dabei mit Geschick und Schlagfertigkeit auf die Zwischenrufe eingehen. Gelegentlich unterbrechen sie sich, um Mā oder die anwesenden Pandits nach ihrer Meinung zu fragen, und es wird ein improvisiertes Rundgespräch eingeschaltet. Häufig gibt es Zwischenbemerkungen sowohl von der Bühne wie aus dem Zuhörerforum. Manchmal läßt ein Redner zwischendurch jemand anders ausführlich zu Worte kommen. Das alles wirkt außerordentlich lebendig. Man hat nie das Gefühl, das einen bei uns so oft beschleicht: Der Redner monologisiert. Immer bleibt das dialogische Prinzip gewahrt.

Auch die allgemeine rednerische Begabung der Männer ist erstaunlich hoch: die Lebendigkeit und Modulationsfähigkeit der Stimmen, die Eindringlichkeit des Mienenspiels, die Aussagekraft der Gebärden, das alles erlaubt den Zuhörern nicht, ihren eigenen Gedanken nachzuhängen oder gar einzuschlafen. Der markanteste Unterschied im Stil solcher religiösen Veranstaltungen zwischen Ost und West scheint mir darin zu liegen, daß es bei uns meistens ernst, würdevoll und oft recht steif zugeht, während hier ein Drittel der kostbaren Zeit lachend «verschwendet» wird. Alle diese Vorträge haben ernste Themen. Es geht um Interpretationen der heiligen Schriften, um Fragen der religiösen Erziehung, des religiösen Lebens in der Familie oder im Dorf, um Probleme der Meditation oder Kontemplation und ähnliches, und doch löst manchmal ein Lachsturm den anderen ab. Dabei sind die Redner nicht etwa Leute, die unbekümmert drauflos schwätzen. Unter den Männern auf der Bühne sind Persönlichkeiten, die man im ganzen Land kennt und wegen ihrer Weisheit verehrt.

Im Abendprogramm ergreift öfter ein Svāmi das Wort, dessen Vortrag sich von allen übrigen dadurch unterscheidet, daß er – vermutlich nicht nur in der Form – sehr volkstümlich ist. Nach der angespannten geistigen Konzentration eines langen Tages wirkt er entspannend und erfrischend. Obwohl die meisten anderen Redner mit nacktem Oberkörper dasitzen und die Ventilatoren surren, trägt er eine dicke, wollene Skimütze. Er hat eine tiefe, rauhe Stimme, und man hat das Gefühl, daß er Seemannsgarn spinnt. Aber dieses Gefühl dürfte täuschen. Freilich macht er höchst einfache Späße, aber Mā schüttelt sich vor Lachen, und das Zelt dröhnt, so vergnügt sind die Vratis. Ich sehe keinen, der sich zu gut vorkommt, über die harmlosen Späße zu lachen.

Den stärksten Eindruck unter den Rednern macht auf mich ein Mann, den ich auf Mitte Fünfzig schätze. Er ist der gewählte Leiter der vor einigen Jahren gegründeten Organisation der indischen Bettelmönche. Sinn dieser Organisation ist es, die Schafe von den Böcken, nämlich die echten Mönche von den religiös getarnten Vagabunden zu scheiden und damit dem Staat die Möglichkeit des Durchgreifens gegenüber den asozialen Elementen zu geben. Shrī Akhandānandaji wirkt selbst keineswegs so, wie wir uns einen Bettelmönch vorstellen. Säße er nicht mit bloßem Oberkörper vor uns, so würde ich sagen: Wie er da ist, könnte er als Diplomat eines westlichen Staates auftreten. Freilich kann sich das nur auf sein gepflegtes Äußeres, seine Umgangsformen und seine scharfe Intelligenz beziehen. Allenfalls noch auf die sachlich ruhige, eindringliche Art, in der er redet. Wenn man die Augen hinter der großen Hornbrille betrachtet, sieht man, daß er nicht nur klug, sondern weise, und nicht nur ein Organisator von Mönchen, sondern selbst ein Mönch – in der wesentlichen Bedeutung des Wortes – ist.

An einem Abend spricht er über das Rasalīlā, das Liebesspiel des jugendlichen Gottes Shrī Krishna mit den Gopīs, den Hirtenmädchen. Dieser Mythenkreis hat wohl zu den tiefsten und schönsten mystischen Deutungen in der Bhakti-Philosophie der Hindus geführt. Leider verstehe ich nichts von der Rede, aber die Atmosphäre, in der Sachlichkeit, Sensibilität und religiöse Ergriffenheit sich durchdringen, erlaubt mir eine gewisse Teilnahme. Mā verabschiedet sich von dem Redner, indem sie seine beiden Hände an ihr Gesicht drückt.

Ein Professor aus Kalkutta macht eine rührende, leider mißglückte Anstrengung, das Sprachenproblem zu lösen. Seine

Muttersprache ist Bengali, und er beherrscht offenbar auch leidlich das Hindi. Die Landessprache hier in Ahmedabad ist Gujarati, aber ziemlich viele der Anwesenden verstehen Englisch. Also hält er seinen Vortrag in einem Gemisch aus Bengali, Hindi, Englisch und Sanskrit, in der Hoffnung, daß so die meisten wenigstens etwas davon verstehen. Schließlich wird er von ungeduldigem Händeklatschen unterbrochen. Die Zuhörer wollen ihn daran erinnern, daß er seine Redezeit überschritten hat. Im Grunde warten die meisten den ganzen Tag über auf den Augenblick am Abend, wenn die Redner sich zurückziehen und das Mikrophon vor Mā aufgestellt wird. Dann dürfen Fragen an sie gerichtet werden.

Mā antwortet mit erstaunlicher Schnelligkeit. Kaum hat der Fragesteller ausgesprochen, ist die Antwort schon da. Manchmal in einem Wort, manchmal in einer Serie von Sätzen. Mā sagt selbst, daß sie nicht nachdenke, um zu antworten. Sie öffnet den Mund, und nicht ihr Verstand, sondern das Kheyal antwortet aus ihr. Zuweilen hat man den Eindruck, daß sie sich nachträglich selbst über diese Antworten wundert. Gelegentlich versucht sie sie – dann doch mit ihrem eigenen Denken – zu interpretieren. Häufig fallen die Antworten so aus, daß das Zelt minutenlang von Lachsalven dröhnt. Mā lacht selbst so über ihre Antworten, als hätte jemand anders sie gegeben. In der Tat sind es ja auch nicht «ihre» Antworten.

Immer und wieder geschieht es, daß sie plötzlich nach dem Anhören einer Frage stutzt. Man hat das Gefühl: Jetzt lauscht sie auf die Antwort. Aber: «Mein Kheyal sagt nichts dazu. Stell eine andere Frage.» Gelegentlich gibt sie eine Frage an die Svāmis weiter: *«Pandit bolo!»* (Sagt ihr es, gelehrte Herren.) Vielleicht will sie damit eine freundliche Geste gegenüber den gelehrten Männern machen, die ständig in großer Zahl neben ihr auf der Bühne Platz genommen haben. Aus dem Zuhörerraum kommt dann freilich oft der Ruf: «Wir wollen deine Antwort wissen, Mā.»

Nur selten übersetzt mir jemand eine Frage und ihre Antwort. Zum Beispiel: «Ist Schlaf nicht auch eine Art Meditation?» – «Wenn du so willst, ja!» – «Warum sollen wir dann während der Meditation nicht einschlafen?» – «Schlaft ruhig mal ein bißchen.» – «Und worüber meditierst du, Mā?» – «Wer sagt dir denn, daß ich überhaupt meditiere, vielleicht schlafe ich auch?» – Das alles begleitet von ununterbrochenem Gelächter.

Aber es gibt auch lange, sehr ernsthafte Unterhaltungen. Etwa über die Frage: «Was wird aus dem Schüler, wenn sein Guru stirbt?» Oder darüber, was unter Vairāgya (Abgelöstheit, Leidenschaftslosigkeit) zu verstehen sei. Mā sagt dazu:

«Wenn sich wirkliche Meditation in dir ereignet hat, werden weltliche Vergnügungen langweilig und nichtssagend für dich. Vairāgya geschieht, wenn jede Berührung mit Weltlichem in dir das Feuer des Verzichtes schürt. Das heißt nicht, daß dann eine Abneigung oder gar Verachtung für die Welt in dir entsteht. Die weltlichen Dinge werden nur unannehmbar für dich. Dein Körper verweigert ihre Annahme. Alles, was zur Welt gehört, scheint zu brennen, du kannst es nicht berühren. Mit anderen Worten: Der Tod stirbt.

Wenn du aus einer Meditation kommst, und du bist dann noch in der Lage, dich genauso weltlich zu verhalten wie vorher, hast du keine innere Verwandlung erlebt. Nach der wirklichen Meditation wirst du beginnen, das Göttliche mit Leidenschaft zu suchen. Dein Hunger nach ihm wird dich erkennen lassen, daß nichts Vergängliches mehr dir Zufriedenheit geben kann. Wie soll ich dir das noch klarer machen, Pitaji?

Manchmal kommen Leute zu mir und erzählen mir, daß ihre Söhne und Töchter in einen Wagen gestiegen und fortgefahren sind, ohne sich auch nur umzublicken und zu sehen, daß ihre Väter und Mütter weinten. [In anderem Zusammenhang ermahnt Mā ihre Freunde immer wieder eindringlich: «Diene deinem Vater und deiner Mutter in Liebe und Ehrfurcht, als dientest du Gott.»] Sie sind ganz unberührt vom Leid ihrer Eltern. Sieh, genauso ist es an einer bestimmten Stelle des spirituellen Weges. Man fühlt plötzlich: Die, von denen ich geglaubt habe, sie seien mir das Nächste und Liebste auf der Welt, sind mir nur nach meinem Fleisch und Blut verwandt. Aber was bedeutet mir das?

Kein Mensch streckt seine Hand freiwillig ins Feuer oder tritt auf eine Schlange. Mit genau dieser Einstellung blickst du auf die Dinge der Welt und wendest dich ab. Dann wirst du in die Strömung hineingeraten, die dich in entgegengesetzter Richtung trägt; und später, wenn du dich sogar von der Ablösung abgelöst hast, wirst du sehen, daß es das gar nicht mehr für dich gibt: Ablösung oder Nichtablösung. Alles, was ist, ist Tat.

Manche Menschen sagen, daß man durch ununterbrochene Anstrengung im Sādhana zur Erleuchtung gelangt. Aber ist es wahr, daß Anstrengung dir Erleuchtung bringen kann? Der Schleier der Unwissenheit wird zerstört, und wenn dies geschehen ist, wird Tat, das, was ist, offenbart. Unverschleiertes Licht ist ER – Selbst, der Ewige...»

Immer wieder rät Mā denen, die von ihr zur Erleuchtung geführt werden wollen, zur radikalen Abwendung von der Welt. Genauer: nicht von ihren Pflichten in der Welt, sondern von den weltlichen Zerstreuungen. Wer ihnen nachläuft, «geht den Weg des Todes», wer ihnen den Rücken kehrt, für den «stirbt der Tod».

An einem der letzten Abende fragte jemand: «Was ist mit den Leuten, die ihre Familien im Stich lassen, um als Bettelmönche zu leben oder in einen Āshram zu gehen? Handeln die recht?» Mās Antwort lautete sinngemäß:

«Demjenigen, für den die Frage auftaucht, ob er bei seiner Familie bleiben oder sich ganz dem spirituellen Leben weihen solle, würde ich raten: Bleib bei deiner Familie. Seine Familie verlassen darf man nur, wenn die Frage: Tue ich damit recht oder unrecht? überhaupt nicht mehr auftaucht. Wer von Gott aus seiner Familie gerufen ist, der fragt nicht, er folgt dem Ruf, ohne sich umzublicken. Für seine Familie wird Gott sorgen.»

27. November 1963

Heute hat Mā gesungen. «Singen» ist eine so falsche Bezeichnung dafür, als ob ich von jemandem, der auf einem Seil tanzt, sage: Er macht einen Nachmittagsspaziergang. Es klang nicht «schön», die Mädchen sagen, sie sei erkältet, ihre Stimme war merkwürdig rauh, leise, fast tonlos. Sie legte den Kopf ein wenig zurück und schloß die Augen. Ihre Lippen waren halb geöffnet. Ich sah, daß sich dieses völlige Loslassen der Welt in ihren Zügen spiegelte, das man manchmal an ihrem Gesicht beobachten kann. Es wurde sehr still im Zelt. Die Stille strömte aus ihr und überspülte alles. Plötzlich war der erste Ruf da: *«He Bhagavān!»* – ein leiser, seliger Schrei.

Heo Bhagavān – o Gott – *preo Bhagavān* – geliebter Gott – *jeo Bhagavān* – siegreicher Gott – *ānandamayī, he Bhagavān* – von Seligkeit durchdrungen, o Gott – *mangalamayī, he Bhagavān* – Quell der Güte, o Gott – und wieder da capo: *he Bhagavān . . .*

«Seligkeit des Tropfens, der, heimkehrend, aus der Wolke ins Meer fällt, Meer wird.» Eine Formulierung, auf die ich jetzt mehrmals bei meiner Lektüre von Hindu-Schriften gestoßen bin. Oder Johannes Tauler: «. . . denn der Geist ist seiner selbst entsunken in den Geliebten (Gott) hinein, in dem er sich verloren hat wie der Wassertropfen in das tiefe Meer.»

Eine der an Mā gerichteten Fragen lautete heute: «Soll die Ehefrau zuerst Sādhana üben oder sich um ihren Mann und die Familie kümmern?»

Mā antwortete: «Euer Sādhana, ihr Frauen, besteht darin, daß ihr eurem Mann und der Familie dient. Aber ihr solltet euch bemühen, auch noch Zeit und Kraft für eure Gebete und Meditationen übrig zu haben.»

Gelegentlich habe ich Mā sinngemäß sagen hören: Die Frauen sind im Grunde glücklicher als die Männer. Ihre Aufgabe besteht von Natur aus darin, sich ihren Männern, in denen sie Verkörperungen Gottes verehren sollten, liebevoll zu unterwerfen und ihnen zu dienen. So ist dieses ihr natürliches Leben bereits ein wirkungsvolles Sādhana, das sie zur Erleuchtung führen kann. Die Männer, die die Herren in der Familie und in der Gesellschaft sind, haben es schwerer, den Geist der liebevollen Hingabe an Gott in ihrem Leben zu praktizieren.

Heute versuchte ich, von Mā zu erfragen, worin der Unterschied zwischen Moksha und unserem christlichen Begriff der Erlösung besteht. Sinngemäß antwortete sie: Moksha ist nicht Erlösung von Sünden- und Leidverstrickung, sondern Erkenntis der wahren Natur unseres je eigenen Selbst in seiner Identität mit dem höchsten Selbst, dem Brahman. Das ist freilich nicht allgemein-hinduistisch, sondern die Auffassung des Vedānta. Wir sind seit eh und je Brahman, aber erst wenn sich Moksha ereignet, realisieren wir dieses unser eigentliches Wesen, das uns zuvor von Māyā verhüllt war. Einer Erlösung im christlichen Sinne bedarf der zur Einheit mit dem Brahman Erwachte nicht mehr.

Um noch einmal auf die häufig diskutierte Frage der Ablösung von der Welt zu kommen: Im allgemeinen stellt man sich einen «Apostel» der Weltabkehr wohl als einen düsteren Asketentyp vor. Ich bin sicher, daß es diesen Typ auch unter den shivaitischen Mönchen gibt. Überraschend finde ich stets von neuem, daß diese Haltung, die den Bruch mit der Welt verlangt, von dem heitersten und glücklichsten Menschen gelebt wird, der mir jemals begegnete. Auch fast all die Pandits, die hier sprechen und aus dem Mönchsstand kommen, haben etwas von diesem Fluidum der Heiterkeit, das an Mā so bezaubert. Sie sind wohl schon jenseits des Bereiches, in dem die Ablösung von der Welt noch mit aller Härte geübt werden muß. Für den Sannyāsin, der die höchste Wirklichkeit realisiert hat, gibt es nur noch Brahman. So kann es auch nichts mehr geben, von dem er sich ablösen müßte. Mā sagt: «Alles ist Brahman. So ist auch alles Anlaß zur Seligkeit des Brahman für mich. Selbst meine Krankheiten bringen mir nichts als Freude.»

Gestern, am Morgen des dritten Tages, gab es eine Störung, mit der wohl niemand um diese Jahreszeit gerechnet hatte. Wenige Minuten, nachdem wir uns zur Meditation gesammelt hatten, hörte man plötzlich von fern ein Gewitter, das schnell näher kam. Sturmböen rissen am Gestänge des Zeltes, es wurde so dunkel, als ob die Nacht kommen wollte, schließlich brach ein wilder tropischer Regen hernieder. Wie mit Riesenhämmern schlug er auf das Zeltdach.

Den ersten Durchbruch gab es unmittelbar über der Stelle, an der Mā saß. Ein breiter Sturzbach ergoß sich ins Zeltinnere. Die jungen Svāmis schützten Mā mit Schirmen und Tüchern, so gut sie konnten. Ich hatte sie keinen Augenblick unbeobachtet gelassen. Mā hatte sich in der ersten Minute der Meditationsübung auf ihr Kissen zurückgelehnt und die Augen geschlossen. Seitdem hatte sich weder ihre Haltung noch ihr Gesichtsausdruck im geringsten geändert. Man spürte, daß sie vollkommen wach war und genau wußte, was um sie herum vorging, dennoch war nicht die leiseste Nervosität in ihrem Gesicht, auch nicht, als das Wasser wie aus Kübeln um sie herum herniederbrach und es überall im Gebälk des Zeltes zu krachen begann.

Auch im übrigen Zelt gab es bald keinen trockenen Platz mehr. An immer neuen Stellen riß die Leinwand des Daches unter dem Druck der Wassermassen. Die meisten Frauen waren aufgestanden, weil man den Sturzbächen im Stehen besser ausweichen konnte; auf der Männerseite gab es eine Anzahl Unentwegter, die in aufrechter Haltung mitten im Wasser sitzen blieben, scheinbar ohne sich in ihrer Meditation stören zu lassen.

Nach etwa zwanzig Minuten ließ das Wüten des Orkans für kurze Zeit nach, aber niemand dachte daran, daß man die Ruhe nutzen könnte, um das immer gefährlicher schwankende Zelt zu verlassen. Indes hatte der Sturm offenbar nur einen Augenblick innegehalten, um mit verdoppelter Macht aufs neue loszuschlagen. Es ist niemand mehr im Zelt, der noch einen trockenen Faden auf dem Leib hat. Der jähe Einbruch einer fatalen Kälte weckt Befürchtungen. Werden wir ohne Massenerkrankung davonkommen, wenn schon kein Unglück im Zelt geschieht? Über unseren Köpfen schwanken die zentnerschweren Ventilatoren, als wären sie aus Stroh.

Während der ersten Tage hier hatte ich wiederholt die Vorstellung, das Zelt sei ein Schiff. Optisch wurde diese «Vision» dadurch hervorgerufen, daß die großen, unter Glas gerahmten Bilder an der Stirnseite des Zeltes leise im Winde schaukelten. Dabei entstanden merkwürdige Spiegelungen des breiten blauen Leinwandstreifens, der einen Teil der Zeltwand ausmacht.

Jetzt ist unser Schiff in schwere Seenot geraten, aber obwohl es um uns herum blitzt und donnert und kracht, habe ich den Eindruck, daß keiner sich fürchtet. Unter den Frauen wird hier und da geflüstert. Ein lautes Wort ist nicht zu hören. Sooft man auf Mã blickt, spürt man die Anwesenheit schützender Mächte. Ihre Augen sind nach wie vor geschlossen. Ihr Gesicht hat einen Ausdruck vollkommener Abgelöstheit und zugleich vollkommener Aufmerksamkeit. Der Mund ist ein wenig geöffnet. Manchmal scheint er kaum merklich zu lächeln.

Als die Meditationsstunde um ist, singt einer der Svāmis das Lied, das immer bei dieser Gelegenheit gesungen wird, gewöhnlich mit so leiser Stimme, daß man es mehr ahnt als hört, diesmal laut in den tobenden Orkan hinein: *He hita, he pita, he brahmāsvarūpa*... (O Barmherziger, o Vater, o ewiges Brahman...) Es gehört zu den Liedern, die eines Tages «in Mā ertönten» und seitdem von ihren Freunden gesungen werden. Mā öffnet die Augen und blickt ruhig und freundlich um sich, als sei alles wie immer. Indes organisieren die jungen Svāmis unseren Abzug. «Lauft so schnell ihr könnt ins Haus hinüber», heißt es durch die Lautsprecher. «Mā bleibt hier, bis der letzte das Zelt verlassen hat!»

Über das, was sich in den nächsten Minuten abgespielt hat, lese ich in der Zeitschrift der Vereinigung der Freunde von Mā. Ich war schleunigst in dem Haus verschwunden und konnte es daher nicht selbst sehen: «Sobald der letzte Vrati das Zelt verlassen hatte und Mā herausgekommen war, brach die große Konstruktion ‹in the twinkling of an eye› zusammen. Es war ein Wunder, daß niemand verletzt worden ist. Wir mußten an die Legende von Shrī Krishna denken, von dem erzählt wird, er habe den Berg Gorvardhana über seine Freunde, die Kuhhirten gehalten, um sie vor den wütenden Regengüssen zu schützen.»

Ich schätze, daß ungefähr 400 bis 500 Menschen nach dem Zusammenbruch des Zeltes im Haus des Veranstalters Unterschlupf suchen. Man sollte meinen, daß die Meditationswoche ein jähes Ende gefunden hat, aber davon kann keine Rede sein. Hier und da bilden sich Gruppen, in denen Kīrtana gesungen wird. Ich sehe viele Leute Japa beten. Die Gastredner kommen, fast ohne Verspätung, und halten ihre Vorträge, auf der Schwelle des großen Wohnzimmers sitzend. Von hier aus können sie einige hundert Leute, die die umliegenden Gänge und Räume füllen, mit ihrer Stimme erreichen. Es gehört zu Mās Grundsätzen, daß sie das Haus eines Familienvates nicht betritt. Sie bleibt also stundenlang außerhalb des Hauses, unter dem Toreingang, aber dort weht ein eisiger, nasser Wind.

Am Nachmittag hört es endlich auf zu regnen. Das Programm ist für kurze Zeit unterbrochen, am Abend läuft es planmäßig weiter. Der Redner sitzt auf der Treppe zum Haus des Veranstalters. Die Zuhörer sind teils im Haus, teils sitzen sie auf Holzrosten im aufgeweichten Erdreich vor dem Haus. Während des Vortrags fahren Ochsenkarren, die mit Steinen beladen sind, aufs Gelände. Sollte womöglich mit dem Bau eines neuen Zeltes begonnen werden? Jawohl. Als ich am nächsten Morgen gegen halb acht Uhr das Grundstück betrete, steht ein funkelnagelneues Zelt da. An einem anderen Platz als das alte, dessen Ruine mir beweist, daß ich nicht träume.

Die Gutjaratis sind offensichtlich viel zutraulicher gegenüber Fremden, als ich es von Benares her gewöhnt bin. Viele sprechen Englisch. Fast ständig zieht mich jemand ins Gespräch. Immer wieder werde ich gefragt: «Was bedeutet dir Mā?» Diejenigen, die diese Frage stellen, scheinen von Mā fasziniert zu sein, ohne daß sie sagen könnten, warum. Manche machen abfällige Bemerkungen über die Orthodoxie der Āshramiten. Ein Arzt sagt mir: «Religion interessiert mich nicht, ich halte sie für eine überholte Angelegenheit. Aber ich bin hier, um die Leute zu beobachten. Gerade auf dem Gebiet der Religion kann man sehr aufschlußreiche psychologische Studien machen.» Daß ich – also eine «Intellektuelle» aus dem Westen – Mā verehre, enttäuscht ihn.

Ein älterer Mann macht – unterstützt von einem jüngeren – kritische Bemerkungen. Er behauptet, der größte Teil der Leute hier begnüge sich mit Bhakti und vernachlässige das Yoga, das führe zur Sentimentalität. «Die meisten denken, es sei damit getan, daß man Mā anschwärmt, die eigene Sādhana-Anstrengung wird nicht ernst genug genommen.»

Ich kann mit Überzeugung sagen, daß ich einen anderen Eindruck habe. Gewiß mag das für eine Reihe von Leuten gelten, aber ich sehe viele, die es offenbar mit ihrem Sādhana sehr ernst meinen. Es wird doch in der Tat streng gefastet, und wie viele Menschen sehe ich selbst in der knappen Freizeit beten!

Ein Mann fragt mich nach den Mönchen und Nonnen, die fast ständig in Mās Begleitung sind. «Sie sehen nicht so aus, daß man stehenbleibt oder sich nach ihnen umblickt, wenn man ihnen begegnet. Gibt es keine leuchtende Seele unter ihnen?»

Ich möchte meine Freunde – denn als solche betrachte ich die Menschen, die zu Mā gehören – gern verteidigen. «Sieh Svāmiji an», sage ich, «ich finde, daß etwas Leuchtendes an ihm ist. Und auch Mās Mutter ist gewiß eine erleuchtete Seele.»

«Aber die anderen?»

«Wahrscheinlich sollten wir uns nicht zu sehr auf unseren eigenen Blick verlassen. Wir sehen manches nicht. Außerdem sind sie Menschen wie Sie und ich – von Mā angezogen. Leuchten wir denn? Wenn ich an die Mädchen denke: Ich glaube, sie haben es oft sehr schwer. Wann haben sie je Ruhe? Dauernd sind sie unterwegs, vermutlich haben sie viel zu wenig Schlaf, verglichen mit normalem Bedarf, außerdem hat jede ein gerütteltes Maß an spirituellen und praktischen Pflichten. Wenn man ständig überanstrengt ist, obwohl sie bestreiten, es zu sein, ist es kein Wunder, daß man manchmal traurig aussieht. Außerdem haben sie in solchem Trubel wie hier sowieso nie eine ruhige Minute mit Mā.»

Als ich am Abend sehe, wie tief die Schatten unter den Augen der Mädchen sind und von was für einer unüberwindbaren Müdigkeit die Gesichter mancher Mönche zeugen, fällt mir ein, was Nietzsche über die Christen gesagt hat: daß sie eigentlich «erlöster» aussehen müßten.

Vor Mās Wohnhäuschen warten zu jeder Zeit fünfzig oder mehr Leute auf eine Gelegenheit zum persönlichen Gespräch. Dauernd fahren Autos mit der «Prominenz» des Landes vor, sei es mit einem Minister, einem Gelehrten, einem angesehenen Mann aus der Wirtschaft oder einem Mahātmā. Obwohl Mā immer wieder versucht, das Zelt unauffällig zu verlassen, gelingt es ihr nie, auch nur einen Schritt zu tun, bei dem nicht hundert Menschen hinter ihr herlaufen. Ganze Schulklassen und Dorfgemeinschaften aus der Umgebung, ganze Vereine kommen, um sie zu sehen.

Ich wundere mich, daß Shrī Gopīnath Kaviraj niemals im Zelt anzutreffen ist. Als ich mich nach ihm erkundige, höre ich, daß er ein Zimmer im oberen Stockwerk des Hauses der

Veranstalter bewohne. Von dort aus könne er alle Reden über den Lautsprecher hören. Wenn er sein Fenster schließe, habe er Ruhe.

Ich entgegne: «Merkwürdig, daß er die Mühe einer so langen Reise auf sich nimmt, wenn er praktisch doch nicht an der Veranstaltung teilnehmen kann oder will.»

Antwort: «Was ist daran merkwürdig? Er nimmt viel intensiver teil als die meisten von uns. Wer weiß, wieviel wir alle seiner Anwesenheit verdanken, auch wenn wir ihn nicht sehen? Ein so erleuchteter Mensch trägt einfach durch seine Anwesenheit zum Gelingen einer solchen Woche bei. Auch wenn er kein Wort redet und nicht einmal gesehen wird.»

Gestern abend sagte Mā zu einem Ehepaar, das wegen seiner vielfachen Wohltätigkeit sehr geachtet ist: «Ihr sollt zuerst eure ganze Energie daran setzen, Gott zu realisieren. Das ist das Wichtigste. Macht fleißig Sādhana. Wer das trotz aller Anstrengung nicht kann, sollte versuchen, den Menschen zu dienen, und dieses als seinen Gottesdienst betrachten.»

Es scheint mir immer wieder deutlich zu werden, daß der Gottesliebe mehr Bedeutung beigemessen wird als der praktischen Menschenliebe (*caritas*). Wer sich auf der Suche nach Gott oder der Wahrheit in eine Himalaja-Höhle setzt und zur Selbstverwirklichung gelangt, leistet nach Auffassung der Hindus offenbar auch für seine Mitmenschen mehr als der, der Karitas übt. Der Verdacht, der uns zu schaffen macht, daß ein solches Höhlendasein ein wenn auch sehr vergeistigter und nicht mühelos zu praktizierender religiöser Egoismus sei, taucht nicht auf. Ein Hauptgrund liegt wohl in der Vorstellung, daß es nur ein einziges ewiges Selbst, das Brahman, gibt, an dem alle Menschen mit mir teilhaben. Wenn ich dieses Selbst in mir realisiere, diene ich seiner Realisation in allen Seelen, die ich ja nur so lange als von mir gesondert betrachte, solange die Māyā mich irreführt.

Die religiöse Bewährung im karitativen Dienst wird wohl auch darum nicht für so brennend wichtig gehalten, weil Armut und Krankheit als Frucht der in früheren Leben gesäten Karma-Saat betrachtet werden. Der Kranke muß sein schlechtes Karma durch Leiden «aufarbeiten». Insofern ist seine Krankheit nicht ein Übel, sondern eine heilsame Buße.

In der letzten abendlichen Fragestunde gab es folgendes Gespräch: Ein Vrati fragte einen der Pandits, mit dem er gerade eine Unterhaltung gehabt hatte, was er tun solle, um von seinen moralischen Mängeln befreit zu werden. Der Pandit antwortete: «Lege sie alle zu Mās Füßen nieder, sie wird dich davon befreien.» Darauf fragte der Mann: «Ist das richtig, Mā? Kannst du uns von unseren Sünden befreien?» Mā sagte lachend: «Hast du einmal beobachtet, was die Kuh mit ihrem Kälbchen macht? Nicht wahr, sie leckt es ab, bis es ganz rein vor ihr steht. Genau das ist es, was Gott mit dir machen will. Du mußt nur zu ihm gehen und ihm stillhalten. Er ist wahrlich dein Vater und deine Mutter.»

Die Meditationswoche schließt mit einem Opferfeuer, das von mehreren Priestern zelebriert wird. Alle Vratis bekommen ein schwarzes Mal auf die Stirn gezeichnet. Dann stellt sich Mā auf den Treppensockel und teilt Prasāda aus: Zuckerplätzchen fliegen quer über den Vorplatz in alle Himmelsrichtungen. Mittags gibt es ein köstliches Festmahl mit zahllosen wohlschmeckenden Gemüsesorten und raffinierten Süßigkeiten. Die Gujaratis sollen die beste indische Küche haben. Was hier serviert wird, ist köstlich, und ich habe eine Menge Zuschauer, denen es Spaß macht zu sehen, wie gut es Memsahib schmeckt. Über die Lautsprecher wird ein paarmal gewarnt: Seid vorsichtig, Vratis! Euer Magen ist seit einer Woche an schmale Kost gewöhnt, eßt nicht zu viel, es könnte euch schlecht bekommen. Einer der Gastgeber sagt: «Das Festmahl ist ein raffinierter Abschluß für eine Fastwoche. Daran, ob man trotz des Hungers und der verlockenden Angebote Maß halten kann, zeigt es sich, ob man ein guter Vrati ist.»

Am Nachmittag erscheinen alle Mönche bartlos und mit geschorenen Köpfen, und auch die Vratis sind plötzlich tadellos rasiert. Ein ernüchternder Anblick. Den meisten Männern stehen die Bärte ausgezeichnet. Der sanfte Riese, dessen Gesicht fast zugewachsen war, sieht jetzt wie ein scheuer Junge aus.

1. Dezember 1963

Wir bleiben noch ein paar Tage in Ahmedabad. Mā ist von vielen Anhängern gebeten worden, zu ihnen zu kommen. Da sie Häuser von Familien nicht betritt, spielt sich ihr Empfang jeweils im Garten oder auf einer Veranda ab. Frühmorgens besucht sie zunächst eine Reihe von Schulen; bei Sonnenaufgang eine höhere Schule für 400 Jungen und Mädchen. Auf dem Schulgelände ist eine Treppe als Mittelpunkt für den Feuerplatz ausersehen. Oberhalb der Stufen stehen vier alte Bäume in quadratischer Anordnung. Ein roter Baldachin ist zwischen ihnen aufgespannt. Er beschirmt die Couch, auf der Mā sich niederläßt. Rechts und links von ihr sitzen die Lehrer auf Teppichen. Die Schüler sitzen in zwei großen Blocks unterhalb der Treppe.

Ich bewundere die Disziplin der Kinder: Etwa anderthalb Stunden lang müssen sie sich Reden von drei Erwachsenen und einer älteren Mitschülerin anhören. Sie sitzen dabei erstaunlich ruhig, und ich habe nicht den Eindruck, daß sie sich langweilen. Schließlich singt ein junger Lehrer ein Lied vor, von Harmonium und *tabla* (zwei kleine Handtrommeln) begleitet. Und dann singt Mā «*Heo Bhagavān*». Ich traue meinen Augen kaum, wie jung sie wirkt. Wüßte ich ihr Alter nicht, ich würde sie auf Anfang dreißig schätzen. Sie hat eine solche Frische, Unmittelbarkeit und Fröhlichkeit, daß ich die Leute verstehen kann, die behaupten, sie könne sich auf übernatürliche Weise verwandeln.

Alle Schüler dieser Schule, die keine Konfessionsschule ist, versammeln sich an jedem Morgen (auch an Sonntagen!) um 5 Uhr 30 zu einer Andacht. Dabei wird gesungen, es werden einige Yogaübungen gemacht, und eine Viertelstunde lang sitzen alle mit geschlossenen Augen da, «um beim Klang einer leisen Instrumentalmusik zu meditieren». Dann gehen die Kinder wieder nach Hause. Der Unterricht beginnt um 11 Uhr.

Am Vormittag besucht Mā heute einen millionenschweren Mühlenbesitzer. Ein großes, helles, sehr modernes – in der Einrichtung zum Teil hypermodernes – Haus, riesige Flächen von englischem Rasen, wenige Bäume und Büsche in raffinierter Anordnung, herrliche Blumen. Alles sehr großzügig und von Geschmack zeugend, aber nirgends mehr «indisch». So leben Millionäre heute in Kalifornien, im Tessin und bei Tokio. Indisch ist nur noch die «Gebetshütte» (*prayerhut*) der Hausherrin im hinteren Teil des Gartens: ein einfaches Lehmhäuschen mit einem volkstümlich bunten Altärchen. Der einzige Ort auf dem großen Grundstück, an dem auf Eleganz verzichtet wurde. Hier drückt sich im Bilderschmuck und in den Ornamenten kindliche Naivität aus.

Eine der Töchter bringt mir das *«opinion-book»*, also das «Meinungsbuch», offenbar ein Gästebuch, und zeigt mir stolz die Eintragungen von Nehru, Frau Kennedy und anderen Prominenten. Später gibt die Hausherrin Mā das Buch und hält ihr einen Federhalter hin. Mā nimmt ihn lächelnd und macht einen kleinen Punkt auf die Mitte einer leeren Seite.

Im Garten ist ein «Thron» für sie aufgestellt, für ihr «Gefolge» liegen Kissen auf Teppichen bereit. Die Familie zelebriert eine Ārati, es gibt ein sehr erfrischendes Prasād.

Ich finde es schwierig, die geistige und gefühlsmäßige Einstellung der Gastgeber zu erkennen. Offenbar leben sie äußerlich ganz *«western style»*. Vielleicht ist ihre «Verwestlichung» die Ursache dafür, daß sie ihrer religiösen Tradition gegenüber eine gewisse (womöglich skeptische?) Distanz empfinden. Etwas davon scheint mir spürbar zu sein. Der ganze «Empfang» hier hat einen gesellschaftlichen Akzent. Mā geht zu vielen Leuten in der Umgebung, sollte es vielleicht eine Frage des gesellschaftlichen Prestiges sein, sie auch bei sich zu empfangen? Die *«prayerhut»*? Auch sie könnte eingestandener- oder uneingestandenermaßen ein ergänzendes Ornament sein. Ich stelle mir diese Fragen nur. Es ist möglich, daß ich mich täusche.

Als nächstes besucht Mā eine Familie in einem kleinbürgerlichen Milieu. Mās Mädchen und einige von den Mönchen sind schon dort, als wir ankommen. Sie sitzen in einem ziemlich engen, dunklen Hof, in dem auch ein Thronsessel für Mā und Didima aufgestellt ist, und singen Kīrtana. In dem Höfchen, das beinahe wie ein Zimmer wirkt, herrscht lautes Getümmel: Nachbarn und Freunde des Hausherrn sind mit ihren Kindern gekommen, lauter kleine Leute im Sonntagsstaat. Auch ein paar verwahrloste Straßenkinder sind mit hereingelaufen.

Mās Thronsessel hat den «Stil» und die schreiend bunten Farben einer Jahrmarktsbude. Die Hausherrin schmückt ihren hohen Gast mit einem Seidenumhang in knalligem Violett und einer Krone aus bunten Glasperlen, die auf Pappe genäht sind. Im Inneren ist sie mit rotem Samt abgefüttert. Schließlich bekommt Mā eine Girlande aus Rosen. Die Ārati dauert hier besonders lang und ist reich an Gebärden. Mā sitzt still da wie ein Kind, das sich von seinen Spielgefährten verkleiden läßt. Eine alte Frau betet sie stehend mit erhobenen Armen, fast schreiend vor Inbrunst, an. Mā richtet einen ruhigen, aufmerksamen Blick auf das Gesicht der Begeisterten.

Zwischen Mās «Thron» und der Wand ist ein freier Raum von vielleicht einem dreiviertel Quadratmeter. Dort hinein zieht sie sich jetzt mit der Hausfrau zurück – ein Bettuch ist vor den «Eingang» der Nische gespannt –, um ihr Mittagsmahl zu sich zu nehmen. Die beiden sitzen auf dem Boden. Die Frau hat das Essen selbst gekocht und füttert Mā. Sie ißt mit dem Ausdruck eines geduldigen Kindes, das nicht den geringsten Appetit hat.

Im Haus dieser Leute hält sie sich am längsten auf. Die Freude, die sie der ganzen Nachbarschaft damit bereitet, ist stark spürbar. Im Grunde ist es wohltuend und der Situation viel angemessener, daß man empfindet: Diese Menschen wissen nicht recht, wie sie mit Mā umgehen sollen. Sie laufen durcheinander wie erschrockene und glückliche Kinder. Es ist keineswegs sicher, daß die Leute, in deren Haus sich Mās Besuch wie ein mit Routine vorbereiteter diplomatischer Empfang abspielt, der Situation gerechter werden.

Erst nach über zehn Stunden treffe ich Mā wieder. In einem großen, ärmlichen Mietshaus wird sie von ein paar hundert Menschen umdrängt. Sie ist den ganzen Tag auf den Beinen gewesen und sieht todmüde aus. Ich wundere mich manchmal, daß niemand von denen, die ihr am nächsten stehen, in solchen Augenblicken eingreift, um ihr endlich die so dringend notwendige Ruhe zu verschaffen. Aber es heißt, daß sie um keinen Preis geschont werden wolle. Solche Eingriffe sind das einzige, was sie ungeduldig machen würde.

Als ich im Auto sage: «Arme Mā! Sie muß entsetzlich müde sein», lachen meine Begleiter. Es ist mir schon öfter aufgefallen, daß die Leute sich scheinbar nicht vorstellen können, wie elend es Mā körperlich gehen kann. Jemand hat mir einmal wörtlich gesagt: «Ihre Wehleidigkeit ist hier ganz unangebracht. Mā lebt auf einer Ebene, auf der es kein Leiden mehr gibt.» Das halte ich für falsch! Nach indischer Auffassung wohnen die erleuchteten Seelen in einem «anderen Körper». Während ich Mā heute betrachtete, zweifelte ich daran, daß es so ist. Aber ich verstehe auch nicht, wie es dazu kommen kann und was es bedeuten mag, daß jemand einen «anderen Körper» hat.

Vor zwei Jahren sah ich auf einem Volksfest, wie ein Fakir sich einen Dolch durch beide Wangen bohrte, ohne einen Blutstropfen zu vergießen und offensichtlich ohne den geringsten körperlichen Schmerz. Es war kein fauler Trick. Ich habe den Dolch angefaßt und genau in den Mund des Mannes geblickt. Außerdem habe ich gesehen, wie sich die (trockene) Wunde in der Muskulatur wieder schloß, so daß kaum noch etwas davon zu sehen war. Der Dolch hatte etwa den Durchmesser eines Bleistiftes. Wahrscheinlich gehören diese Kunststücke zu dem Kapitel des Mißbrauchs geistiger Kräfte, vor dem Mā ihre Freunde eindringlich warnt.

Es fragt sich, ob diese Art Schmerzunempfindlichkeit der Fakire überhaupt noch als Resultat einer geistigen Anstrengung bezeichnet werden darf. Anderes gilt für den Asketen, der gegen Hitze und Kälte, Hunger und Durst unempfindlich wird, während er mit einer äußersten Konzentration seiner geistigen Kräfte nach der Vereinigung mit der Höchsten Wirklichkeit strebt. An welcher Stelle gabelt sich der Weg, auf dem der religiöse Asket und der «Zauberer» gehen? Gehen sie überhaupt ein Stück desselben Weges, wie so oft behauptet wird?

Ich hatte mir die Frage gestellt, ob Mā körperliche Leiden empfindet. Sollte es von manchen ihrer Anhänger als eine herabsetzende Vermenschlichung betrachtet werden, wenn man einräumen würde, daß sie körperlich so hinfällig ist wie wir alle?

Wenn ich mir vergegenwärtige, wie schnell und augenfällig sie gelegentlich aus einem Zustand beklagenswerter Übermüdung zu einer solchen dynamischen Kraftentfaltung hinüberwechselt, so möchte ich freilich sagen: Sie verfügt zur Regeneration ihres körperlichen Befindens durch geistige Impulse doch über andere Mittel als wir. «Der Geist hilft ihrer Schwachheit auf», nicht irgendein physisches Training.

Die Frage ist: Verfügt sie wirklich über diese Macht? Oder weht der Geist auch hier, wo er will? Sie hat mir selbst gesagt, daß ihr Kheyal spontan kommt. Sie ist offen für seinen Zuspruch. Ereignet er sich, so gehorcht sie. Verhält es sich mit der Einwirkung des Geistes auf ihren physischen Schwächezustand ebenso?

Hinduistische und parsische
Glaubens- und Lebenshaltung

Wir sind für wenige Tage wieder in Bombay. Heute hatte ich ein langes Gespräch mit Mā, von dem ich ausnahmsweise einiges notieren will, weil es allgemein-interessierend ist. Ich fragte Mā: «Warum trittst du dafür ein, daß die Gesetze der Hindu-Orthodoxie in deinem Umkreis so streng gewahrt werden? Du sagst immer, daß es in Wahrheit nichts gibt als das eine Brahman. Diese Gesetze trennen nicht nur die Kasten voneinander, sondern auch Hindus von Nicht-Hindus!»

Mā lacht über meine Frage. Offenbar hat sie sie erwartet. Sie sitzt am vorderen Rand ihres Bettes und spricht mit großer Lebhaftigkeit.

«Ich will dir sagen, wie das zusammenhängt. Vielleicht weißt du es schon, ich stamme aus einer orthodoxen Brahmanenfamilie. In den Jahren, in denen ich das Sādhana-Spiel gespielt habe, also in der Zeit des häufigen Fastens und Schweigens, in der Ma die verschiedensten Formen religiöser Ekstasen erlebt hat, habe ich alle diese Vorschriften unberücksichtigt gelassen. Daß ich mich so verhielt, hatte eine schwierige Konsequenz. Unter meinen Freunden gab es Uneinigkeit darüber, welche Folgen mein Verhalten haben würde. Eines Tages legte ich einem bekannten Gelehrten, der ein liberaler Mann war, die Frage vor: ‹Ist es recht, daß ich alle alten Gesetze abschüttele?› Er dachte gründlich darüber nach, dann gab er mir zur Antwort: ‹Ich rate dir, die Gesetze künftig wieder zu respektieren. Der Bestand der Religionen wird dadurch gefährdet, daß immer mehr Menschen meinen, die traditionellen Vorschriften, deren Einhaltung Opfer von ihnen fordert, seien überflüssig. Noch wichtiger ist ein anderes Problem: Viele orthodoxe Hindus, die sehr gern zu dir kämen, wagen es nicht, weil sie fürchten, deine Mißachtung der Gesetze würde sie (etwa durch rituelle Verunreinigung) in Konflikte bringen. Für sie bedeutet deine Haltung eine ständige Sorge und Belastung. Es gibt auch viele Sādhus und Führer religiöser Gemeinschaften, die nicht zu dir kommen können, weil ein Kontakt mit dir eine indirekte Gefährdung für die Orthodoxen unter ihren Anhängern mit sich bringen würde. Der Streit, der unter deinen Anhängern ausgebrochen ist, droht, immer weitere Kreise zu ziehen, darum bedeutet er eine Gefahr, die vermieden werden sollte.›

Was der gelehrte Mann sagte, befolgte ich. Von dem Tag an sorgte ich dafür, daß die traditionellen Vorschriften von meinen Freunden berücksichtigt werden. Mir selbst ist es gleichgültig, welcher Kaste oder welchem Glauben ein Mensch angehört, der zu mir kommt. Du weißt es ja, ich berühre jeden, aber ich richte mein Leben so ein, daß ich keinen meiner orthodoxen Freunde in Gefahr bringe oder kränke. Das ist es, worauf es mir dabei ankommt.

Die meisten Menschen leben auf einer Ebene der spirituellen Entwicklung, auf der die Einhaltung der traditionellen Gesetze noch wichtig für sie ist. Solange es sich so verhält, müssen sie die Gesetze beachten. Es ist wie mit den Früchten, deren Reifung man nicht künstlich beschleunigen soll. Man muß jedem Zeit lassen, seinen Weg zu gehen. Solange man noch zweifelt, ob man sich an die Gesetze halten soll oder nicht, muß man sich zu seinem Heil daran halten. Es kommt ein Augenblick, in dem man sie abschütteln darf. Aber wenn er erreicht ist, erheben sich keine Zweifel mehr. Man tut es, und es ist richtig, so zu handeln.

Für die Nicht-Hindus, die zu mir kommen, ist diese Regelung belastend, gewiß; aber ich kann nicht, um sie, die doch eine kleine Minderheit sind, zu schonen, das Leben im Āshram ändern und dadurch meine Hindu-Freunde in Konflikte bringen. Wer dieses kleine Kind liebt, stößt sich nicht an den Regeln. Er nimmt die Unbequemlichkeiten, die sich daraus ergeben, in Kauf, und er wird eines Tages erfahren, daß sie ihm keine Schmerzen mehr bereiten.»

Am 12. Dezember fuhren wir für eine knappe Woche nach Poona, einer ländlich wirkenden Stadt südlich von Bombay. Seit einigen Jahren hat Mā dort auch einen Āshram, in dessen Garten ein Zelt für unsere Zusammenkünfte errichtet worden ist.

Svāmiji hat die Familie Nanda gebeten, mich aufzunehmen. Herr Nanda ist «*constructor*», er baut Straßen im Auftrag des Staates. Die Familie bewohnt mit ihren drei Kindern einen einfachen, hübsch eingerichteten Bungalow am Stadtrand. Eine herzliche und natürliche Atmosphäre erlaubt es mir, mich sofort zu Hause zu fühlen. Der Kontakt ist spielend gewonnen, weil auch die Kinder ein ausgezeichnetes Englisch sprechen.

Herr und Frau Nanda stehen morgens um halb fünf auf und widmen die beiden ersten Stunden jeden Tages dem Gebet und der Meditation. Im Keller haben sie sich einen Pūjā-Raum eingerichtet. Seine Längswand ist bedeckt mit Bildern der Gottheiten. Im Mittelpunkt der Verehrung steht Mā. Ihre Bilder nehmen den zentralen Platz ein. Auf dem kleinen Altar liegen ein Paar von ihr getragene Sandalen.

Hier feiern die Nandas morgens eine Pūjā. Ich höre sie mit kräftiger Stimme Kīrtan singen. Wenn Frau Nanda mit der Hausarbeit beginnen muß, während ihr Mann noch im Andachtsraum bleibt, arbeitet sie betend. Die Kinder scheinen nur gelegentlich einbezogen zu werden. Frau Nanda erklärt mir, daß die Kleinen den Schlaf noch brauchen, und auch der vierzehnjährige Gugu bedürfe wegen seiner Zartheit der Schonung. Er hatte Kinderlähmung und hinkt leicht. Die Nandas, die keineswegs reich sind, haben nichts unversucht gelassen, um den Jungen zu heilen. Was mir Frau Nanda in diesem Zusammenhang sagt, wirft ein Licht auf ihre allgemeine religiöse Haltung und ihre Einstellung zu Mā.

«Es ist sehr schwer für uns, zu wissen, daß Mā den Jungen heilen könnte, und sie dennoch nicht zu bitten: Heile ihn! Aber wir haben uns immer wieder dazu durchgerungen, es nicht zu tun. Wir machen für Gugu, was in unseren Kräften steht, und wir beten: Gott, tue mit ihm, was immer du willst!»

Als ich Frau Nanda gelegentlich frage: «Was ist Mā für euch?», antwortet sie strahlend: «Für uns verkörpert sich in ihr die Mutter des Universums.» Wir stehen gerade im Garten. Frau Nanda pflückt Blumen, die sie Mā mitbringen will. «Sieh diesen Busch», sagt sie, «wie schön er blüht, nicht wahr? Immer, wenn Mā kommt, sorgt sie dafür, daß es in unserem Garten so schön blüht, damit wir genug Blumen für sie haben. Wenn sie nicht da ist, sind die Büsche oft ganz blütenleer.»

An meinen Gastgebern kann ich ein interessantes indisches Gegenwartsphänomen studieren: das überraschend reibungslose Zusammengehen von traditioneller religiöser Haltung und moderner Lebenspraxis, die es ermöglicht, alle Hilfsmittel der Technik zu nutzen und geschickt zu handhaben. Wie weit meine hier angestellten Beobachtungen typisch sind, wage ich nicht zu entscheiden. Ich habe sie wiederholt machen können, aber es muß berücksichtigt werden, daß ich vorwiegend mit religiös orientierten Familien in Kontakt gekommen bin. Vermutlich gibt es – insbesondere unter den Intellektuellen der Großstädte – Kreise, in denen der Konflikt zwischen konservativer und modernistischer Einstellung scharf zutage tritt oder auch einseitig zugunsten der modernen Auffassung entschieden wird.

Die Nandas leben in gewissem Sinne einfach, aber sie haben alle technischen Apparate, die eine bequem ausgestattete westliche Familie hat (bis hin zum Toaster, der die Scheiben automatisch auswirft). Herr Nanda braucht für seine Arbeit Lastwagen, von denen einige neben dem Haus abgestellt sind. Er selbst fährt einen Jeep und seine Frau einen großen Chevrolet. Das alte Fahrzeug hat seine Tücken, und es ist erstaunlich, wie sachkundig sie dann mit ihm umzugehen weiß. Die moderne Technik gehört vollkommen selbstverständlich zum Leben dieser Menschen, die zugleich ganz ungebrochen in einer magischen Welt verwurzelt sind.

Mittelpunkt dieser Welt ist Mā. Sie «macht» alles, was nur irgend von Bedeutung ist, sie bestimmt alles, und sie weiß alles vorher. Wenn Entscheidungen zu treffen sind, zum Beispiel über den Schulbesuch der Kinder oder über eine Reise, betet man zu ihr und bekommt im Gebet den Rat, der am heilsamsten ist und nach dem man sich – auch wenn es schwerfällt – richtet.

Frau Nanda ist fest davon überzeugt, daß es Mā, die Mutter des Universums, war, die ihre Familie und viele andere Menschen in Poona vor dem Hochwasser gerettet hat, das die Stadt im Juli 1961 in schwere Bedrängnis brachte. In den Protokollen, die ich mehrfach erwähnt habe, finde ich eine Schilderung der Vorgänge. Keiner der Anhänger von Mā kam damals zu Schaden. In dem Bericht heißt es, daß Mā einige Zeit danach in einem Kreis von Anhängern gesagt habe:

«Als wir damals die Nachricht bekamen, daß die Flutwelle mit schrecklicher Geschwindigkeit anstieg, hatte dieser Körper das Kheyal, zum Wasser zu sagen: ‹Nun beginne allmählich wieder zurückzugehen!› Und wirklich, von diesem Augenblick an zog die Flut sich Schritt für Schritt zurück.»

Ich habe den Eindruck, daß Mā hier in Poona in gewissem Sinne allein gelassen ist, obgleich sich auch hier viele Menschen zu ihr drängen. Es ist wohl so, daß sie im wesentlichen ein antwortender Geist ist. Wo ihr ein ehrliches Suchen nach der Wahrheit oder das Verlangen nach Gott entgegenkommt, da leuchtet sie auf – zuweilen ganz plötzlich aus lastender Müdigkeit heraus. Aber wenn kein Anruf da ist, der sie wirklich trifft, geschieht es manchmal, daß sie verschlossen wie ein schwerer Stein vor uns sitzt.

Ich erinnere mich an einen Morgen im Zug, nach einer durchfahrenen Nacht. Mā saß auf ihrem Bett. Sie hatte einen furchteinflößenden Ausdruck von Unnahbarkeit. Ich habe das nur dieses eine Mal an ihr erlebt. Ihr schönes, sensibles Gesicht war plötzlich wie aus Stein gehauen. Seine Züge wirkten kantig und schienen gepanzert mit Undurchdringlichkeit. Ihr Ausdruck war nicht zu enträtseln. Er verriet weder Zorn noch Schmerz, noch Ungeduld oder Überdruß, nur eine unermeßliche Ferne, Unnahbarkeit, Unberührtheit.

Eine Frage, die öfter in mir auftaucht: Gibt es für Mā Erfahrungen, die dem entsprechen, was die christlichen Mystiker «dunkle Nacht der Seele» nennen? Ich habe hier und da vorsichtig nachzuforschen versucht, ob die Menschen, die Mā seit Jahrzehnten kennen, eine solche Phase der Verdüsterung und Verzweiflung an ihr wahrgenommen haben oder ob sie selbst jemals Erfahrungen von der Art erwähnt habe. Meine Frage wurde verneint.

Manche Menschen erzählten mir davon, daß Mā – etwa in der Zeit zwischen ihrem 25. und 30. Lebensjahr – mehrmals eine anhaltende Phase der «Versteinerung» durchgemacht habe, in der sie nicht nur völlig geschwiegen, sondern auch auf alle vermittelnden Gebärden und Ausdrucksmöglichkeiten der Mimik verzichtet haben soll. Ich frage mich, ob diese anhaltende «Versteinerung» dem vorübergehenden Zustand entsprochen haben könnte, den ich damals in der Bahn an ihr beobachtet habe. Und ich frage mich weiter, was sich hinter dem Panzer der scheinbaren Leblosigkeit in Mās Seele abgespielt haben mag. Die klassische Hindu-Interpretation wird wohl sagen: Ihre Seele war so völlig eingetaucht in das Brahman, daß ihr Körper fast leblos wurde wie ein leergewordenes Gehäuse.

Vielleicht ist das richtig, aber vielleicht verhält es sich auch so, daß hinter diesem undurchdringlichen Panzer ein Ver-Nichtungs-Prozeß des Ichs erlitten werden mußte, der erst die Voraussetzung für das totale Eintauchen in die Einheit des Brahman war, also doch auch eine «dunkle Nacht der Seele»?

Eines ist sicher wahr: Was in Mā geschieht, ist unserem Blick viel dichter verhüllt, als wir meinen, wenn wir täglich mit ihr zusammen sind. Auch wenn sie uns ganz «offen» erscheint, können wir nur mit Ahnungen an die äußeren Häute ihres Seins rühren.

Eine andere Frage: Gibt es für Mā etwas, was dem von manchen christlichen Heiligen bezeugten – manchmal lebenslangen und verzweifelten – Kampf mit den Dämonen, den Geistern der Finsternis, entspricht? Ich habe nirgends einen Hinweis darauf gefunden, und wenn ich nur vom Eindruck her urteilen sollte, den Mā auf mich macht, so wüßte ich in der Tat nicht, an welcher Stelle ihres seelischen Gefüges die Dämonen ein Einfallstor finden sollten. Friede und Harmonie scheinen mit jeder Zelle dieses Gefüges so dicht verflochten zu sein, daß die Geister der Finsternis vergeblich nach einem Schlupfloch suchen dürften.

Aber wäre Mā nicht aus ganz anderen Gründen vor ihnen gefeit, so würde sie allein durch ihren philosophischen Standort schon ein hohes Maß an Immunität besitzen. In ihrem nichtdualistischen Denken ist kein Platz für ein antigöttliches, satanisches Prinzip und das ganze Arsenal teuflischer oder dämonischer Geister, von denen manche christlichen Heiligen sich gepeinigt fühlten.

Eine wieviel tiefere Unanfechtbarkeit – als die nur aus der philosophischen Konzeption abgeleitete – muß der besitzen, der das *aham brahmāsmi* in sich verwirklicht hat. Mā lebt in diesem Bewußtsein, das heißt aus der existentiellen Erfahrung der Einheit mit dem Brahman, von dem gesagt wird: «Es gibt nur ein Brahman, ohne ein zweites», mit anderen Worten: Alles ist Brahman! Dann müßten jene geisterhaften Wesenheiten, die so säuberlich aus dem modernen westlichen Weltbild eliminiert sind (die Psychologen lassen sie immerhin noch als Projektionen zu), auch Brahman sein.

18. Dezember 1963

Mā hält sich nach unserer Rückkehr von Poona nur noch wenige Tage in Bombay auf. An einem dieser Tage besuche ich dort am Stadtrand Kamubaba, den muselmanischen Guru von parsischen Freunden.

Als ich am Tor klingele, kommt der weise Mann gerade aus seinem Garten. Er ist mittelgroß, von zartem Körperbau, weißbärtig und hat ein feingeschnittenes, schmales Gesicht, dessen Ausdruck mir forschend und ein wenig sorgenvoll erscheint. Aber sobald er zu sprechen beginnt, sieht man nur noch die Fröhlichkeit und Güte seiner klugen Augen. Kamubaba nimmt mich bei der Hand und führt mich ins Haus. Er bittet mich, in seinem Wartezimmer Platz zu nehmen, leider müsse er gerade zur Einweihung einer Fabrik, er werde aber in einer Stunde wieder da sein und sei dann gern für mich zu sprechen. Ehe er fortgeht, umarmt er mich.

In der nächsten Stunde füllt sich das Wartezimmer nach und nach. Mit den komfortablen Sitzgelegenheiten, die von reichen Anhängern des Weisen gestiftet worden sind, erinnert es an das Wartezimmer eines Arztes.

Kamubabas Frau, ein rundliches, mütterliches Wesen, dessen ruhige Freundlichkeit wohltuend wirkt, bringt mir eine Tasse Tee und läßt mir sagen, daß ich mich ungeniert in Haus und Garten umsehen möge. Ein Weilchen setze ich mich in Kamubabas winziges Zimmer und versuche mich auf den Mann, der hier lebt und der geistiger Ratgeber und Führer vieler Menschen verschiedener Religionszugehörigkeit ist, einzustellen. Plötzlich schreckt mich Kamubabas Stimme aus dem Sinnen auf. Ich gehe auf den Flur, aber wo ist er?

Eine junge muselmanische Anhängerin des Weisen (Studentin), die gerade dabei ist, das Haus zu putzen, deutet lachend auf einen großen Vogelkäfig. Jetzt erst entdecke ich den Papagei, der die «Stimme seines Herrn» erstaunlich gut nachahmt. Später sehe ich, daß eine ganze Reihe solcher Käfige im Haus hängen. Jemand erzählt mir: «Manchmal betet Kamubaba im Garten. Wenn man dann von der Straße kommt, denkt man, er befinde sich im Haus. In Wirklichkeit hört man nur die Papageien, die seine Gebete mitsprechen.»

Ich empfinde es als wohltuend, daß ich mich als Fremde so frei in diesem Haus bewegen darf. Den Charakter eines privaten Wohnhauses hat es nirgends eingebüßt. Das ganze Grundstück wirkt, obwohl es am Rande einer Großstadt liegt, bäuerlich. Kamubaba scheint einen Teil seines Lebensunterhalts durch den Verkauf selbstgezogenen Gemüses und Obstes zu bestreiten. Das Haus, das übrigens peinlich sauber gehalten wird, steht in einem großen, sorgfältig gepflegten Nutzgarten.

Seit einiger Zeit ist Kamubaba leidend, deshalb ist sein Gartentor, das jahrelang immer offen stand, jetzt nur noch an Sonntagen für die Allgemeinheit geöffnet; dann ziehen, so wird mir berichtet, innerhalb weniger Stunden Tausende durch das Haus, um den Segen des Weisen zu empfangen. Nur seine Freunde kommen auch im Laufe der Woche.

Als Kamubaba nach einer Stunde zurückkehrt, laufen ihm die Leute, die das Wartezimmer füllen, wie Kinder entgegen, und er umarmt jeden einzelnen mit väterlicher Herzlichkeit. Den jüngeren Männern klopft er lachend auf den Rücken, die Kinder zupft er am Näschen, einer jungen Frau streichelt er die Wangen.

Nach und nach werden die Leute in sein Zimmer gerufen. Als die meisten wieder fortgegangen sind, kommt Kamubaba in den Warteraum und setzt sich zu mir aufs Sofa. Während ich ihm ein wenig von mir erzähle, hält er meine rechte Hand und hat einen Arm um meine Schultern gelegt. Als ich Mā erwähne, neigt er ehrfürchtig den Kopf und sagt lächelnd: *«Mā very nice!»* Viel mehr Worte umfaßt sein englischer Sprachschatz nicht.

Schließlich will er wissen, ob ich «ein guter Christ» sei. Ich versuche ihm klarzumachen, daß ich das für sehr unwahrscheinlich halte. Ein wenig stirnrunzelnd betrachtet er die Fingerrücken meiner rechten Hand. (Ich traf mehrere Inder, die behaupten, dort sei gründlicher Aufschluß über einen Menschen zu gewinnen als aus den Linien im Handinnern.) Plötzlich bricht er in Gelächter aus, küßt meine Hand und läßt sie los. Was er gesehen hat, scheint ihn beruhigt und erheitert zu haben. Dann greift er wieder nach meiner Rechten, und während er seine linke Hand auf meinen Kopf legt, murmelt er ein langes Gebet. Seine Augen haben dabei den Ausdruck, den ich von Mā kenne. Sie blicken, ohne die äußere Umgebung wahrzunehmen. Dann werde ich abermals umarmt und bin entlassen.

Während unserer Tage in Bombay wurde Mā von einer Maharani, die auch als Parlamentsabgeordnete bekannt ist, eingeladen. Sie wohnt in einem Tempel auf dem Palastgelände und krönt eine Veranstaltung durch ihre Gegenwart, die dem Seelenheil der verstorbenen Maharadschas zugute kommen soll. Ich gehe nur stundenweise zu den Vorträgen. Während der meisten Zeit bleibe ich bei meinen Parsi-Freunden, Meher und Behman, bei denen ich mich vom ersten Augenblick an wie unter Geschwistern gefühlt habe.

Was mir die Beziehung zu Meher so wertvoll macht, ist die Tatsache, daß diese Frau mir gleichsam den Beweis für die Möglichkeit einer Verwirklichung der von Mā repräsentierten religiösen Haltung auf der Ebene des «Normal-Sterblichen» liefert. Ich hätte ohne diese Erfahrung vermutlich geglaubt, daß eine solche Haltung nur in einem mönchischen Leben oder zumindest in einem Leben strikter Weltabkehr verwirklicht werden könnte.

Kürzlich zählte mir Meher alle Gebete auf, die sie regelmäßig mehrmals am Tag betet: zuerst ein auf altpersisch abgefaßtes parsisches Gebet, dann ein Sanskrit-Gebet. Als drittes das Vaterunser, schließlich ein muselmanisches Gebet auf Hindi und zwei englische Gebete, die inhaltlich dem Hinduismus nahestehen.

Ihr Synkretismus hat nichts Künstliches. Er ist Ausdruck einer tiefen, nach Weite und Umfassung strebenden religiösen Kraft. Als ich Meher fragte, warum sie so synkretistisch bete, sagte sie strahlend: «Weil es mir Freude macht. Ich würde am liebsten mit allen Menschen in all ihren Sprachen beten.» Bei einer anderen Gelegenheit gestand sie mir, daß ihr Wunsch, Fürbitte zu leisten, sie allmählich in eine schwierige Lage bringe, weil die Zahl der Menschen, für die sie beten wolle, auf 300 angewachsen sei.

«Es ist gut, daß ich morgens immer so früh aufwache, dann habe ich Zeit zum Beten.» Manchmal fängt sie um drei Uhr damit an. Aber sie betet auch im Laufe des Tages, wann immer sie Gelegenheit dazu hat. Bei einer Küchenarbeit, die nicht ihre volle Aufmerksamkeit verlangt, beim Nähen oder im Omnibus. Manchmal sehe ich es ihr an, und ich bin überzeugt, daß sie zu den Menschen gehört, die das können, was in der christlichen Ostkirche als «immerwährendes Gebet» geübt wurde. Sie kann das Gebet in sich «weiterlaufen» lassen, indes sie einer Unterhaltung folgt oder an ihr teilnimmt. Während ihr Mund eine beliebige Frage beantwortet, verrät der Ausdruck ihrer Augen manchmal, daß sie betet.

Meher steht nicht nur einem großen, anspruchsvollen, durch die ständige Anwesenheit vieler Gäste aus allen Erdteilen sehr komplizierten Haushalt vor, sie unternimmt auch tausend Dinge, mit denen sie anderen Menschen hilft. So wirkt sie maßgeblich in einer Wohlfahrtsorganisation mit, in der sie – mühsam genug – einem Geist echter sozialer Verantwortlichkeit zum Durchbruch verhilft. Sie unterrichtet Menschen, die nichts dafür bezahlen können, in den verschiedensten Fertigkeiten. Sie hat ständig ein paar Leute aus der riesigen Elendsmasse der Stadt im Schlepptau, um sie unter Ausschöpfung aller Möglichkeiten vor dem Äußersten zu bewahren. Sie tut auch, wovor sich jeder gern drückt: Regelmäßig kümmert sie sich tagelang um höchst «schwierige» Menschen, und fast ständig hat sie einen oder mehrere Kranke und Alte aus der großen Verwandtschaft im Haus, um sie zu pflegen.

Trotzdem ist sie niemals mißmutig. Sie hat im Gegenteil einen ausgeprägten Sinn für Komik und einen liebevollen Humor. Klein, zart und wendig läuft sie zwischen den Menschen umher und stiftet unauffällig Frieden und Freude. Als ich dieser Tage stundenlang mit ihr durch die glühendheiße Stadt gewandert war, um weiß der Himmel was und für wen zu besorgen, erklärte ich schließlich: «Wenn ich jetzt nicht eine Tasse Tee bekomme, falle ich um vor Müdigkeit.» Wir gingen in ein Lokal. Ich bestellte den Tee. «Und was trinkst du, Meher?» – «Nichts, danke.» – «Aber du mußt doch auch furchtbar müde sein.» – «Ja, aber ich bin gleich wieder frisch, du wirst es sehen.» – «Wie machst du das?» – «Ich denke an Gott. Das erfrischt mich viel besser, als der Tee dich erfrischen kann.»

Was mich gelegentlich im Umgang mit ihr ungeduldig macht, ist ihre Blindheit für die schlechten Eigenschaften der Menschen. Sie sieht das Böse einfach nicht und verwirklicht damit strengstens, was Mā rät: «Halte dich allein an das Gute im Menschen!» Als ich kürzlich im Hinblick auf einen Bekannten sagte: «Tut mir leid, Meher, aber ich halte ihn für einen Bösewicht!», schüttelte sie den Kopf und erklärte mir, daß sie selbst beim besten Willen nichts Böses an ihm finden könnte, aber wenn das bei mir anders sei, sollte ich das Böse ruhig an ihm sehen. «Die Hauptsache ist, du vergibst es ihm und versuchst, ihn trotzdem zu lieben.»

Mehers Verhalten hat niemals einen Beigeschmack von Sentimentalität. Sie ist ein sehr liebevoller Mensch, dabei geht immer eine große Klarheit von ihr aus. Wer es auf Sentimentalität abgesehen hat, wird sie eher ein wenig kühl finden.

Eines Tages frage ich Meher, ob sie niemals in Konflikt zwischen ihren familiären und außerfamiliären Pflichten geraten sei. «Nein», antwortete sie, «Gott hat mich so gemacht, daß ich alle Menschen liebe. Mir sind alle Kinder so lieb wie meine eigenen. Ich weiß, es ist keine sehr leidenschaftliche, sondern nur eine milde Liebe. Ich bete, daß ich lerne, besser zu lieben. Aber ich suche mir die Menschen nicht aus, denen ich helfen möchte. Ich sehe nicht einmal danach, ob sie arm oder reich sind. Manche Leute finden, man sollte nur den Armen helfen. Aber das kann ich nicht. Wer meinen Weg kreuzt, ist mir geschickt, daß ich ihn liebe. Eine Leistung ist das nicht. Ich muß so handeln. Das liegt daran, daß ich einfach nicht zwischen den anderen Menschen und mir unterscheiden kann. Ich fühle keinen Unterschied.»

Dies ist eine existentielle Aussage, die ganz wörtlich genommen werden muß und die Mehers Seinserfahrung klar abhebt von der christlichen. Sie liebt ihren Nächsten nicht «wie sich selbst», sondern sie nimmt nur das eine Selbst wahr – in dem anderen und in sich; das Selbst, das sich selbst in allem liebt. An dieser Liebe hat sie mit ihrem Sein teil. Sie ist diese Liebe. Wenn sie, durch meine Fragen dazu genötigt, etwas über diese Weise existentieller Erfahrung sagt, muß sie sich manchmal westlich-dualistischer Begriffe und Vorstellungen bedienen, weil aus der vollendeten *unio* nichts über diese *unio* gesagt werden kann, das wir verstehen würden. Aber dadurch darf man sich nicht täuschen lassen.

Die Überzeugung, daß der Mensch potentiell ein göttliches Wesen ist, bildet den religiösen Mittelpunkt ihres Lebens, denn sie lebt aus der Religion. Daß sie dem Hinduismus mit dieser Haltung sehr nahesteht, weiß sie. Manchmal habe ich den Eindruck, daß sie ihm nähersteht als der Religion, die sie praktiziert, ihrem angeborenen Parsentum.

Eines ihrer Gebete lautet: «Weil du und ich eines sind, o mein Vater, hilf mir, daß ich in meinem Körper und in meiner Seele mehr von deiner Vollkommenheit kundtue, so daß ich sein möge, was ich in Wirklichkeit bin: die Essenz der Glückseligkeit und der Liebe.»

«Entsprechend diesem Gebet versuche ich zu leben», sagte Meher mir. Wörtlich sagte sie: «Dieses Gebet versuche ich zu leben. Ich kann überhaupt erst leben, seitdem ich akzeptiert habe, daß Gott und ich eines sind. Vorher war es schrecklich. Ich haßte mich, und ich litt furchtbar unter meinen Mängeln.

Eines Tages begriff ich mit meinem ganzen Sein, daß Gott und ich eines sind. Seitdem ist mein Leben glücklich.»

In Mehers stillem, klugem Gesicht wird manchmal beides auf eine ergreifende Weise deutlich: das urprüngliche Leiden, das aus der angeborenen Schwachheit und dem Ungenügen kommt, ihre Züge plötzlich verdüsternd, und dessen «natürliches Dunkel» fast augenblicklich von einem «übernatürlichen Licht» aufgesogen wird. Von dem befreiten Lächeln, in dem die Erfahrung sich ausdrückt: Gott und ich sind eines! – Wahrlich ein sehr indischer Weg zu einem Leben der Sinnerfüllung.

Eine Engländerin, die seit Jahren mit Meher verkehrt, sagte mir: «Sie ist die beste Christin, der ich jemals begegnet bin.» Aber Meher lebt, wie sie lebt, weil sie in ihrer Weise das *aham brahmāsmi* – die Einheit mit Gott – verwirklicht. Insofern ist sie eine authentische Zeugin indischer Frömmigkeit. Wer sie für eine Christin erklärt, heftet ihr ein falsches Etikett an.

Heute hat eines der Mädchen mir ein Mantra übersetzt, das häufig gesungen wird. Es richtet sich an den Guru, der nicht in einem lebenden Menschen erblickt werden muß. Mā spricht oft vom «inneren Guru» in der Seele des Menschen:

«...das Eine, Ewige, Reine, Unbewegliche, das in allem ist: als inneres Licht und als Augenzeuge; jenseits unserer frommen Ergriffenheit und nicht aus Irdischem gemacht – vor dem Guru, der dies alles ist, beuge ich mich. Der Guru ist Brahmā (personhafter Schöpfergott), der Guru ist Vishnu, der Guru ist Shiva. Der Guru ist das höchste Brahman. Diesen Guru, der über der Schöpfung ist, bete ich an. Ich neige mich vor dem Guru, der die Mutter ist. Ich neige mich vor der Mutter, die der Guru ist...»

Kalkutta – Blutige Opfer für Kālī,
«die Mutter des Erbarmens»

22. Dezember 1963

Die Fahrt von Bombay nach Kalkutta dauert, samt Verspätung, achtundfünfzig Stunden. Mā ist für die ersten Tage ihres Aufenthaltes in dieser Stadt von einem Zigarettengroßhändler eingeladen. Sein Grundstück liegt in einer ruhigen Straße. Hinter dem Haus hat er ein kleines Zelt errichten lassen. In einem strohgedeckten Gartenhäuschen empfängt Mā ihre Anhänger zu privaten Gesprächen.

An Büschen und Bäumen im Garten sind bunte Glühbirnen montiert, das Zelt ist mit Blumen festlich geschmückt. Schon am ersten Abend versammeln sich dort zweihundert bis dreihundert Menschen, und jeder möchte Mā mit einer inbrünstigen Huldigung begrüßen. Allmählich steigert sich die Begeisterung so, daß Mā sich kaum noch retten kann. Von vorn und hinten gleichzeitig versuchen die Leute, sie zu umarmen. Noch nie habe ich es erlebt, daß Mā ihre Anhänger physisch so nahe an sich herangelassen hat. Sie sitzt lachend in der Mitte der Andrängenden und teilt unermüdlich segnende Berührungen aus. Manchmal faßt sie mit beiden Händen nach einem Kopf, der sich an ihre Knie drückt. Das Gesicht einer alten Frau streichelt sie; mit einem fast übermütigen Ausdruck zaust sie im Haarschopf eines vor ihr knienden Jungen – und das alles, indem sie ununterbrochen auf scherzhafte Zurufe antwortet.

Später feiert die Hausherrin die Ārati, um dem hohen Gast unser aller Huldigung darzubringen. Mā hält den Kopf ein wenig zur Seite geneigt. Ihr Gesicht verrät, daß sie augenblicklich in eine tiefe Kontemplation versinkt. Merkwürdig, wie deutlich sie jetzt an die Bilder aus ihrer Jugend erinnert. Immer wieder gibt es diese Momente, in denen ihr Alter wie ausgelöscht erscheint. Man spürt die Alterslosigkeit der geistigen Macht, die durch sie hindurchstrahlt und selbst ihrem Körper ein Fluidum gibt, als sei er nicht vom Altersverfall bedroht. Er scheint überkleidet mit der Zartheit, Elastizität und Anmut einer unversehrbaren Jugend.

Mā machte heute eine interessante Bemerkung über den Yoga, der im Westen häufig als eine Art Gymnastik mißdeutet wird. Jede einzelne seiner Körperhaltungen – der Sanskrit-Begriff dafür heißt *āsana* – entspreche einer geistigen Absicht, und wer es ernst meine damit, brauche ein ganzes Leben, um eine gewisse Meisterschaft in dem höchst differenzierten System dieser Körperhaltungen zu erlangen. Die einzelne Āsana trage ihre Frucht, «wenn die besondere göttliche Gestimmtheit in der Seele erwacht, für die diese bestimmte Āsana der physische Ausdruck ist».

Mā unterschied zwischen diesem Yoga, der durch langes, zähes Training als eine seelisch-körperliche Meisterschaft erarbeitet werden kann, und einem Yoga, der sich als Gnade spontan ereignet und eine ins Körperliche übertragene Ausfaltung tiefer psychischer Berührungen ist. Von dieser Art war der Yoga, den sie selbst in ihrem dritten Lebensjahrzehnt praktiziert hat. Welche höchste spirituelle Bedeutung Mā diesem Yoga beimißt, geht aus folgendem Zitat hervor:

«Der Mensch ist hier (wenn der Yoga sich ereignet) ganz rein, leuchtend, frei, ewig, und für ihn sind all die zahllosen Namen, Formen, Attribute Gottes ewige Wirklichkeit. Dort schaut er das Wesen der Namen und Formen, und das Geheimnis all der Überflutungen mit göttlicher Ergriffenheit, Erleuchtung und Ekstase offenbart sich ihm. In Gott sollte er sich ganz und gar verlieren. Von allem entblößt sollte er in ihn eintauchen. Dann würde er die ganze Welt als den äußeren Ausdruck der inneren Wirklichkeit erkennen, als den Einen selbst, das Feld Seines schöpferischen Handelns. Er allein, Er und sonst niemand ist eh und je auf den Thron gehoben in der Āsana des Mahā-Yoga, im Höchsten Yoga. Ihn in der Welt und jenseits der Welt zu verwirklichen – das ist der Tod des Todes. In dieser Āsana ist der Tod besiegt und die Zeit überwunden.»

Diesmal bin ich Gast in der Familie eines 94jährigen Mannes, der zu Mās frühesten Freunden gehört. Sein Haus liegt in einer verkehrsreichen Straße hinter einem kleinen Vorgärtchen. Es beherbergt außer meinem ehrwürdigen Gastgeber und seiner lieben Frau die beiden Söhne, von denen einer Chemiker ist – mit Gauri, seiner jungen Frau, freunde ich mich schnell an – und der andere Arzt. Der Arzt verbindet mönchisches mit weltlichem Dasein. Er übt zwar seinen Beruf aus, lebt aber als Brahmachāri, ehelos, in engem geistigen Kontakt mit Mā und in einem strengen Sādhana.

Das Haus hat eine wohltuende Atmosphäre von Stille und Einfachheit. Es wirkt ein wenig dunkel und kühl. Man spürt in allem die geistige Prägekraft des fast hundertjährigen Hausvaters, dem das Elend der zahllosen Armen seines Landes wohl zeitlebens am Herzen gezehrt hat. Luxus würde ihm Schmerzen bereiten.

Der zweite Tag meines Aufenthalts in seinem Haus ist ein Sonntag. Am Vormittag sitzt er auf der Veranda und teilt Reis an die Bettler aus, die allwöchentlich um diese Zeit erscheinen. Meisten sind es Frauen, viele tragen Kinder mit sich herum. Jede bekommt eine Handvoll rohen Reis in ihre Schale. Als ich das Haus verlasse, sind rund fünfzig Frauen dagewesen. In dieser Stadt gibt es himmelschreiendes Elend. Heute morgen sah ich, wie ein Mann in zerfetztem Dhoti sich auf die Erde kniete, um sorgfältig ein paar Tropfen verschütteter Milch vom Straßenpflaster aufzulecken. Wenn ich abends nach Hause gehe, liegen die Unbehausten zu Tausenden auf der Straße und schlafen. Obwohl es nachts sehr kalt wird, haben viele nichts, um sich zuzudecken. Manche schaffen sich eine Art Höhle. Aus Steinen, die sie auf Baustellen zusammenstehlen, errichten sie ein Gehäuse, das die Größe eines Sarges hat. Die eine Wand wird von einer Hausmauer gebildet, die zweite aus den Steinen. Als Dach dienen Bretter oder ein Stück Wellblech. Manche dieser armseligen Höhlenbewohner unterhalten nachts ein winziges Feuerchen in ihrem Unterschlupf, um sich zu wärmen.

Mein Gastgeber war Leiter eines Seminars für Lehrerbildung. Trotz seines hohen Alters ist sein geistiges Interesse noch erstaunlich rege. Soviel ich erkennen kann, kreisen seine Gedanken um zwei Hauptanliegen: darum, wie den Armen wirkungsvoller geholfen werden könnte, als es geschieht, und darum, wie die Welt des Geistigen gegen den Ansturm des Materialismus geschützt werden könnte.

Er ist durchdrungen von der Auffassung, daß alle Menschen Gottes Kinder und als solche Geschwister sind, die auch wie Geschwister miteinander leben sollten. Die äußeren «Rangunterschiede» sind ihm ein Greuel. Vor einigen Jahren hat er eine Hymne an Mā gedichtet, aus der ich einen Vers übersetze:

«Mutter, zerbrich all die Ketten, mit deren Hilfe Menschen durch Menschen unterdrückt werden; all die Unterschiede der Klasse, der Kaste, der Rasse, des Glaubens und der Kultur, des Reichtums und der Macht. Zerreiße die Ketten durch deine freiheitspendende Berührung. Hilf allen Männern und Frauen, aus dem tragenden Grund des Göttlichen, des Ātman, zu leben, indem sie ihre vergänglichen Eigeninteressen vor dem heiligen Altar deiner Füße opfern.»

Gauri, die Frau des Chemiker-Sohnes, führt den Haushalt. Sie ist ein stiller, ein wenig scheuer Mensch, dessen kluge, zuweilen traurige Augen mehr verraten als der Mund. Für mich sorgt sie mit großer Aufmerksamkeit. Ihren Mann sehe ich nur selten. Er muß beruflich sehr eingespannt sein, und auch er hat eine freundlich-stille, zurückhaltende Art. Sein Bruder, der Arzt, scheint, solange Mā in Kalkutta ist, nicht zu praktizieren. Er geht eifrig zu allen Veranstaltungen, und man spürt, wie sehr er innerlich beteiligt ist.

Gauri erzählt mir, daß Mā sie vor Jahren eines Tages plötzlich aufgefordert habe: «Bleib bei mir!» Mā habe damals den Anschein erweckt, als sei sie zu ihrer persönlichen Betreuung auf Gauris Hilfe angewiesen. «In Wirklichkeit sind natürlich immer viele Frauen da, die Mā nur zu gern dienen würden. Es war ein großer Vorzug, daß ich es durfte. Für mich war es die entscheidende Phase meiner Entwicklung. Sie hat mich für mein Leben erzogen und von Grund auf gewandelt. Keinem Menschen habe ich mich jemals so rückhaltlos anvertraut wie ihr, und keinem verdanke ich, was ich ihr verdanke.» Vorsichtig versuche ich zu erfragen, worin die grundlegende Änderung zu erblicken sei, die Mās Einfluß in ihrem Wesen bewirkt habe. Das sensible Gesicht der jungen Frau läßt mich ahnen, daß Mās Hilfe nötig war und sehr tief eingegriffen hat. Gauris Antwort lautet: «Ich fürchte mich seitdem vor nichts mehr.» Außerdem habe Mā sie dazu befähigt, ihre Lebensaufgabe zu erkennen und zu erfüllen. «Als ich fortging, gab Mā mir einen Gopāl, eine kleine Statue des göttlichen Krishna-Knaben, seitdem mache ich jeden Tag Pūjā.»

Im Laufe der Jahrzehnte hat Mā viele junge Mädchen und Frauen auf ihren «Beruf», der menschliche und religiöse Mittelpunkt der Familie zu sein, vorbereitet. Gauri kann sich ihr Leben ohne diese Einführung nicht mehr vorstellen. Sie wird auch jetzt noch manchmal zu besonderen Diensten herangezogen.

An einem der letzten Tage bestellt Svāmidji ein bestimmtes Gebäck für Mā bei ihr. Sechs Stunden lang arbeitet Gauri allein in der Küche, die niemand sonst betreten darf. Sie redet auch, wenn sie den Raum einmal verlassen muß, mit niemandem, und ich bin sicher, daß sie sich vorher einem geistigen und körperlichen Reinigungsritual unterworfen hat. Zu den Regeln, die sie berücksichtigen muß, wenn sie für Mā kocht, gehören auch gewisse Einschränkungen hinsichtlich der Zutaten. Da sie keine Brahmanin ist, darf sie zum Beispiel keine Speisen zubereiten, die mit Salz gekocht werden.

Als ich eines Tages einen mitleidigen Stoßseufzer wegen des furchtbaren Gedränges ausstieß, in dem Mā sich hier ständig bewegen muß, erzählte mir Babaji, mein Gastgeber, folgendes. Er erinnere sich an ein Gespräch, das Mā mit mehreren Freunden über dieses Thema geführt habe.

«Wir sagten: ‹Mā, warum erlaubst du den Leuten, daß sie sich so dicht an dich drängen?› – ‹Vielleicht zieht dieser Körper sie unwiderstehlich an. Es ist nicht ihr Fehler!› – ‹Aber findest du es nicht höchst unangenehm?› – Auf diese Frage antwortete Mā lachend mit einer Gegenfrage: ‹Wieviel wiegt dein Kopf?› – ‹Das weiß ich nicht›, antwortete ich überrascht. Dann blickte sie meinen Nebenmann an und fragte ihn: ‹Was wiegt dein rechter Arm?› Den nächsten fragte sie, was sein linker Fuß wiege, und den übernächsten fragte sie nach seinem rechten Fuß. Alle gaben die gleiche Antwort: ‹Das wissen wir nicht.›

‹Seht ihr›, sagte Mā lachend, ‹dein Kopf und deine Arme und deine Beine oder Füße oder Hände haben ein stattliches Gewicht, aber ihr wißt nichts davon. Ihr spürt nicht, daß sie schwer sind, weil ihr sie nicht als Traglast, sondern als einen lebendigen Teil eures eigenen Körpers betrachtet, und das sind sie auch. Genauso betrachte ich die Menschen, die zu mir kommen, als einen Teil meines lebendigen Körpers. Du bist mein Kopf und du mein rechter Arm und du mein linker Arm, und du bist mein rechtes Bein und du mein linkes... Ich fühle nicht, daß ihr eine Last seid, selbst wenn ihr euch an mich hängt. Und so geht es mir mit allen Menschen. Ihre Sorgen und Freuden sind die meinen. Und ihre Taten, was auch immer sie tun mögen, sind meine Taten.›»

Im Gespräch mit meinem Gastgeber kam ich dieser Tage auf das Thema der sogenannten Selbsterlösung. Im Westen kann man immer wieder hören, daß Asien das Heil allein von ihr erwarte. Für meine Hindu-Freunde trifft das offenbar nicht zu. Babaji sagte:

«Mā lehrt uns, daß es bereits Gottes Gnade sei, wenn ein Mensch überhaupt beten oder Sādhana machen kann. Es genügt nicht, eine Million Mal den Namen Gottes anzurufen oder Jahrzehnte in einer Himalajahöhle zu leben. ‹Wenn ein bestimmtes Licht nicht angeht, ist man nicht erleuchtet›, sagt Ma, ‹und dieses Licht kann nur Gott anzünden.› Alle asketischen oder sonstigen religiösen Anstrengungen sind nur Vorübungen, um das Gewebe durchlässiger zu machen für die Gnade, aber ob sie kommt, bleibt immer fraglich.»

Ich erinnere mich, daß mir neulich eine Antwort von Mā übersetzt wurde, die sie einem Mann gab, der gefragt hatte, wie sich das durch das Karma vorherbestimmte Schicksal des Menschen zu Gottes Gnade verhalte. Mā sagte:

«Du mußt deinen freien Willen nutzen, um den Höchsten zu finden. Alle Anstrengungen, die du machst, um dich ihm zu nähern, sind Ausdruck dieses freien Willens. Durch Gottes Gnade kann auch dein (karmabedingtes) Schicksal geändert werden. Wenn du fest daran glaubst, wird eine solche Änderung durch seine Gnade möglich. Natürlich gibt es Gesetze in

Gottes Schöpfung, dennoch ist nichts unmöglich für ihn. Wenn du daran glaubst, daß Gottes Gnade in deinem Schicksal waltet, verhält es sich so für dich. Wenn du andererseits überzeugt bist, daß Gott mächtiger ist als das (karmabedingte) Schicksal, so wird er alles für dich tun (indem seine Gnade die starre Bedingtheit durchbricht).»

Immer öfter muß ich denken, daß unsere westlichen Vorstellungen vom Hinduismus zum Teil einseitig und falsch sind. Eine Handvoll Indologen und Religionswissenschaftler hat sie geprägt, zwar aufgrund ehrlicher wissenschaftlicher Arbeit, aber meist ohne lebendigen Kontakt mit gläubigen Hindus. Wir übernehmen diese Vorstellungen, und sie werden allmählich zu Klischees. Wer hat schließlich Gelegenheit, sie am lebendigen Modell zu verifizieren? Es ist bestürzend, in welchem Ausmaß sich das, was Mā über die Gnade sagt, von dem unterscheidet, was in diesem Zusammenhang von Fachleuten bei uns behauptet wird.

Natürlich drängt sich die Frage auf: Hat Mā vielleicht unbewußt christliche Elemente in ihre Vorstellungen übernommen? Ich glaube nicht, daß es so ist. Sie kann nicht lesen, hat nie christliche Predigten gehört oder Gottesdienste besucht und hat, wie mir scheint, keine Ahnung von der christlichen Lehre. Die Christen, die gelegentlich zu ihr kommen, haben anderes im Sinn, als sie zu belehren.

Wir haben zwar den Mond erobert, aber wir sehen großzügig darüber hinweg, daß unser Wissen über unsere Mitmenschen in diesem Teil der Erde sehr ungesichert und lückenhaft ist.

Am folgenden Tag kommt Babaji noch einmal auf das Thema Gnade zurück. Er sagt:

«Oft spricht Mā von einem Becher, in dem wir die Gnade auffangen sollen: ‹Zu aller Zeit strömt die Gnade auf uns herab, aber sie kann nicht in uns eindringen, weil unser Becher mit der Öffnung nach unten gedreht ist. Wenn man offen für die Gnade ist, empfängt man sie.› Verstehst du, wie Mā das meint? Den Becher mit der Öffnung nach oben halten heißt, all seine Gedanken und Gefühle auf Gott richten. Freilich ermutigt Mā das Selbstvertrauen und die Bereitschaft zu eigener Anstrengung durchaus in denen, die da meinen, sie seien selbst die Handelnden, was ja zunächst jeder meint. Erst wenn das Ego sein eigenes Ungenügen erfahren hat und begreift, daß es nur den einen Handelnden gibt, wird es still und völlig offen für die Gnade. Dann sind seine Handlungen nicht mehr das, was sie vorher waren; Gott ist es, der handelt, und der Mensch ist sein Instrument. Später ist auch dieses Instrument nicht mehr da, wenn es nämlich nur noch das Eine gibt.»

Das Thema Selbsterlösung hat noch einen anderen Aspekt. «Du weißt doch», sagt Babaji, «daß nach unserer Auffassung nur sehr wenige Menschen zur Vollendung gelangen können ohne die Führung eines Gurus, der selbst eine zur Erleuchtung gelangte Seele sein muß. Mā spricht immer wieder vom Inneren Guru und davon, daß es nur einen Guru gibt, der der ‹Weltlehrer› ist. Er kann dem einzelnen seine Führung durch einen erleuchteten Lehrer, aber auch durch seine Stimme in der Seele des Gläubigen oder durch die Begegnung mit einem Weisen angedeihen lassen, der vor Jahrhunderten lebte. Irgendeiner Form von Führung durch den Einen Guru bedürfen fast alle Seelen. Es ist irreführend, wenn der Begriff der Selbstverwirklichung als Selbsterlösung wiedergegeben wird. Er meint nichts anderes als die existentielle Erkenntnis der Identität meines Selbst (Ātman) mit dem Höchsten Selbst (Brahman). Ich bedarf der Gnade des Brahman, um diese Erkenntnis zu realisieren. Mā drückt es oft personifiziert aus. Durch Gottes Gnade erfahren wir, daß wir eines sind mit Ihm.»

Mā ist indes mit ihren Begleitern in eine belebte, zentral gelegene Geschäftsstraße umgezogen. Ein junger Exportkaufmann hat sie zu einer Gītā-Woche eingeladen. Hinter seinem Haus ist ein riesiges Zelt errichtet, mit einer Bühne für Mā und die übrigen prominenten Teilnehmer. Die Familie des Veranstalters sitzt seitlich der Bühne. Der bei weitem größte Teil des Zeltes füllt sich mit Mās Anhängern und Leuten, die von der Straße hereinkommen.

Jeder Morgen beginnt mit einer gemeinsamen Lesung von zwei oder drei Gesängen der Bhagavad-Gītā, die mehrere Stunden dauert. Die Teilnehmer lesen halblaut im Chor. Nach-

mittags und abends wird der gelesene Text von Schriftgelehr-
ten ausgelegt. Zwischendurch nimmt Mā an manchen Tagen
stundenlang das Pranām, die Huldigung schier unzähliger
Menschen entgegen. Manchmal hat der Ansturm der Leute
etwas Rabiates. Kinder oder Frauen werden zu Boden gerissen.
Es gibt blaue Flecke, blutende Nasen und Tränen. Aber ich war
mehrfach davor gewarnt worden, mit Mā nach Kalkutta zu
gehen. Ein Bengale, der in Bombay lebt, sagte von seinen
Landsleuten: «Sie sind schrecklich wild und unbeherrscht.» In
der Tat: Ich habe zuweilen Anlaß, mich darüber zu wundern,
daß mein Sari nicht in Fetzen an mir herunterhängt.

Während Mā ein solches «Massen-Pranām abnimmt»,
kommt häufig das Überpersönliche ihrer Existenz besonders
deutlich zum Ausdruck. Sie empfängt die Huldigung, die von
den meisten durchaus persönlich gemeint ist, denn die Leute
lieben Mā, als Re-Präsentant der Gottheit, das heißt als Verge-
genwärtiger Gottes. In ihr ist er dann gegenwärtig. Alles, was
den ganz persönlichen Charme ihres Umgangs mit uns ausmacht, tritt zurück. Ihr Gesicht ist dabei zuweilen merkwürdig
«entleert», es zeigt keine persönlichen Reaktionen. Der re-prä-
sentierte Gott läßt weder Abneigung noch Zuneigung erkennen, er hat keine Stimmungen und keine Wünsche.

Freilich gibt es auch gelegentlich Massen-Pranāms, bei denen man den Eindruck hat, daß Mā sich dem Bedürfnis ihrer
Anhänger nach persönlicher Zuwendung, Freundlichkeit und
Heiterkeit nicht versagen kann oder will. Dann zieht sie sich
nicht hinter die Repräsentanz der Gottheit zurück, sondern
«bleibt da» mit all ihrem persönlichen Charme.

Über das Pranām fand ich einige Aussprüche von ihr, die ich
zitieren möchte:

«Wenn du vor einer Gottheit, einem lebenden Heiligen oder
Mahātmā Pranām machst, so habe zunächst das Darshan seiner
ganzen Gestalt. Beginne an den Füßen, und laß deine Augen
bis zum Kopf emporwandern, während du langsam einatmest.
Stell dir dabei vor, daß du – zusammen mit dem Atem – geistige Kraft von ihm, vor dem du dich beugen willst, in dich
hineinnimmst. Dann laß deinen Blick wieder langsam zu den
Füßen herabgleiten, während du ausatmest. Zur gleichen Zeit

bring dich mit allem, was in dir ist – dem Guten und dem Bösen – Gott dar. Versuch dich ganz und gar ohne jeden Rückhalt vor ihm auszuschütten. Wenn deine Stirn den Fuß des Gottes oder des Heiligen berührt, geht seine geistige Macht in dich ein. Wenn seine Hand den Kopf berührt, so überträgt er dir von dieser Macht.

Pranām zu machen bedeutet, daß man sich selbst Gott oder seinem Ishta überantwortet, und zwar mit allem, was die eigene Natur in diesem Augenblick ausmacht, sei es Wünschenswertes oder Nichtwünschenswertes, um dann, gereinigt durch seine Berührung, sich selbst von ihm zurückzuempfangen, gleichsam als sein Prasād.»

Einer der Anwesenden fragt: «Angenommen, man macht vor jemandem Pranām, der ein Heiliger zu sein scheint, in Wirklichkeit aber alles andere ist, muß das dann nicht einen ungünstigen Einfluß auf mich ausüben? Wie kann man sich davor bewahren?»

Mās Antwort: «Indem du, wen auch immer du begrüßt, als das Höchste Wesen betrachtest. Jeder, gleich ob gut oder böse, ist eine Manifestation von ihm. Wenn du dich dessen erinnerst und allein vor dem Einen Pranām machst, in welcher Verkleidung er auch immer sein möge, so kann dir kein Unheil geschehen. Pranām sollte immer nur in dieser Haltung gemacht werden, immer nur von dem Einen, Höchsten. Pranām zu machen heißt, sein eigenes Ich ihm zu geben, sich selbst dem Einen zu unterwerfen, so daß nur noch Er da ist, und nichts mehr von dir.»

Gestern vormittag war ich am Kālī-Ghāt, dem Heiligtum der Göttin Kālī, nach der Kalkutta genannt wurde. Wie es heißt, wird die Göttin an diesem Ort seit vielen Jahrhunderten verehrt. Der Tempel, der jetzt dort steht, ist erst einige Jahrzehnte alt und architektonisch uninteressant: ein Kuppelbau, dessen Außenmauer mit bunten Kacheln verziert ist. Unmittelbar daneben steht eine offene, rechteckige Halle, in der die Gläubigen so sitzen, daß sie ihr Gesicht dem Bildnis der Göttin im Allerheiligsten des Tempels zuwenden. Rings um den Heiligen Bezirk sind Pilgerherbergen, kleine Gaststätten und Verkaufsstände für Devotionalien.

Während ich von der Rikscha steige, kommt ein Mann auf

mich zu und überschüttet mich mit einem Wortschwall in gebrochenem Englisch. Er versichert mir, daß er keinen Pfennig von mir wolle, er habe nur die Absicht, mir das Tempelgelände zu zeigen. Mit ihm bewerben sich ein Dutzend anderer darum, mich bei meinem Rundgang durch aufdringliches Geschwätz zu stören.

Der Mann, der mir seine Dienste anbietet, hat das Gesicht eines Raubvogels, scharfäugig, schlau und gierig. Er ruft zwei Händler als Zeugen dafür auf, daß er kein Fremdenführer, sondern ein Prieser sei, dem einzig daran läge, sich den Fremden behilflich zu zeigen. Freilich, ein Pūjari mag er sein, einer von der Sorte, über deren Geldgier sich die Hindus bitter beklagen. Es gibt ein Heer solcher Priester in Indien, die keine festen Einnahmen haben und darauf angewiesen sind, ihre Familien von dem Geld zu ernähren, das sie den Gläubigen – und den Fremden – auf eine häufig raffinierte und manchmal recht brutale Weise aus der Tasche ziehen.

Ich drücke dem Pūjari eine Rupie in die Hand und sage: «Lassen Sie mich vollkommen in Ruhe, und sorgen Sie dafür, daß mich auch sonst niemand belästigt.» Diesen Dienst leistet er mir tadellos. Mehrmals beobachte ich, wie er seine Kollegen daran hindert, mich anzusprechen.

In einer Ecke des Tempelgeländes steht der «Baum der Fruchtbarkeit». Stamm und Geäst sind aus einem fast schwarzen Holz, kein Blatt, keine Frucht, aber hier und da sind die verkrüppelten Zweige mit schmutzigen roten Bändern umwickelt. Eine halbnackte Greisin lehnt bettelnd am Stamm. Niemals habe ich einen so düster-trostlosen Baum gesehen. Jemand sagt mir, daß er zu keiner Zeit Blätter oder Früchte trage. Unter diesem Baum beten Frauen, die keine Kinder bekommen, um Fruchtbarkeit.

Am Tempeleingang stauen sich die Gläubigen. Sie bringen Früchte und Blumen mit, um sie als Opfer vor dem Bild der Göttin niederzulegen. Zweimal versuche ich, mich unter die Wartenden zu mischen, aber jedesmal werde ich brüsk abgewiesen. Mein Pūjari springt herbei, um mir klarzumachen, daß Nicht-Hindus den Tempel nicht betreten dürfen. In der Tempelhalle sitzen, weit über den Raum verstreut, meditierende und betende Pilger, Mönche mit Bettlerschalen neben sich, Frauen mit schlafenden Kindern im Schoß.

Hinter der Halle ist der Opferplatz. Täglich werden der Göttin hier bei Sonnenaufgang junge Geißböcke geopfert. Noch sind die Steine blutbefleckt vom Morgenritual, und blutig sind auch die beiden hölzernen Gerüste, in die der Hals der Opfertiere gelegt wird, ehe das Messer der Schlächter den Kopf mit einem Schlag vom Rumpf trennt. An der Seitenwand der Halle sind mehrere junge Geißen angebunden. Sie haben längst den letzten dürren Grashalm abgezupft und blicken ängstlich in das Gedränge der Pilger.

Ein wenig abseits, in einer Mauernische lehnend, beobachte ich ein älteres Ehepaar, das gekommen ist, um der Göttin einen Geißbock zu opfern. Die beiden sehen aus wie Bauern. Sie haben hagere, sorgenvolle Gesichter und verarbeitete Hände. Die Frau trägt plumpen Silberschmuck an den Fußgelenken und Ringe an mehreren Zehen, ihre Unterarme sind bedeckt von bunten Reifen. Mann und Frau hocken auf ihren Fersen, vor ihnen hockt der Priester. Er betastet das schwarze Zicklein, dann streut er gelbe Blüten auf den Kopf des Tieres und zeichnet ein rotes Mal auf seine Stirn. Während er halblaut die Mantras murmelt, unterbricht er sich von Zeit zu Zeit, um mit den Leuten über den Preis zu streiten, den sie für die rituelle Vorbereitung des Opfertieres zu entrichten haben. Er fordert eine Rupie, aber der Bauer will ihm nur fünf Annas (den dritten Teil davon) geben. «*Ek rupaya*» sagt er, während er sich zum Ohr des Geißleins beugt, um ihm das Opfermantra zuzuflüstern. «*Panch ane*», erwidert der Bauer mürrisch und zieht dabei an dem Strick, mit dem er die Geiß hält, als wolle er aufstehen und wieder heimgehen. Das wiederholt sich mehrmals. Schließlich sagt die Frau: «*Das ane!*» (Zehn Annas). – Der Priester ist einverstanden. Er beendet seine Gebete mit rasend schnellem Gemurmel, dann steckt er das Geld ein und geht davon.

Ein junger Mann mit einem breiten Messer hat auf diesen Augenblick gewartet. Nun hockt er sich zu den Leuten, und das Feilschen beginnt von neuem. Als der Bauer sich abwendet und das Böckchen hinter sich herzieht, gibt der Schlachter nach. Schimpfend kassiert er seinen Lohn, dann packt er das Zicklein, dreht ihm mit einem schnellen Griff die Vorderbeine so auf den Rücken, daß er sie dort ineinander verhaken kann. Ein klagendes Meckern, der dumpfe Laut eines fallenden Messers – zappelnd rollt der Rumpf des Opfertieres auf die Steine, der Schlächter verschwindet mit dem bluttriefenden Kopf. Das alte Paar holt sich den Rumpf. Was damit geschieht, konnte ich nicht sicher feststellen. Mein Pūjari sagte mir, daß das Fleisch als Prasād der Göttin betrachtet und von den Gläubigen, denen sonst jeglicher Fleischgenuß verboten sei, gegessen werde.

Ich bleibe in meiner Nische. Der Opfervorgang wiederholt sich noch mehrmals. In Scharen drängen die Gläubigen und Pilger an mir vorüber. Viele neigen sich zu dem blutigen Holzgerüst und berühren es mit der Stirn. Die Luft ist heiß und staubig und von einer Dumpfheit erfüllt, die das Atmen schwermacht. Eine lastende Dumpfheit glaube ich auch auf den Gesichtern der Menschen zu lesen: Dumpfheit und Friedlosigkeit. Oder sollte ich sagen Freudlosigkeit? Oder Angst? Zu wem beten sie hier? Zu der Großen Mutter, der Erbarmerin oder der Furchtbaren? Während ich unter ihnen umhergehe, spüre ich vor allem ihr Ausgeliefertsein. Die ohnmächtige Angst ihrer dumpfen Seelen vor der Übermacht des göttlichen Verhängnisses. Mit kümmerlichen Gesten, in denen sie den unbegriffenen Sinn der Opferhandlung verfälschen, trachten sie danach, die Göttin milde zu stimmen; zugleich kämpfen sie mit der Geldgier der Priester.

Als ich nach Einbruch der Nacht wiederkomme, gelingt es mir, das Bildnis der Göttin zu sehen. Nur ihr Haupt steht auf dem Boden des heiligen Schreins: eine schwarze Maske mit rotumränderten, weißleuchtenden Augen und dem dritten Auge auf der Stirn. Der Mund ist nichts als die breite, gebleckte Zunge aus Gold. Ein Feuer, das die Priester vor dem Schrein unterhalten, wirft zuckendes Licht auf das starre Antlitz der Göttin. Lächelt es? Auch sein Lächeln ist schrecklich.

Wenige Kilometer stromaufwärts, in Dakshineshvara, liegt der Tempel, in dem Rāmakrishna der Göttlichen Mutter ein Leben lang diente. Er war zu seiner Zeit die leuchtendste Gestalt unter den Heiligen dieses Landes, und sein Leben bezeugte eine Innigkeit und Unbeirrbarkeit der Liebe, die nicht geringer war als die Liebe eines christlichen Heiligen zur Gottesmutter.

Abends erzähle ich meinem Gastgeber, wie bedrückend Kālī-Ghāt auf mich gewirkt hat. Er sagt: «Ich empfinde dort das gleiche. Der Hinduismus ist wie eine lange Treppe, die zu dem höchsten Gipfel der Erleuchtung durch das Brahman emporführt. Die Leute, die du beobachtet hast, während sie das Böckchen opferten, stehen am Fuß der Treppe. Es ist ihr Karma, die Folge ihres unwissenden Verhaltens in früheren Leben, daß sie dort stehen in diesem dumpfen Ausgeliefertsein an die numinosen Mächte. Die Göttin, vor der sie sich fürchten, ist dieselbe Mutter des Erbarmens, die Rāmakrishna mit zarter Inbrunst liebte. Aber er stand am oberen Rand der Treppe, und seine Augen sahen das Licht, für das jene Leute noch fast blind sind. Wenn sie zu ihm kamen, öffnete die Gnade ihnen manchmal plötzlich die Augen.»

«Wessen Gnade?» frage ich, «die des Heiligen oder die der Göttin?»

«Weißt du nicht, daß es nur eine Gnade gibt?»

Heute morgen kam der alte Mann auf unser Gespräch vom Abend zurück und las mir etwas vor, während ich frühstückte. «Was euch verwirren muß, ist die Vielfalt der Erscheinungen innerhalb unseres Glaubens. In all seinen Ausprägungen, denen, die wir mit euch primitiv nennen, und denen, die uns im höchsten Sinne vergeistigt erscheinen, offenbart sich stets das eine: die alldurchdringende, allesbewegende Gegenwart des Brahman. Die einfachen Menschen beten zu den Göttern, in denen sich ihnen die kosmischen Mächte verkörpern. Die Sonne ist eine Gottheit für sie oder das Meer oder das Feuer. Einige von ihnen beginnen eines Tages zu ahnen, daß hinter diesen Mächten des Kosmos noch ein letztes, sie alle umfassendes und durchflutendes Geheimnis waltet. Allmählich wenden sie sich diesem bewegenden Geist hinter den Mächten zu. Ihr Glaube reinigt sich von anthropomorphen Bestandteilen und Bildern. Sie suchen nicht mehr nach äußeren Manifestationen der Gottheiten. Vor ihrer Seele steht das unbewegte Ewige, ferne ruhend in sich selbst, das namenlose Eine aus Sein und Nichtsein und aus dem, was über beiden ist. Sie beten es an durch das Schweigen ihres Geistes.»

Während ich in Dakshineshvara war, dem Vorort von Kalkutta, in dem Rāmakrishna gelebt hat, erzählte einer der Mönche seines Ordens, daß dieser bedeutende Hindu-Heilige zeitweise den christlichen und zu anderer Zeit den muselmanischen Glauben praktiziert habe und beides mit solcher Inständigkeit, daß Christus und Mohammed ihm erschienen seien. Dafür gibt es mancherlei Parallelen in Mās Leben.

In der Gruppe, die von dem Mönch geführt wurde, befand sich ein Japaner. Er sagte: «Die Weisen dieses Landes wissen, daß religiöse Bekenntnisse nur Methoden sind, die zur Erleuchtung führen sollen.» Das «nur» in dieser Feststellung machte mich nachdenklich. Es könnte eine Haltung verraten, der alle religiösen Erscheinungen gleichgültig sind. Das wäre genau das Gegenteil dessen, was jene indischen Weisen meinen, die all diese Erscheinungen gleich ernst nehmen.

Undenkbar für einen überzeugten Christen, sich mit solcher Inbrunst in den Geist eines fremden Bekenntnisses zu vertiefen, daß er sich durch diese «Übung» Gott näher gebracht fühlen könnte. Von ihm aus gesehen liegt es nahe zu fürchten, daß eine solche Übernahme religiösen «Fremdgutes» nur zu eingebildetem Glauben, zu einem Für-wahr-gelten-Lassen mit verheimlichten Vorbehalten führen und daher auch nur eine Farce sein könne. Solche «Übung» muß, so argwöhnt er, Religion tatsächlich auf die Stufe einer Methode herabdrücken. Sie wäre dann nichts anderes als etwa eine Methode, nach der man lesen lernt. Man kann nicht heute an die Lehre des Korans glauben, morgen an diejenige des Neuen Testaments, um übermorgen Kālī anzubeten, «die göttliche Mutter des Erbarmens», als deren Priester Rāmakrishna sich fühlte.

Diese Feststellung stimmt, sobald ich das Wörtchen «man» durch das Wörtchen «wir» ersetze. Menschen des Westens, die von der christlichen Tradition geprägt sind, können das in der Tat nicht. Mā weiß das sehr genau. Nicht zufällig verweist sie uns stets auf Christus.

Aber wir sollten einsehen, daß Menschen wie Rāmakrishna oder Mā es können. Sie können es, weil die religiöse Tradition, aus der sie kommen, lehrt, daß die Höchste Wirklichkeit oder das Brahman oder Gott unendlich viele Aspekte hat. In den religiösen Bekenntnissen nimmt die göttliche Wahrheit vielerlei Gestalten an. Jede dieser Ausformungen zeigt einen Weg zu Gott, insofern ist jede eine Methode, Erfahrung von der Wirklichkeit Gottes zu erlangen. Wer in dieser Überzeugung lebt, kann Gott als den Vater Christi oder als Allah oder als Mutter des Erbarmens lieben und sich durch diese Liebe immer tiefer in sein Geheimnis hineinziehen lassen. Nach indischer Auffassung bis an die Schwelle, deren Überschreiten in allen Religionen Erlösung oder Erleuchtung oder Erkenntnis genannt wird. Die Mystiker sprechen von ihr in Ost und West, indem sie das Bild von der Vermählung Gottes mit der Seele gebrauchen. Wer diese Schwelle überschritten hat, steht nach der Lehre der Hindus jenseits von «Name und Gestalt» (*nāmarūpa*). Er sieht, daß es gleich-gültig ist, unter welchem Namen die Gottheit angebetet wird. Eine solche Weise des Erlebens und Denkens hat keinen statischen, sondern einen dynamischen Wahrheitsbegriff. Wahrheit als unendlich vielgestaltige Kraft der Verwandlung des Selbst zu sich Selbst.

Im Reisebüro saß ich heute vormittag längere Zeit neben einem italienischen Ordenspriester, der mir erzählte, daß er Mā kennt. «Keine Frau hat mich hier jemals so an meine Mutter erinnert wie sie», sagte er mit einem liebenswerten Lächeln, aber dann wurde sein freundliches Gesicht streng, «sie irrt freilich – und mit ihr alle Hindus –, wenn sie glaubt, daß der Unterschied zwischen den Religionen nur ein Unterschied der Wege sei; das Ziel sei immer das gleiche. So einfach ist es nicht. Christen und Hindus haben sehr verschiedene Gottesbilder».

Für den Dialog der Religionen, dem nicht mehr ausgewichen werden kann und sollte, ist das vermutlich eine höchst wichtige Frage, und es ist möglich, daß der Priester recht hat. So sehr ich wünschte, daß Vertreter von Ost und West miteinander ins Gespräch kämen, deren Blickfeld nicht von den Scheuklappen der Ideologisierung verengt ist, so verspüre ich selbst den Drang nach Unterscheidung und Abgrenzung doch immer weniger. Meine freudige Aufmerksamkeit wird weit stärker von dem angezogen, was verbindet und aussöhnt. Wenn ich meinen Blick auf den riesigen, komplizierten Begriffs- und Lehrapparat richte, den die Hochreligionen im Laufe vieler Jahrhunderte aufgebaut haben, um ihn schützend zwischen den Menschen und die wogende Unendlichkeit des Seins zu stellen, erfüllt mich eine stark mit Unbehagen durchsetzte Bewunderung. Gleichen diese Wälle nicht Riffen von Muschelkalk, aus denen das Leben sich fast ganz zurückgezogen hat? Was für ein trauriges Unding, sich hinter ihnen zu verschanzen!

Gingen doch die gestern (oder auch heute noch!) Streitenden endlich furchtlos aufeinander zu, geschützt allein von der Waffe ihrer vorurteilsfreien Offenheit für jegliche Manifestation des Heiligen Geistes in menschlichen Herzen und bereit, sich führen zu lassen, wohin sie nicht wollen, es müßte sich die Landschaft zwischen den Wällen wunderbar beleben. Wahrscheinlich würden gerade dann auch die Riffe im Rücken der Mutigen manche Zone neuer Durchblutung und großer Schönheit erkennen lassen.

Was immer Mā über Bhagavān sagt – es entspricht meinem christlich geprägten, wenn auch nicht im strengen Sinne dogmatischen Gottesbild: «Er, der Herr, der Vater, der Geliebte, der Alles in allem ist . . . » Manchmal sagt sie auch: «Er ist dein Vater und deine Mutter». Ich nehme an, daß es eine komplizierte Theologie darüber gibt, warum Gott im christlichen Sinne nicht unter dem Bild der Mutter, sondern eben nur als der Vater verehrt werden darf. Aber das ist einer der Punkte, an denen ich – dank meiner protestantischen Herkunft hat es die Mutter Gottes für mich kaum gegeben – immer einen gewissen Mangel empfand. Gott als Mutter und Vater mag im christlich-dogmatischen Sinne eine Unmöglichkeit sein, für mein religiöses Empfinden hat es als Bild eine wunderbare Wahrheit und Kraft.

Als ich mich vor einigen Wochen lange mit Mā über religiöse Fragen unterhalten hatte, beschloß sie unser Gespräch folgendermaßen:

«Hoffentlich hast du jetzt verstanden, daß es eine Erkenntnisebene gibt, auf der Probleme nicht mehr in irgendeiner besonderen Weise gelöst werden können. Nicht wahr, im Laufe deines Lebens bist du nach sorgfältiger Prüfung zu einer Beantwortung vieler Fragen gekommen. Aber nun wirst du erkennen müssen, daß keine Lösung jemals umfassend ist. Mit anderen Worten: Du wirst über die Ebene hinausgehen müssen, auf der es Gewißheit und Ungewißheit gibt. Jede Antwort, die dein Geist gefunden hat, ist notwendigerweise von einem bestimmten Gesichtspunkt aus gegeben. Folglich gibt es auch Spielraum für Widerspruch, weil deine Antwort nur einen Aspekt des Problems repräsentiert. Was hast du dann also wirklich gelöst? Du wirst aber finden, daß es einen Ort gibt, wo alle Probleme, die akuten und die möglichen, nur eine universelle Lösung haben, in der kein Raum mehr für Widerspruch ist. Die Frage nach Lösung oder Nichtlösung wird dann aufhören, sich zu erheben. Ob man ‹Ja› oder ‹Nein› sagt – alles ist Tat.»

Es wird wohl die dieser Haltung zugrundeliegende «existentielle Erfahrung» oder Erkenntnis sein, auf die es zurückzuführen ist, daß östliche Weise westlichen Fragern häufig Antworten geben, die für ihr Denken «unbefriedigend» sind. Wir pochen auf ein klares Ja oder Nein, wo der Erleuchtete nur noch das Eine (*tat*) sieht, das oberhalb von Ja oder Nein ist.

Heute habe ich mich um zwei Uhr ins Zelt gesetzt, obwohl die Gītā-Veranstaltung erst um fünf Uhr beginnt. Wer später kommt, findet keinen Platz mehr. Neben mir saß eine junge College-Lehrerin. Nachdem wir ein paar Worte miteinander gewechselt hatten, wünschte sie mir ein frohes Weihnachtsfest. Dann sagte sie: «Wenn ich wie Sie monatelang mit Mā herumreisen könnte, wäre für mich an jedem Tag Weihnachten.»

«In gewissem Sinn ist es auch für mich so», antwortete ich ihr. «Ich bin sicher, daß ich die Bibel mit anderen Augen lesen werde, wenn ich wieder zu Hause bin. Oft denke ich, daß manches, was ich hier mit Mā erlebe, Licht auf die Berichte der Evangelien wirft.»

Meine Platznachbarin klappt das Buch zu, in dem sie gelesen hat. Sie scheint sich auf ein längeres Gespräch mit mir einzustellen.

«Das Weihnachtsfest der Hindus wird im August oder September gefeiert», sagt sie. «Wir nennen es Jan mashtmi, es ist das Geburtsfest Shrī Krishnas. Schade, daß Sie nicht verstehen konnten, was einer der Redner gestern darüber sagte.»

«Können Sie es wiedergeben?»

«Er sagte, es sei die Geburt der göttlichen Weisheit in der Seele der Menschen, die wir alljährlich feiern. Wenn die Nacht der Unwissenheit und des Leidens ihre dunkelste Stunde erreicht habe, komme Shrī Krishna zu uns als das Licht der Weisheit, in dessen heiliger Glut alle Selbstsucht verbrenne und deren anderer Name Liebe sei.»

«Das klingt wirklich fast weihnachtlich», sagte ich, «nur feiern wir die reale, geschichtliche Geburt des Jesuskindes, aber wir glauben auch, daß durch sie göttliches Licht in das Dunkel der Welt gekommen ist.»

«Die Geburt Shrī Krishnas hat auch für viele Hindus eine ganz reale Bedeutung. In unzähligen Familien wird eine Puppe, die den göttlichen Knaben Gopāl darstellt, feierlich gebadet, gekleidet und in eine Wiege gelegt und darin geschaukelt.»

Während ich der Frau zuhörte, war mein Blick auf die Rückseite ihres Buches gefallen. Dort war der jugendliche Gott, der Gespiele der Hirten von Vrindāvan, abgebildet. Mit gekreuzten Beinen stand er gegen eine Kuh gelehnt und blies auf seiner Flöte, indes sein prächtiger Kopfputz aus Pfauenfedern verwegen wippte. «Wie aus einem Farbfilm», sagte ich, auf das Bild deutend.

Meine Nachbarin sah mich prüfend an. «Sehr farbenprächtig, ja!» erwiderte sie. «Aber das Wichtigste an dem Bild ist, daß man all die Einzelheiten genau sieht, die für uns von Bedeutung sind. Zum Beispiel die Pfauenfedern. Sie sind das Symbol der Schönheit und der Weisheit des Gottes. Shrī Krishna ist der ewig schöne Liebhaber der Schönheit; und die schillernden Pfauenaugen symbolisieren seine Weisheit, die alles sieht und erkennt.»

«Was aber bedeutet die Flöte?»

«Sie sollten versuchen, es zu erraten, aber ich will es Ihnen sagen. Die Flöte ist ein ausgehöhltes Rohr, nicht wahr? Der Atem des göttlichen Geistes dringt nur in die Seele ein, die so vom Ich entleert ist wie das Flötenrohr von seinem Mark. Gott singt auch in dem Herzen, das vom Leiden ausgehöhlt ist».

An diese Bemerkung erinnert mich die junge Lehrerin, als wir einige Stunden später in einem kleinen Lokal in der Nach-

barschaft Tee trinken. Der Boy hatte zwei Tassen vor uns hin-
gestellt, deren eine einen zerbrochenen Rand hatte. Während
ich nach ihr griff, sagte meine Begleiterin lächelnd: «Es gibt
eine Legende, die erzählt, wie Shrī Krishna bei einem reichen
Mann zu Gast war. Unter die kostbaren Gold- und Silbergefä-
ße hatte sich eine einzige irdene Schale mit abgestoßenem Rand
verirrt. Der Gott griff als erstes nach ihr. Als sein Gastgeber
versuchte, sie ihm abzunehmen, sagte er: ‹Wenn du mich kennen würdest, wüßtest du, daß Shrī Krishna an allen Orten
zuerst die zerschlagenen Seelen an sich zieht!›»

Zum Abschluß der Gītā-Woche wird eine Pūjā gefeiert. Sie
dauert von neun Uhr bis ein Uhr dreißig und endet mit dem
Opferfeuer. Am nächsten Tag steht ein vierundzwanzigstündi-
ges Kīrtan-Singen auf dem Programm, ehe Mā nach Puri abreist.

Auf der Mitte der Bühne wurde aus Bildern von Shrī Krishna eine etwa zwei Meter hohe Pyramide errichtet, die von
innen erleuchtet und mit Blumen geschmückt ist. Um diese
Pyramide werden die Kīrtan-Sänger kreisen. Damit soll zum
Ausdruck kommen, daß Gott die Mitte ihres Lebens ist, um
die sie in immer engeren Kreisen wandern.

Am Tag wird der Kīrtan von Männern und nachts von Frau-
en gesungen. Vierundzwanzig Stunden lang erklingt dasselbe
Mahāmantra, das sich nur aus drei Namen Gottes zusammen-
setzt. Es lautet: Hari Krishna, Hari Krishna, Krishna Krishna,
Hari Hari. Hari Rāma, Hari Rāma, Rāma Rāma, Hari Hari! Ich
versuche zu ergründen, ob in dieser besonderen Reihung der
Namen Gottes eine formulierbare Bedeutung liegt. Jemand
sagt mir, der Name «Hari Krishna» bringe die Anziehung zum
Ausdruck, die das in Menschengestalt inkarnierte Göttliche auf
uns ausübe. «Hari Rāma» bedeute die Fülle der göttlichen Seligkeit, die in der Gegenwart Gottes vom Menschen erfahren wird.

Etwas von dieser Bedeutung wird spürbar in der Freude, die
die Kīrtan-Sänger erfüllt und die sich immer von neuem be-
lebt. Das Mahāmantra wird von einem Vorsänger gesungen,
der sich selbst auf dem tragbaren Harmonium begleitet, und
jedesmal antwortet ihm der Chor. Die Kunst besteht darin,
daß der Vorsänger die kurze Tonfolge immer neu variiert. Da

er ziemlich häufig wechselt, haben viele Sänger Gelegenheit, ihre Meisterschaft zu erproben, einige erweisen sich dabei als wahre Virtuosen. Im Chor werden mehrere Trommeln und verschiedene Arten von Zimbeln geschlagen. Vor allem unter den Trommlern sind richtige Künstler.

Ein besonderer Reiz liegt in der rhythmischen Vielgestaltigkeit des Singens, die natürlich das Temperament des Schreitens in der Prozession bestimmt. Immer wieder beginnt der Gesang in feierlicher Getragenheit, um sich schließlich zu höchster Ekstase zu steigern. Dann geht das Schreiten in ein Tanzen über, zeitweise in ein Tanzen auf der Stelle mit erhobenen Armen und zurückgeneigten Köpfen.

Am Abend um zehn Uhr werden die Männer von Frauen abgelöst, und eine Stunde später müssen alle Männer und Buben aus dem Zelt verschwinden. Mã hat sich ihr Bett in die Nähe der Pyramide tragen lassen und bleibt fast während der ganzen Nacht da. Bei den Frauen geht es weniger ekstatisch zu als bei den Männern. Wenn ihr Kreisen um die Pyramide vom Schreiten zum Tanzen übergeht, bewahrt es doch immer eine feierlich-anmutige Verhaltenheit. Allmählich schmilzt die Gruppe der Unentwegten auf etwa hundert Frauen zusammen, von denen jeweils nur ein Drittel um die Pyramide schreitet, während der Rest im Sitzen mitsingt.

Ich versuche zunächst, mich in den hinteren Sitzreihen zu verstecken, weil ich nicht gern mehr als nötig gesehen werde. Aber Mãs Augen finden mich schnell. Sie bittet mich, an der Prozession teilzunehmen. Zweimal singt sie mir das Mahãmantra vor, beim dritten Mal singen wir es gemeinsam. Dann sagt sie lächelnd: «Nicht wahr, du weißt doch: Rãma oder Krishna oder Christus sind nur Namen für den Einen, der über allen Namen ist?»

Zufällig ist gerade eine Trommel freigeworden. Ich hänge sie mir um und gebe sie für den Rest der Nacht kaum mehr aus der Hand. Es macht mir Freude, in freien Rhythmen mitzutrommeln, und es bewahrt mich davor, müde zu werden.

Gegen drei Uhr verließ Mã ihr Bett und tanzte mit uns um die Pyramide. Zugleich feierlich und mit einer vollendet natürlichen Anmut drehte sie sich im Kreis; und plötzlich schritt sie lächelnd vom einen zum anderen und umarmte jeden von uns, während sie dabei weiter um die Pyramide tanzte. In ihrer schönen Gebärde der Zuneigung kam eine andächtige, ganz unpersönliche Zärtlichkeit zum Ausdruck. Ami nannte es: Gottes Liebe, die sich selbst in allen liebt. (Seit zwei Wochen ist Ami bei uns, eine junge Bengalin, deren Familie in Bombay lebt. Sie ist in Amerika aufgewachsen. Ich beobachte oft, daß unsere Anschauungen und Reaktionen übereinstimmen.)

Christliche und indische Heiligkeit

Die Missionars of Charity haben ihr unscheinbares Mutterhaus in einer schmalen Gasse. Man meint, vor einem bescheidenen Privathaus zu stehen. Das Schild am Tor trägt den Namen «Mother Teresa». Vor der Tür sammeln sich Bittsteller, die auf sie warten. Eine junge Nonne läßt mich ein, im selben Augenblick betritt Mutter Teresa den Hof, eine Frau, die auf den ersten Blick wie eine alternde Bäuerin wirkt; sie ist mittelgroß und hat etwas Kantiges. Hände und Füße sind die Gliedmaßen eines Menschen, der zeitlebens körperlich schwer gearbeitet hat. Ebenso wirkt das Gesicht: sorgenvoll, mit einer grob eingekerbten Nasen-Lippen-Falte, einer zerfurchten Stirn und umfalteten Augen, deren Iris ein helles, ins Grünliche spielendes Braun hat.

Aber was für Augen sind das! Während man ihrem Blick standhält, vergißt man buchstäblich zu atmen. «Sie hat die Augen eines Engels», sagte mir tags darauf eine junge Inderin, und genauso ist es. Ich kenne keinen Menschen, in dessen Blick sich Kühnheit und Liebe mit solcher Macht ausdrücken. Kühnheit und Liebe drücken sich auch auf faszinierende Weise im Leben dieser Frau aus. Zwanzig Jahre lang gehörte sie als Lehrerin einem Orden an, der in Indien Schulen unterhält. Eines Tages erkannte sie, daß es nicht ihre Aufgabe war, in diesem Land, in dem das Elend von Millionen Menschen zum Himmel schreit, den Kindern der dünnen Oberschicht westliche Bildung zu vermitteln. Sie verließ den Orden, suchte sich eine Unterkunft in einem Armenviertel von Kalkutta und begann, ein paar Bettlerkinder im Freien zu unterrichten.

Das war 1948. Seitdem hat diese Frau ohne einen Pfennig «Anfangskapital», ohne Rückhalt in einer Gruppe, getrieben allein von ihrer Besessenheit der Nächstenliebe, ein Werk aufgebaut, das für viele Tausende lebensrettende Bedeutung gewann. Ihr Name ist in der ganzen Welt bekannt. Gerade jetzt ist sie aufgefordert worden, ihre Organisation entsprechend dem indischen Muster in mehreren südamerikanischen Staaten aufzuziehen. 192 Nonnen (darunter sieben Nicht-Inderinnen) gehören zu dem von ihr neugegründeten Orden, der mit zahlreichen Laienhelfern arbeitet. Eine sechsundzwanzigjährige Nonne aus Freiburg studiert auf Kosten des Ordens Medizin in Kalkutta.

Die Arbeit der Schwestern erstreckt sich auf alle Gebiete der menschlichen und sozialen Hilfe. Sie unterhalten Kinder- und Altersheime, ärztliche Hilfsstationen, Schulen, auch Sonntagsschulen für Erwachsene, verschaffen Jugendlichen Ausbildungsmöglichkeiten, fahren mit einer Ambulanz täglich in einen anderen Stadtteil, um die Leprakranken – in Kalkutta sind es 5800 – zu versorgen. Im Augenblick (Mitte der sechziger Jahre) baut Mutter Teresa gerade ein Lepradorf im westbengalischen Industriegebiet auf. Sie wirbt in der ganzen Welt um die Mitwirkung von Menschen, die bereit sind, die finanzielle Patenschaft für eine leprakranke Familie in diesem Dorf zu übernehmen. Auf dem Weg über solche Patenschaften hat sie vielen armen Kindern den Besuch einer guten Schule ermöglicht.

Bekannt wurde sie vor allem durch die Einrichtung von Sterbeasylen. Das erste entstand vor elf Jahren in einer Pilgerherberge im heiligen Bezirk von Kālī-Ghāt. Anfangs ging Mutter Teresa selbst mit ihren Schwestern nachts auf die Straßen, sammelte die Sterbenden auf und brachte sie in die Herberge, damit sie nicht wie Tiere in der Gosse umkommen mußten. 15 593 Männer und Frauen haben seitdem Aufnahme im Asyl von Kālī-Ghāt gefunden, 7198 davon sind gestorben. Die häufigste Todesursache war Unterernährung, die anderen konnten gekräftigt wieder entlassen werden.

Mutter Teresa ist eben auf dem Sprung, ihr Haus zu verlassen. «Kommen Sie mit», sagt sie. Wir setzen uns in das Führerhaus eines Lieferwagens, in dessen hinterem Teil einige junge Männer, freiwillige Helfer, an ihren heutigen Arbeitsplatz gebracht werden.

Das Sterbeasyl am Kālī-Ghāt: 132 Männer und Frauen liegen in zwei Flügeln des Hauses dicht nebeneinander auf niedrigen Pritschen unter grauen Decken. Eine kühle, dämmrige Stille; nur im Hintergrund, dort, wo die Geisteskranken sind, gibt es manchmal Geschrei. Auf der Frauenseite hocken zwei kleine Kinder an der Pritsche ihrer sterbenden Mutter. Mutter Teresa sagt: «Wir wollen sie nicht gewaltsam fortreißen. Wenn die Mutter tot ist, werden wir einen Platz in einem Heim für sie suchen.»

Im Hof sind die freiwilligen Helfer, zum Teil Medizinstudenten, dabei, die menschlichen Wracks, die heute nacht aufgelesen wurden, zu baden, zu scheren und neu einzukleiden. Vorsichtig lösen sie ihnen die stinkenden Lumpen, die zum Teil in verkrusteten Wunden kleben, vom Körper. Die Haare dieser Menschen sind ein schwarzer Zement, sie müssen abgesägt werden. Ein nacktes Gerippe mit blutunterlaufenen, blöde glotzenden Augen sitzt schwankend auf der Treppe. Niemand weiß seinen Namen. Wird es heute sterben oder morgen, wird es wieder zu einem Menschen werden?

Später begleitete ich Mutter Teresa in ihr Haus zurück, und dort beschäftigten wir uns stundenlang damit, den in Säcken angekommenen Reis einer aus Paris finanzierten Liebesgabensendung in Tüten abzufüllen. Am Abend sollten die Armen der Umgebung ein Lebensmittelgeschenk bekommen.

Als ich mich von Mutter Teresa verabschiedete, sagte sie: «Es wäre gut, wenn mehr junge Menschen aus dem Westen kämen, um uns zu helfen. Einzige Vorbedingung ist, daß sie gesund und wirklich guten Willens sind. Allerdings hätten wir mehr von ihnen, wenn sie eine Ausbildung hätten, die uns in unserer Arbeit nützt.» Als ich mich schon abgewandt hatte, rief Mutter Teresa mir nach: «Sagen Sie den Leuten, daß sie für uns beten sollen!»

Im Laufe eines Gesprächs hatte ich Mutter Teresa gefragt:

«Was ist Ihre größte Sorge – Geld?»

«Nein, Geld kriegen wir immer. Daß ich nicht heilig bin, nur das ist meine Sorge. Denn darauf warten die Menschen. Das brauchen sie am nötigsten.»

Mir fällt der junge Arzt ein, den ich in Benares traf und der mir riet: «Gehen Sie zu Mutter Teresa, sie ist eine Heilige!» Er war in einer christlichen Familie und in einer Konventschule aufgewachsen und hatte sich als fast dreißigjähriger Abkömmling von Brahmanen wieder dem Hinduismus zugewandt. Vielleicht gibt es kein Land, in dem die Menschen so von ganzem Herzen wissen, wie nötig wir die Heiligen brauchen. Ihr spirituelles Geschick (dieses Wort sollte hier in seiner doppelten Bedeutung verstanden werden: als ihr Schicksal und als das, wofür sie ein besonderes Geschick besitzen) hat ihnen in jeder Generation Heilige «geschickt», bis in unsere Tage hinein. Es hat sie gelehrt, die Heiligen zu erkennen und zu lieben, quer durch die unterschiedlichen Religionen hindurch.

Mā gestern nachmittag: Sie saß eine Stunde lang vollkommen versunken auf ihrem Bett, ohne sich zu rühren. Nur ihre Augenlider hoben sich manchmal, aber ihr Blick erinnerte an den Blick der Blinden, er war in die Welt gerichtet, ohne sie wahrzunehmen. Dennoch war ihr ganzes Wesen *contemplatio*: Betrachtung – Betrachtung Gottes! Spiegelung seines Lichtes mit dem Spiegel der Seele. Etwas von diesem Licht reflektiert sich manchmal in uns. Nur dann nehmen wir es wahr.

Gestern saß ein älterer Mann vor Mās Bett. Ich hörte später, daß er der Leiter eines Colleges sei. Sein Gesicht riß plötzlich auf wie eine Wunde, aus der es blutet: Leiden – an sich selbst, an der Welt, an Gott. Es gibt nichts, was man in einem solchen Augenblick noch verbergen könnte. Später, als Mā wieder «zurückkam», richtete sie ihren Blick lange auf das Gesicht des Mannes, und plötzlich begann er zu weinen. Er schloß die Augen. Die Tränen quollen ihm unter den Lidern hervor. Nach einiger Zeit streckte er sich in seiner ganzen Länge vor Mā auf dem Boden aus, dann stand er auf und ging fort.

Es geschieht manchmal, daß jemand, der so von Mā fortgeht wie dieser Mann, sein Haus am nächsten Tag in einen Āshram verwandelt oder das Mönchsgewand anzieht. Ich habe viele Berichte darüber gehört, wie Mā – ohne zu handeln – in das Leben von Menschen eingegriffen hat. Meistens in viel unauffälligerer Weise, aber nicht weniger wirkungsvoll. Immer mit der Richtung auf das, was sie den Gipfel des menschlichen Lebens nennt: auf die Verwirklichung Gottes in der Seele.

Seltsam genug, dieses nichthandelnde Handeln. Heiligkeit, die nur durch sich selbst wirkt, durch ihr Dasein und Leuchten.

Daneben Mutter Teresa und ihr heiliger Fanatismus der Nächstenliebe! Ihre Dynamik hat ein Wirkungsfeld, wie es wenige Politiker in der Welt haben. Sie verändert das Leben von Tausenden und Abertausenden, indem sie Hunger stillt, Krankheiten heilt, Obdachlose aufnimmt, Kinder erzieht, Verzweifelte tröstet, Untätigen Arbeit verschafft. Es ist, als ob sie tausend Hände hätte, denn immer mehr Menschen wollen ihr helfen. Daß sie so tatkräftig ist, sagt noch nichts über ihre Heiligkeit. Heilig ist sie um des Impulses willen, der ihre Tatkraft antreibt: um jener Liebe willen, die sie unter ihrem vermeintlichen Mangel an Heiligkeit leiden läßt. Sie weiß, daß die Menschen nach Gott hungern, und sie glaubt, ihnen nur Brot geben zu können. Darin liegt ihr heiliger Irrtum.

Wahrscheinlich gehört Leiden zum Wesen der christlichen Heiligkeit. Ich weiß nicht genug darüber. Aber die in ihr sich immer notwendig mit verkörpernde Gegenwart des Gekreuzigten bindet Heiligkeit und Leiden unlöslich aneinander, so scheint es mir. Nach der katholischen Lehre steht selbst der Heilige als geschaffener Geist nicht jenseits der Sünde. Er wird immer unter seiner Unvollkommenheit leiden, mag seine Reinheit noch so leuchtend sein für die, die ihm begegnen dürfen.

Der Heilige der indischen Prägung verwirklicht mit seinem ganzen Sein die existentielle Erkenntnis: *aham brahmāsmi* – das Brahman bin ich. Auf einem solchen Sein kann kein Schatten von Selbst-Zweifel liegen. Es vergegenwärtigt in sich absolute Vollkommenheit. Jeder wie auch immer geartete Zweifel am eigenen Selbst wäre ein Beweis für die nichtvollendete Identität mit dem Brahman.

In der Familie, von der ich heute zum Abendessen eingeladen war, fragte mich ein junges Mädchen, wo der eigentliche Unterschied zwischen Mā und Mutter Teresa liege. Ich sagte – ein wenig unbedacht: «Darin, daß Mutter Teresa sich Tag und Nacht abschuftet, um das Gebot Christi ‹Du sollst deinen Nächsten lieben wie dich selbst› zu erfüllen.»

«Wieso soll das ein Unterschied sein?» erwiderte das Mädchen. «Mā tut doch seit vierzig Jahren nichts anderes. Auch sie lebt Tag und Nacht für ihre Mitmenschen. Eigentlich dachte ich eben, daß Mutter Teresa, wenn sie eine Heilige ist, das gleiche tun sollte wie Mā: die Menschen zu Gott führen. All die karitativen Aufgaben, die sie erfüllt, sind gewiß höchst wichtig, aber um das zu tun, muß man nicht heilig sein.»

Einen Augenblick lang stellte ich mir Mutter Teresa in Mās Rolle vor und Mā in der Rolle von Mutter Teresa. Ich mußte laut darüber lachen.

Im letzten Sommer machte ich einen Spaziergang mit Kindern. Wir blieben vor einem Pfauenauge stehen. «Siehst du den Schmetterling?» fragte ich einen der Jungen. «Das ist kein Schmetterling», sagte er, «Schmetterlinge sind gelb.» Er hatte bisher nur Zitronenfalter gesehen. Mein Vergleich ist «kindlich», aber er zeigt, was ich sagen will: Es gibt Menschen, die meinen, Heiligkeit sei nur in einer bestimmten «Farbe» – nach dem Muster einer einzigen Lehre – möglich. Das ist ein Irrtum. Ich habe bisher den Eindruck, daß er unter den gläubigen Menschen des Westens verbreiteter ist als in Asien.

Sooft ich mir schon gewünscht habe, mit dem soliden Rüstzeug eines (vergleichenden) Religionswissenschaftlers ausgestattet zu sein, in manchen Augenblicken wird mir klar, wieviel leichter ich es dadurch habe, daß der Ballast der Kategorien und Begriffe meine Unbefangenheit nicht stört. Das Gespräch zwischen den Religionen mag wichtig und fruchtbar sein. Die eigentliche Begegnung aber geschieht da, wo ein Blitz intuitiver Erkenntnis Licht in die vorbegriffliche Tiefe des anderen Glaubens wirft und wir plötzlich sehen: Auch dort ist Spiegelung der höchsten Wahrheit. Zu solcher Erkenntis verhilft Mā mir mehr als ein langes, gründliches Studium. Vielleicht kann ich dabei auch von besonders günstigen Voraussetzungen ausgehen. Ich erinnere mich an den Stoßseufzer eines Religionswissenschaftlers, der scherzhaft sagte: Die Leute in seinem Fach seien entweder zu fromm oder zu klug. Mit anderen Worten: Sie gingen entweder mit den Vorurteilen ihrer eigenen Überzeugung an eine fremde Religion heran, oder es fehle ihnen ein Organ für die Besonderheit der religiösen Probleme, denen sie mit fremden Kategorien zu Leibe rückten. Wohl mir, daß ich weder besonders fromm noch besonders klug bin.

Mā heute auf dem Bahnsteig von Howrah Station, dem Fern-
verkehrsbahnhof von Kalkutta. Einer Statistik entnehme ich,
daß es der asiatische Bahnhof mit dem höchsten Verkehrsauf-
kommen ist. Einen solchen Hexenkessel kann man sich in Europa nicht vorstellen. Ganze Dörfer, ganze Dschungelstämme,
Hunderte von Soldaten, Bettelmönche, Kulis, vornehme Familien, Schulklassen, Pilgergruppen, bettelnde Krüppel, Bettlerkinder, Ministerialkuriere, Händler aller Art – das alles läuft
durcheinander, stolpert über unendliche Berge von Gepäck
und lärmt.

Und Mā mitten in diesem infernalischen Tohuwabohu, umdrängt von zahllosen Neugierigen, umjubelt von ihren Anhängern. Sie steht ruhig da, in ihre weißen Tücher gehüllt, mit
offen herabhängendem Haar. und lächelt – ihr nahes und doch
so fernes Lächeln. Stille um sich und Friede in den Augen –
Nirvāna mitten im Elend!

Puri liegt 399 Kilometer südwestlich von Kalkutta am Bengalischen Golf. In einer Nacht bringt uns die Bahn dorthin. Mā
hat hier unmittelbar am Strand einen kleinen Āshram, der eines
der letzten Häuser am westlichen Rand des Ortes ist.

Nach dem unentrinnbaren, lärmenden Menschengewühl
von Kalkutta ist Puri das Paradies. Jedenfalls am Meer, wo sich
mein Leben fast ganz abspielt. Niemals habe ich einen so herrlichen Strand gesehen. Sein eisenhaltiger Sand hat eine schwach
rötliche Färbung. Das Meer ist hier in einem breiten Küsten-
gürtel sehr flach, aber es rast ständig mit solcher Wildheit gegen das Ufer, daß man wie ein Kinderspielzeug von den Wellen
gepackt und fortgerissen wird.

Hier und da haben Fischer ihre langen, bräunlichen Netze
ausgespannt. Ihre Boote werden heute noch so gebaut wie vor
tausend Jahren. Es gibt zwei Arten: die kleinen Ein-Mann-
Boote, die Katamarane, ein Mittelding zwischen Boot und
Floß. Mehrere dünne, elastische Baumstämme sind mit Strik-
ken so zusammengebunden, daß sie die, freilich ganz undich-
ten, Außenwände des Bootes bilden. Diese Wände sind am
Boden und an den Enden der Stämme ebenfalls mit Stricken

aneinander befestigt. Die Katamarans haben buchstäblich die Leichtigkeit von Nußschalen. Wenn die Fischer in ihnen aufs Meer hinausfahren, werden sie wie treibende Baumrinde von der Küstenbrandung umhergeschleudert. Die größeren Boote sind sieben bis acht Meter lang und hochbugig. Auch bei ihrem Bau wird kein Nagel verwendet. Die Bretter der Seitenwände und des Bodens sind im Kreuzstich mit Kokosstricken zusammengenäht. Um das Wasser am Eindringen zu hindern, sind die Fugen durch dicke Strohwülste abgedichtet, die mit in den Kreuzstich hineingenäht werden.

Während man die leichten Boote auch tagsüber gelegentlich ausfahren sieht, scheinen die schweren das Land nur vor Sonnenaufgang zu verlassen. Manchmal liegt eine lange Kette von Booten weit draußen auf dem Meer. Im Verhältnis zum Einsatz an Mut, Kraft und Geschicklichkeit, der den Fischern täglich abgefordert wird, scheint ihr Ertrag sehr gering. Gelegentlich sehe ich sie mit leeren Booten heimkommen, manchmal schütten sie ein paar Kilo silberner Fischchen von Sardinengröße aus ihren Netzen. Vielleicht ist die Jahreszeit ungünstig. Einer der Männer machte mir durch Zeichensprache klar, daß es oft auch erheblich größere Fische zu fangen gebe.

Eines Abends kam ein großes Boot nach Einbruch der Dunkelheit zurück an den Strand. Im Handumdrehen hatten sich ein paar Dutzend Männer und Frauen versammelt, und alle waren freudig bewegt. Auf dem Boden des Schiffes lag, von einer Fackel beleuchtet, eine stattliche Menge Fische, die aussahen wie Heringe.

Landschaft heißt hier: Meer, Strand und leicht ansteigende Dünen, auf denen ein braun-grünes, hartes Gestrüpp wächst. An einer solchen Landschaft gehen Jahrtausende spurlos vorüber. Etwas von der archaischen Beharrlichkeit der großen Naturformen, in denen sie leben, drückt sich auch im Wesen und in den Gebräuchen der Menschen aus, vor allem in ihren religiösen Kultformen. Wenn ich frühmorgens am Strand entlang zum Āshram gehe, habe ich täglich Gelegenheit, einige ihrer Riten zu beobachten. Ich finde niemanden, der mir im einzelnen Aufschluß darüber geben kann, aber daß in all diesen Kultformen das Brahman, insofern es sich dem Menschen im

Meer zugleich zeigt und verhüllt, angerufen wird, ist ein Hinweis, den mir einer der Mönche gibt.

Wie man es in ganz Indien frühmorgens an Flüssen und Seen und an den künstlichen Tempelteichen beobachten kann, so stehen die Gläubigen auch hier mit erhobenen Händen im Wasser und beten, den Blick zur aufgehenden Sonne gerichtet. Manchmal sehe ich sie auf jenem Teil des Strandes, den die auslaufenden Wellen überspülen, in Reihen knien oder hocken und mit der rechten Hand Zeichen in den feuchten Sand schreiben, die von jeder stärkeren Welle wieder ausgelöscht werden.

Kürzlich beobachtete ich eine Pilgerschar von zwölf Hindus (zur Hälfte Männer, zur Hälfte Frauen, die mich dem Typ nach an Tibeter erinnerten) bei einem Ritus, von dem mir der Arzt im Āshram sagte, er gehöre vermutlich zum Ahnenkult. Die Männer waren nur mit Lendenschurz bekleidet, die Frauen trugen weiße Saris ohne Blusen und Unterröcke. Alle zwölf hockten nebeneinander, mit dem Blick zum Meer, auf ihren Fersen. Vor jedem lag ein Palmblatt mit einigen kleinen Häufchen von Gewürzen. Hinter dem Palmblatt stand eine grüne Kokosnuß, zur Hälfte in den Sand gebohrt, an deren Spitze ein dünnes Ästchen steckte. Ich habe sagen hören, daß diese Frucht dem Gott Shiva heilig sei. Mag sein, daß ihre Verwendung in diesem Ritus eine Art natürlichen Lingam vorstellen soll. Offenbar werden die Pilger von einem Brahmanen, der aus ihrer Heimat mitgekommen ist, angeführt, aber er hat bei dem Ritus, der hier gefeiert wird, nur die Funktion des Helfers eines einheimischen Priesters. Der Pūjari teilt Reis an die Pilger aus, der von ihnen zu einem Dutzend Kugeln geknetet und in Häufchen auf den Blätterteller gelegt wird. Während der Führer der Pilgergruppe seinen Gefährten bei dieser Arbeit hilft, liest der Pūjari, vor der Reihe hockend, aus einem Buch vor. Manchmal greifen die Pilger dabei nach einer der Reiskugeln und halten sie eine Zeitlang vor sich hin, ehe sie sie wieder zurücklegen. Dieser Teil der Zeremonie dauert so lange, daß ich nicht die Geduld habe, ihr Ende abzuwarten.

Ein anderes Ritual habe ich, seitdem wir hier sind, allmorgendlich beobachtet. Offenbar wird es von Ehepaaren gemeinsam zelebriert. Um einen Fruchtbarkeitsritus kann es sich schwerlich handeln, denn die Paare, die ich dabei gesehen habe, waren (zufällig?) ausnahmslos ältere Leute. Auch sie hocken, mit dem Gesicht zum Meer, am Strand, und vor ihnen hockt ein Pūjari, der sie anblickt. Mann und Frau halten einen Stein, eine grüne Kokosnuß und ein paar Blumen in einer Hand, und zwar so, daß die opfernden Hände des Paares, die dem Priester entgegengestreckt sind, Rücken an Rücken liegen. Der Priester murmelt seine Mantras und schüttet mehrmals Wasser aus einer Kokosschale über die ausgestreckten Hände. Nach etwa fünf Minuten bekommt er einen Geldschein zugesteckt, und das Paar läuft ins Meer.

Öfter hatte ich auch Gelegenheit, einen sehr kindlich wirkenden Ritus zu beobachten. An jedem Morgen erscheinen mehrere Pūjaris, die ein Kuhkälbchen hinter sich herziehen. Während sie das Tier am Strick halten, packt der Gläubige das Schwanzende des Kälbchens – manchmal halten auch zwei oder drei Leute gleichzeitig den Schwanz fest –, und dann spricht der Pūjari seine Mantras in scharfem, halb gesungenem Rhythmus. Wenn die Zeremonie beendet ist, berühren die Gläubigen die Vorderbeine des Tieres und führen die Hand dann an ihre Stirn. Zu guter Letzt bekommt der Priester seinen Obolus. Manchmal ist er mit seiner Bezahlung unzufrieden und stimmt ein lautes Gezeter an.

Als ich den Arzt, der den Āshram leitet, nach der Bedeutung der Riten frage, die jahrein, jahraus fast vor seiner Haustür vollzogen werden, gesteht er mir, daß er das meiste davon nie mit Bewußtsein wahrgenommen habe, um so weniger kann er meine Beobachtungen deuten. In gewissem Sinne erscheint mir das typisch. Die gebildete, vor allem die religiös gebildete Schicht der Hindus hat nach meinen Erfahrungen überraschend wenig Kenntnis von dem, was sich in religiöser Beziehung bei den einfachen Menschen abspielt. Meher sagte in Bombay gelegentlich mit dem Ausdruck sozialen Schuldbewußtseins: «Manchmal habe ich das Gefühl, es gibt immer noch zwei Völker in unserem Land, wie zur Zeit der britischen Herrschaft: die dünne Schicht der Reichen, die die Herren sind, und die große Masse der armen Leute.» Etwas von dieser Spaltung spürt man auch in der Kluft zwischen den spirituellen und den primitiven Hindus. Ein religiös lebhaft interessierter Brahmane in Kalkutta (höherer Beamter) sagte mir eines Tages: «Meine Familie besucht keine Tempel mehr. Unser religiöses Leben spielt sich nur zu Hause ab.» Was in den Tempeln geschieht, fand er «zu primitiv».

Der Doktor im Āshram ist fast siebzig Jahre alt, aber ich hätte ihn für fünfzig gehalten. Ich freue mich immer wieder über die «typenmäßige» Vielfältigkeit unter Mās Anhängern. Hier ist also ein neuer «Typ» für mich. Er scheint – wenn man die streng Orthodoxen unter Mās Anhängern an den rechten Flügel placiert – ganz links zu stehen. Überraschend ist es zunächst, daß er beinahe ständig raucht. Als ich ihn darauf anspreche, sagt er lächelnd:

«Alle anderen Laster haben mich nach und nach verlassen. Ich bin nicht dafür, daß man sie mit Gewalt unterdrückt. Sie müssen von alleine fortgehen, sonst stören sie uns da, wo wir sie am wenigsten brauchen können.»

Als ich vorsichtig Kritik daran zu üben wage, daß mein Gesprächspartner, obwohl er körperlich und geistig offenbar noch sehr fit ist, seit über fünfzehn Jahren nicht mehr in seinem ursprünglichen Beruf als Arzt arbeitet, sondern ein kontemplatives und wohl auch recht angenehmes Leben führt, sagt er sinngemäß:

«Man muß seinem eigenen inneren Gesetz gehorchen. Es muß auch Menschen geben, deren Arbeit für die Allgemeinheit darin besteht nachzudenken. Ich tauge nicht für einen praktischen Dienst. Meine Gedanken sind zu oft weit weg und so intensiv mit ihren eigenen Dingen beschäftigt, daß ich im Praktischen Unsinn mache.»

Auf meine Frage, welches Problem ihn besonders beschäftige, antwortet er: «Ich möchte ergründen, was *mind* ist.» (Ob der Doktor die Seele oder den Geist zu ergründen trachtete, konnte ich nicht eindeutig feststellen.) «Es geht mir weniger darum, ihre/seine Funktionen zu untersuchen, als um ihr/sein Sein.» Seit Jahren habe er die verschiedensten Meditationswege und Methoden selbst ausprobiert und analysiert, und er schreibe gelegentlich für eine amerikanische wissenschaftliche Zeitschrift über Fragen, die sich bei einer gemeinsamen Betrachtung der westlichen Psychologie und des Yoga ergäben.

Ich habe den Eindruck, daß mein Gesprächspartner sich um

die Probleme des Yoga in einer Weise bemüht hat, die nicht mehr innerhalb der eigentlichen religiösen Betrachtung liegt. Seine Gesichtspunkte sind philosophisch-naturwissenschaftlicher Art. Dennoch verrät mir ein Nebensatz, daß er jahrelang Bhakti-Yoga praktiziert hat. Er kennt also auch die religiöse Seite aus eigener Erfahrung.

«Wer oder was Gott ist, weiß ich nicht», sagt er, «und ich wundere mich immer über die Menschen, die es zu wissen meinen. Ich glaube auch nicht an Lehrsätze wie etwa jenen, der die Wiedergeburt der Seele oder eine andere Form von Ewigkeit für uns postuliert. Diese Dinge lasse ich vollkommen offen. Nur eines weiß ich gewiß: daß unser Weg dorthin führt!» Little Doctor, wie ich ihn inzwischen wegen seines zierlichen Körperbaus nenne, deutet mit einem strengen Lächeln zum Fenster hinaus. Unmittelbar neben dem Āshram ist der Verbrennungsplatz der Leichen, und man sieht den Qualm eines Scheiterhaufens aufsteigen.

«Und was bedeutet Mā für Sie?»

«Genau was dieser Name sagt, Mutter, nicht mehr und nicht weniger. Auch wenn man erwachsen ist, ist es gut, eine Mutter zu haben. Aber Mā ist das einzige, was ich nie zu analysieren versuche, und ich spreche auch nicht über sie.»

Später habe ich Gelegenheit, ihn im Umgang mit Mā zu sehen. Er läßt es nicht an Ehrfurcht fehlen, aber er ist freier und unbekümmerter als die meisten anderen Menschen, die sich ihr nähern, und Mā geht ganz auf seine Art ein.

Eines Abends erkundige ich mich bei Little Doctor, was der Ertrag seiner jahrelangen mönchischen Zurückgezogenheit in diesem Haus am Meer sei. Für jemanden, der die Absicht habe, die/den menschliche(n) *mind* zu erforschen, sei der Platz durchaus ungeeignet, da er hier nur in der/dem eigenen *mind* forschen könne und so gut wie keinen Austausch mit Wissenschaftlern habe, denen die gleichen Fragen zu schaffen machen.

Little Doctor, der wie immer mit untergeschlagenen Beinen auf seinem Bett sitzt, lächelt beinahe so, als ob er sich «ertappt» fühlt, denn nun kommt am Ende doch das religiöse Motiv seiner Zurückgezogenheit heraus. Er sagt: «Was wir allmählich lernen müssen, ist unsere Ablösung von allen Dingen des Lebens, an die wir gebunden sind. Es muß uns gelingen, gänzlich wunschlos zu werden.»

«Warum?»

«Weil unser Geist nur dann vollkommen leer und empfänglich ist.»

«Ich hatte den Eindruck, daß Sie keine im strengen Sinne religiösen Ziele haben. Für was soll Ihr Geist empfänglich werden?» – «Für den Frieden.»

Little Doctor repräsentiert offenbar einen Typus moderner Geisteshaltung, der es gelingt, bruchlos aus der Tradition zu leben. An den Punkt, an dem er jetzt steht, ist er vielleicht auf einem anderen Weg gelangt als die Pilger des religiösen Pfades, aber er sagt genau wie sie: «Ich will nichts mehr haben oder erreichen. Ich suche auch nicht mehr nach Gott.» Wenn ich sein Wesen ungefähr erfaßt habe, so glaube ich sagen zu dürfen, daß er zu den Menschen gehört, deren psychische Kompliziertheit den Weg der Ablösung zu einem harten Weg gemacht haben muß. Er hätte ihn wohl ohne die Kräfte, die ihm aus der religiösen Tradition zuströmten, niemals gehen können. Soviel ich sehen kann, teilt er die religiös-philosophische Ungesichertheit des heutigen westlichen Menschen, aber er hat mitten in dieser Ungesichertheit den Frieden erringen können. Ich vermute, wesentlich durch Mās Hilfe, und er müht sich täglich um die Vertiefung dieses Friedens, indem er die geistigen Übungen macht, die sich in Jahrhunderten bewährt haben.

Ich halte mich nicht mehr für berechtigt, Betrachtungen darüber anzustellen, ob ein solches Dasein eine egoistische Lebensauffassung verrät. Nach der Lehre der Hindus dient jeder, der zur Selbstverwirklichung gelangt, dem Erleuchtungsprozeß aller menschlichen Seelen.

Gestern bin ich mit dem Bus zum Sūrya-Tempel von Konarak gefahren. Aufbruch im ersten grau-violetten Morgenlicht mit einer Rikscha, die mich zur Bus-Station brachte. Wir starteten mit einer Stunde Verspätung, weil der Fahrer hinter einer Hütte lag und schlief. Das ehrwürdige Vehikel wurde mit einer Kurbel in Gang gebracht, was sich bei jedem Halt wiederholte und stets spannend war, weil der Motor fünf Minuten brauchte, bis es zu tuckern begann, und dabei Klagelaute ausstieß, die erkennen ließen, daß er nahezu im Sterben lag.

Das eindrucksvollste Baudenkmal dieses Landes, das ich bisher sah: Der dem Sonnengott geweihte Tempel, dessen grandiose, in kraftvollen Rhythmen gegliederte Massigkeit überwältigend wirkt, liegt einsam in bewaldeten Dünen. Als er im 13. Jahrhundert gebaut wurde, lag er am Meer. Der Turm ist entweder zerstört oder nie vollendet worden, aber der Kubus der Halle scheint kaum gelitten zu haben. Das Bauwerk stellt als Nachbildung der hölzernen Prozessionswagen das zwölfrädrige Fahrzeug des Sonnengottes dar, das von sieben Pferden gezogen wird. Allein jedes der riesigen Räder ist lückenlos von Ornamenten überzogen und muß als herrliches Kunstwerk bezeichnet werden. Welch eine Bewegtheit in den massigen Tierkörpern des Elefantenfrieses an der Basis. Jede der größeren Plastiken des Tempels strotzt vor Vitalität und besitzt zugleich eine meisterhafte Durchgestaltung und häufig eine erstaunliche Anmut. Das gilt vor allem für die gigantischen Figuren der Musikantinnen und Tänzerinnen in den Dachregionen. Merkwürdig: ihre fast bärenhafte Schwere und Massigkeit, und doch sieht man, wie sie sich machtvoll drehen, und man hört den Klang ihrer Trommeln und Zimbeln. Manche Gesichter haben einen Ausdruck des Lauschens, der so beseelt ist, daß man die Wucht und Undurchlässigkeit der Körper nicht mehr glaubt.

Verblüffend ist das Leitmotiv der figürlichen Plastik des Tempels, das in unzähligen, teils winzigen, teils überlebensgroßen Variationen wiederkehrt: die geschlechtliche Vereinigung von Mann und Frau, sehr detailliert und mit raffinierter Vielgestaltigkeit. Wenn man diese Darstellungen unbefangen betrachtet, fühlt man sich weder peinlich berührt, noch spürt man eine Neigung zum Moralisieren. In ihnen steckt etwas von jenem üppigen Wuchern der Vitalkraft, das man empfindet, wenn man während der Regenzeit durch einen Dschungel geht. Vielleicht hat der Autor eines Kunstbuches recht, der sinngemäß sagt: Die Tempel seien mit einem Teppich blühenden Lebens überzogen, unter dem das Heilige geheimnisvoll bewahrt werde, so wie das Zauberspiel der Māyā, welches sich den Sinnen darbietet, das wahre Sein der Welt verhülle.

Im Schatten eines der großen Boote am Strand liegend, habe ich heute eine Abhandlung von Shrī Gopīnath Kaviraj darüber gelesen, wie das Phänomen Mā im Lichte der Hindu-Philosophie interpretiert wird. Beim Lesen bekam ich eine Ahnung davon, was für einen Umfang die scholastische Literatur der verschiedenen Denkschulen allein über das Problem der «Heiligen» (wie wir diese Spezies, für östliche Begriffe ganz unzulässig simplifizierend, nennen) aufweist. Nur einiges davon soll hier angedeutet werden.

G. K. untersucht zunächst die üblichen Wege, auf denen ein Mensch zur Erleuchtung gelangen kann, und kommt zu dem Schluß, daß Mā keinen dieser Wege gegangen sei. (Ihr Sādhana war nur «gespielt».) Ist sie also, so fragt er, eine jener spirituellen Größen, die Erleuchtung und geistige Macht aus sich selbst heraus haben (*akalpita*), ohne Anleitung eines Gurus und ohne Yogaschulung? Er glaubt auch das verneinen zu müssen, weil der Akalpita zu seinem «Selbstleuchten» nicht ohne die Mitwirkung der Gnade gelange. Sie, die Gnade, wirke in neun verschiedenen Arten. Nachdem diese Arten untersucht sind, folgert G. K., daß keine von ihnen zu dem beigetragen habe, was Mā ist.

Also ist sie womöglich ein Avatāra? Eine göttliche Wesenheit, die «aus dem Höchsten Himmel herabgestiegen ist, um den Frieden des Brahman in die gequälte Welt zu bringen»? Auch diese Frage verneint der Philosoph. Es fehle im Bild von Mā die Zweiheit zwischen der Quelle der göttlichen Energie (im Höchsten Himmel) und dem Träger dieser Energie in der Gestalt des auf Erden wirkenden Avatāra.

Oder ist Mā ein *vilasa* (eine Selbstprojektion des zeitlosen Göttlichen in Raum und Zeit)? «Ist sie ein sichtbarer Ausdruck des Absoluten selbst? Ist sie die äußere Manifestation – in einer selbst auferlegten Verschleierung – des Inneren Ātmans der Welt – uns offenbart – verkleidet in menschlicher Gestalt, um uns zu sich zu ziehen, fort von dem Getriebe der zersplitterten irdischen Existenz?» Diese Frage wird offengelassen.

Als nächstes wird untersucht, ob Mā das ist, was in der buddhistischen Konzeption Bodhisattva genannt und von den Anhängern Vishnus in gleicher Weise gesehen wird: ein Erleuchteter, der an der Schwelle des Nirvāna aus Liebe zu den Menschen umkehrt, weil er, ehe er in die Seligkeit des ewigen Friedens eingeht, für die Erlösung der Welt wirken will. Gegen diese Interpretation spreche die völlige Absichtslosigkeit im Handeln von Mā. Man habe nicht den Eindruck, daß sie im strikten Sinne eine derartige Mission erfülle.

Jede dieser Interpretationen hat unter Mās Anhängern eifrige Verfechter, ohne daß die Vertreter der verschiedenen Deutungsweisen miteinander in Streit gerieten. G.K. schließt diese Untersuchung mit der Feststellung, daß Mā selbst nur beanspruche, «sie selbst zu sein ... In gewissem Sinne *ist* sie vielleicht die Wahrheit, die von den Lehrern der verschiedensten Auffassungen verkündet wird.»

Als nächstes wendet er sich einer Frage zu, die den westlichen Betracher auf ein sehr fremdes Feld führt. Er fragt nämlich: Hat Mā einen Körper in unserem Sinne? Da die jeweilige körperliche Existenz des Menschen nach Auffassung der Hindus allein der in früheren Leben verursachten Anhäufung von Karma zuzuschreiben ist, Mā aber immer wieder betont, ihr Dasein sei unabhängig von jedem Karma, drängt sich dem denkenen Hindu der Schluß auf: Also kann Mā auch keinen Körper im gewöhnlichen Sinne haben. Das, was wir Körper nennen, gehört in den Bereich der Māyā, die das eigentliche Eine Sein der Höchsten Wirklichkeit hinter einem Schleier von phänomenaler Vielfalt verbirgt. Es bereitet dem Hindu also keine Schwierigkeit, Mās Körper zu sehen und zu berühren und doch festzustellen: Es ist kein gewöhnlicher Körper. (Gewöhnlich erscheint er nur den unerleuchteten Augen, die sich von der Māyā täuschen lassen.)

Dies klinge nach Doketismus, sagt der Autor der Untersuchung, aber es gebe viele Hinweise, daß auch andere Erleuchtete – etwa Buddha und Christus – in einem nichtgewöhnlichen menschlichen Körper erschienen seien. Freilich habe es einer besonderen Hellsichtigkeit bedurft, um das zu erkennen: In der Esoterik spielt diese «Nichtkörperlichkeit des Körpers» eine wesentliche Rolle, und ich habe keinen Anlaß, eine Sache, für die unsere üblichen Denkkategorien nicht ausreichen, a priori als Unsinn abzutun. Ich selbst kann nur sagen – was freilich nicht den Kern trifft –, daß auch ein keineswegs hellsichtiges Auge zuweilen den Eindruck hat: Mā hat einen «anderen» Körper! Ihr physisches Sein muß eine äußerst gesteigerte Durchlässigkeit für Geistiges haben. Trotz einer gewissen körperlichen (alters- und durch die Lebensweise bedingten) Fülle wirkt sie in manchen Augenblicken so zart und durchsichtig, daß man sich fragt (aller Skepsis zum Trotz), ob sie womöglich im Begriff sei, sich physisch zu «verflüchtigen».

Ich möchte hier noch einige Feststellungen anschließen, die der Leiter eines Colleges in Benares über Mā getroffen hat. Auch er placiert sie nicht in einem philosophischen Schema, nachdem er sich lange Gedanken darüber gemacht hat. So vielseitig (und vielleicht ein wenig ausgeklügelt) all diese Schemata sein mögen – offensichtlich sind sie doch zu eng für das lebendige Numinose, das den gelehrten Männern in Mā entgegentritt.

«... Mā besitzt eine ungewöhnliche Gabe, sich der Menschen zu erinnern, die sie getroffen hat, und selbst jene zu kennen, die sie noch treffen wird. Vergangenheit und Zukunft sind in ihrem Bewußtsein verschmolzen und eines geworden in der Gegenwart. Es handelt sich hier nicht um Gedächtnis, sondern um etwas, was wir ‹Wissen aus dem Sein› nennen könnten, ein Prozeß, welcher die Folge eines nichtdualistischen Bewußtseinszustandes ist ... Mā hat wiederholt versichert, daß sie nicht ihren Intellekt benütze. Ich vermute, das bedeutet, daß ihr Intellekt nicht seinen eigenen unabhängigen Bestrebungen nachgeht, sondern ein Brennpunkt für das Universelle Leben (andere Bezeichnung für Höchste Wirklichkeit) ist, das durch sie wirkt, ohne auf Widerstand zu stoßen. Für jemanden, der keine Erfahrung in der supramentalen Sphäre hat, ist die Vorstellung, man müsse den Intellekt zum Schweigen bringen, um Bewußtsein eines höheren Grades zu erreichen, gänzlich uneinsehbar ... Dennoch erkennt man in Mā, daß der Intellekt der Mörder des Wirklichen ist, und wenn der Mörder ermordet ist, wird das Wirkliche, das Ewige, geboren.»

Die einzige, für die die Frage nach dem Wesen des Phänomens Mā niemals auftaucht, ist Mā selbst. Sie hat auch nur sehr selten das Kheyal, etwas über sich selbst zu sagen, höchstens wenn sie gefragt wird, aber auch dann keineswegs immer.

Wie sollte es für das Selbst, das in sich selbst ruht, einen Aspekt geben, von dem aus es sich selbst über sich selbst befragen müßte!

Puri gilt als eine der heiligsten Städte Indiens. Der Tempel, zu dem alljährlich viele Tausende von Pilgern strömen, soll 800 Jahre alt sein. Vorher sei hier ein religiöses Zentrum der Buddhisten gewesen. Der jetzige Tempel ist ein Heiligtum des Gottes Jagannātha. Unter diesem Namen wird Shrī Krishna hier verehrt, der eine Inkarnation des höchsten Weltenherrn Vishnu ist. Insofern ist also Puri ein Zentrum der Vaishnavas, es wird aber von Pilgern aller Glaubensrichtungen des Hinduismus besucht. Zu den Besonderheiten des Tempels, der nur von Hindus betreten werden darf, gehört es, daß hier Angehörige aller Kasten und Hindu-Sekten gemeinsam das heilige Prasād-Mahl einnehmen.

Das Tempelgebäude wird von einer hohen Doppel-Mauer eingefriedet, die nach den vier Himmelsrichtungen jeweils von einem großen Tor durchbrochen ist. Am Löwentor, dem Hauptportal, werde ich von mehreren Männern angesprochen, die mir versichern, man sei darum bemüht zu erwirken, daß auch Nicht-Hindus das heilige Gelände betreten dürften.

Gegenüber von diesem Portal ist eine Bibliothek, die von Mönchen verwaltet wird. Vom Dach dieses Hauses aus hat man einen gewissen Einblick in den Heiligen Bezirk, in dem mehr als hundert den verschiedenen Gottheiten geweihte Schreine aufgestellt sind. Das eigentliche Heiligtum des Gottes Jagannātha befindet sich in der Basis des 59 Meter hohen Turmes, der die Form eines sich nach oben hin allmählich leicht verjüngenden Zylinders hat. Er ist gekrönt von dem flammenden Rad und einem großen roten Wimpel, beides Symbole des Gottes Vishnu. Ein breiterer Bau, der etwa einer stumpf endenden Pyramide entspricht und dessen Mauern terrassenförmig gestuft sind, dient, soviel ich verstanden habe, als Opferhalle. Außerdem gibt es noch mehrere kleinere, turmartige Bauten.

Der Mönch, der mich auf das Dach der Bibliothek begleitet – nicht ohne sich vorher mit einem langen Stock zu bewaffnen, um die Affen in die Flucht zu schlagen –, erzählt mir, daß der westdeutsche Bundespräsident, der der Bibliothek ein ausgezeichnetes Mikroskop schenkte, im Jahre 1960 zwei Tage auf diesem Dach gesessen habe, um zu meditieren und zu zeichnen. «In dieser Nacht», sagt der Mönch, «habe ich die Sterne am Himmel Indiens so hell leuchten sehen wie noch nie.»

Für mich sind die Tage hier ein tiefes Atemholen. Gewöhnlich kommt Mā erst kurz ehe die Sonne untergeht aus dem Haus und setzt sich mit dem Blick zum Meer auf einen Zementsockel, der für ihr Darshan errichtet wurde. Meistens sind nur ein gutes Dutzend Menschen da, und es wird kaum je gesprochen. Mā selbst ist sehr still hier. Nicht in sich gekehrt und verschlossen, sondern weit offen, lauschend und schauend, in einer Zwiesprache des Schweigens mit den kosmischen Kräften.

Gestern wurde es Nacht, ehe sie ins Haus zurückging. Drei Stunden lang hatte sie an ihrem Platz gesessen, in eine fast unheimliche Entpersönlichung gerückt. Es war deutlich, daß sie die Leute, die zum Pranām vor ihr niederknieten, nicht einmal wahrnahm. Ami flüsterte mir zu: «Wir sind nur ein trübes Flackern am vorderen Rand ihres Blickfeldes, das bis in die Tiefe des Universums reicht.» Solange der Abendhimmel noch leuchtete, sah man den Widerschein dieser Tiefe in Mās Augen und auf ihrem Gesicht.

Es fiel mir ein, daß ich, als ich sie vor zwei Jahren zum erstenmal sah, an einen mächtigen Baum denken mußte. Etwas von dieser Baum-Natur war jetzt wieder deutlich an ihr zu spüren. Mit allen Blättern hält der Baum sich dem Wind hin, dem Rauschen der Brandung, dem Regen, dem Sternenlicht. Ihre vielstimmige Botschaft wird nicht gefiltert und mißdeutet vom Gehirn. Sie dringt in sein Mark ein, bis in die feinsten Verästelungen seiner Wurzel, und wird zu seiner Substanz.

Dieselbe Offenheit für das Kosmische hatte Mā gestern abend. Sie ist wohl überhaupt ein Wesenszug ihres Seins. Wie sollte es anders sein? Für den, der das Aham Brahmāsmi verwirklicht hat, sind das Meer, die Sonne, der Abendstern, der Wind Wesenheiten, mit denen er in einer universellen Sprache des Vertrauens redet. Vielleicht greift selbst dieses Bild nicht weit genug. Vielleicht würde Mā sagen, daß sie nicht *Zwie*-sprache hielt mit dem Meer. Zwiesprache ist ein Begriff aus unserem Dualitätsdenken.

Heute abend unterhielt Mā sich zeitweise mit den Leuten, die aus einer benachbarten Stadt gekommen waren. Dann schwieg sie wieder lange, aber man hatte das Gefühl, daß wir alle einbezogen waren in ihr Selbst-Gespräch mit dem Meer und dem Himmel.

Als Mā ins Haus gegangen war, sagte Ami in ihrer Hindu-Terminologie: «Wie gut, daß Gott nicht allein Wasser ist (das heißt: ohne Form), sondern sich auch als Eis offenbart (das heißt: mit Form), zum Beispiel in Mā. Wäre er nur Wasser, ich würde ihn fürchten. Wer könnte seine Stimme ertragen?» Sie unterbrach sich und lauschte zum Meer hinunter, das seit dem Mittag weiß von Schaumkronen war und brüllend gegen das Ufer raste. «Aber durch Mā redet er so zu uns, daß wir ihn verstehen und lieben können.»

Mit dieser Bemerkung hatte Ami meine eigenen Überlegungen aufgegriffen. Wer nichts als eine Verkörperung kosmischer Potenzen in einem Phänomenen wie Mā sieht, sieht nur die Hälfte. Mein Gastgeber in Kalkutta sagte: «Durch Mā spricht derselbe göttliche Geist, der sich in Christus, Buddha, Mohammed und Shrī Krishna sowie in vielen Erleuchteten offenbart, deren Namen wir nicht wissen.» Diese Aussage bezieht sich – wenn man so will auf den anderen Aspekt des Phänomens Mā: auf den akosmischen.

Freilich wird hier gerade der kosmische besonders deutlich. Heute morgen gab es wieder einen Hinweis darauf, wie konkret und lebensvoll Mā sich im Austausch mit Kosmischem weiß. Wir machten einen Spaziergang am Meer entlang. Dabei beobachtete ich mehrmals, wie die Mädchen und einige der Mönche sich bückten, eine Handvoll Sand aus Mās Fußspur nahmen und über ihre Schultern hinter sich warfen. Mā blieb nach einiger Zeit auf dem feuchten Sandstreifen stehen, den die Ausläufer der Wellen regelmäßig überspülen. Sie blickte lange mit ruhiger Aufmerksamkeit über das Meer. Plötzlich entspannte sich ihr Gesicht in einem aufleuchtenden Lächeln, gleichzeitig sagte sie: «Der Ozean gibt diesem Körper Darshan»; und als etwas später eine Welle ihre Füße überspülte: «Mit dieser Berührung grüßt er das kleine Kind.» Das alles klingt weder feierlich noch verspielt oder theatralisch: Es hat eine heitere Selbstverständlichkeit.

Auch nach Einbruch der Nacht sitze ich manchmal noch lange am Meer. In weiten Abständen brennen die kleinen Feuer, an denen Fischer sich ihr Mahl bereiten. Manchmal taucht plötzlich einer von ihnen lautlos aus dem Dunkel auf, betrachtet mich und verschwindet wieder genauso lautlos. Obwohl das Donnern der Küstenbrandung nicht einen Atemzug lang aussetzt, ist Stille um mich. Vielleicht, weil Stille in mir ist. Ich lebe hier gleichsam gehirnlos, nur schauend und horchend, mit Antennen, die mehr aufnehmen als jene Einflüsse, die wir mit Namen benennen können.

Beim Umherstreifen in Puri kam ich heute an einen winzigen Tempel, fast nur ein Schrein, nicht aus der Flucht der niedrigen, armseligen Häuser hervortretend – es gibt unzählige solcher Tempel in allen indischen Städten. Ich sah eine Frau, mit einem Kind auf dem Arm, den Raum betreten. Zwei Buben – beide wohl noch nicht zehn Jahre alt – liefen neben ihr her. Drinnen setzten sie sich mit der Mutter vor ein plumpes, grellbuntes Wandgemälde, die Göttin Kālī darstellend: eine Girlande aus dreizehn Totenschädeln verdeckt fast ganz ihren schwarzen Leib. Ihr Gürtel ist mit abgeschlagenen Händen «geschmückt». In einer Hand schwingt die Schreckliche ein bluttriefendes Hackbeil, in der anderen ein abgeschlagenes Menschenhaupt, aus dem es rot auf den Boden rinnt. Aus der Blutpfütze trinkt ein Hündchen. Die Göttin tanzt auf dem leichenfarbenen Leib ihres Gatten Shiva. Sie trägt eine strahlende Krone. Ihre goldene Zunge hängt weit aus dem Mund heraus, das Stirnauge funkelt. Hinter ihrem Haupt lodert eine leuchtende Gloriole. Finstere Wolken weichen zurück vor der Strahlenden, Schrecklichen, deren Antlitz weder Grausamkeit ausdrückt noch Erbarmen, nur Macht.

Die Kinder betrachten das Bild, wie unsere Kinder gruselige Märchenillustrationen betrachten: mit sachlichem Interesse, vielleicht mit einer kleinen Beimischung von ehrfürchtiger Scheu, keineswegs mit Entsetzen oder Furcht. Vermutlich kennen sie es schon lange. Im Gesicht der Frau läßt sich kaum lesen. Ihre Augen sind auf das Bild gerichtet, scheinen es aber nicht zu sehen. Erst als sie sich wieder erhebt, entdecke ich ein kleines, dankbares Lächeln. Bei anderer Gelegenheit habe ich Betende vor ähnlichen Bildern sitzen sehen, deren Gesichtsausdruck mich an Frauen aus Neapel erinnerte, die vor einer Statue der heiligen Maria beteten, voll kindlichen Vertrauens, Liebe und Dankbarkeit.

Dem Hindu – auch dem geistig anspruchsvollen – scheint das *tremendum* des Göttlichen ebenso gegenwärtig zu sein wie sein *fascinans*. Beides wird schon den Kindern in die Seele gepflanzt und gibt ihrem Glauben eine Tragfähigkeit, die sie vor dem Schicksal vieler westlicher Gläubigen bewahrt: vor dem totalen Zusammenbruch des Glaubens, wenn sich der «liebe Gott» als eine rührende, aber ganz unwirkliche Legendengestalt entpuppt.

Kürzlich übersetzte mir jemand ein Gebet an Kālī: «O Mutter, in der sich unendliches Erbarmen verkörpert, ich bin lange in die Irre gegangen, weil dein Angesicht mir vom Staub meiner mühsamen Wege verhüllt war, so daß ich es nicht erkennen konnte. Laß mich heimkehren zu deinen heiligen Füßen und Frieden finden in deiner unsterblichen Liebe.»

Mag sein, daß der Gottesschreck durch solche euphemistischen Preisgesänge gebannt werden soll. Aber für den, der dieses Gebet vor einem so grauenerregenden Bildnis der Gottheit spricht, muß das Göttliche zugleich in seiner Zornes- und in seiner Gnadengestalt erfahrbar sein. In solcher Zusammenschau scheint mir eine besondere Kraft des indischen religiösen Fühlens und Denkens zu liegen. Wie oft höre ich in den Liedern und Vorträgen den Sanskritbegriff *mātāpita*, Gott als «Muttervater», eben nicht als Mutter und Vater, sondern als das Eine, die komplexe Numinosität *mātāpita*. Etwas von dieser Komplexität ist auch in Kālī, die das Leben aus ihrem Schoß hervorbringt, es mit unerschöpflicher Mütterlichkeit nährt, um das Gestaltgewordene wieder in sich zurückzuschlingen.

Ein Mann, der mir dadurch in Erinnerung geblieben ist, daß er mir bei einem früheren Treffen von seinen Europareisen erzählt hat, berichtet mir jetzt, gemeinsam mit seiner Frau, folgendes: «Eines Tages sagte Mā, als wir sie besuchten, zu meinem Sohn: ‹Was ist mit deinem linken Auge los? Nimm dich in acht, es ist krank.› Zwei Tage später wurde der Junge bei einer Sportveranstaltung so an diesem Auge verletzt, daß die Linse brach.»

Oder: «Mā war vor einiger Zeit bei uns zu Gast. Sie teilte aus einem Korb Prasād-Früchte aus. Die beiden Frauen (Angehörige der Familie), die ihr dabei geholfen hatten, hatten keine Frucht bekommen. Zum Schluß lag nur noch eine Frucht in dem Korb. Beide Frauen sahen es und dachten: ‹Wem von uns wird Mā sie geben?› Mā griff in den Korb und gab jeder der Frauen eine Frucht.» Dazu der Kommentar des Erzählers: «Eigentlich sind diese Vorfälle unwichtig für uns. Etwas Ähnliches machen viele Leute in Indien. Wir kommen aus anderen Gründen zu Mā.»

Kürzlich beklagte sich ein im Grunde wohlwollender Bengale, der auch im Ausland herumgekommen zu sein scheint, über die «spirituelle Uninteressiertheit» der westlichen Ausländer in Kalkutta. Er arbeitet in einer britischen Firma. Viele seiner Kollegen seien seit vielen Jahren in Indien und hätten nicht ein einziges Mal daran gedacht, sich auch nur am Rande um das religiöse Leben des Landes zu kümmern. «Sie wissen nichts von uns, aber trotzdem blicken sie mit einem arroganten, bestenfalls mit einem mitleidigen Lächeln auf unsere Religion herab.»

Ich habe längere Zeit mit dem Mann gesprochen und dabei festgestellt, daß er ein massives Vorurteil hinsichtlich der «völligen Unspiritualität des Westens» hat. Im Grunde leiden beide Seiten unter dem gleichen Übel: einem bemerkenswerten Mangel an sachlicher Kenntnis dessen, was bei den anderen vorhanden ist. Jede Art von Verallgemeinerung ist gefährlich.

Trotzdem gibt es in großräumig angelegten Prozessen gewisse Grundzüge, die erkennbar werden. Vielleicht darf man folgendes feststellen: Das dem Menschen eingewurzelte Streben nach Vollkommenheit hat im Abend- und im Morgenland entgegengesetzte Richtungen eingeschlagen und hat in beiden Imponierendes erreicht.

Der westliche Mensch hat den Auftrag, «sich die Welt untertan zu machen», dank der Entwicklung seiner technischen und organisatorischen Begabung so weitgehend erfüllt, daß er sogar in den Kosmos vorgestoßen ist.

Der östliche Mensch hat seinen Erkenntnisdrang lange fast ganz auf die Erforschung des innerseelischen Kosmos gerichtet, hat raffinierte Techniken für seine vielfältigen spirituellen Bestrebungen ausgebildet und in jeder Generation religiöse Genies hervorgebracht, in denen sich die Gottheit – nach indischer Auffassung – leuchtend inkarnierte.

Beide Stoßkeile des Vollendungsstrebens sind auf schmaler Basis steil in die Höhe getrieben. Der Westen hat die östliche Seite seiner Seele und der Osten die westliche verkümmern lassen. Was beide erreicht haben, mußte mit Einseitigkeit bezahlt werden. Der Osten neigt dazu, den Westen ob seiner barbarischen Veräußerlichung zu mißachten. Der Westen findet den Osten barbarisch in seiner Vernachlässigung des äußeren Lebens. An diesem Punkt sollten beide mit der Vorbereitung einer künftigen Synthese beginnen. Sie sollten lernen, sich als zwei gleich starke Äste am Stamm eines Baumes zu betrachten.

Mir scheint, daß es der westliche Mensch angesichts dieser Aufgabe schwerer hat, denn seine eigenen Fortschritte gegenüber dem Osten sind so viel augenfälliger und die Überlegenheit des Ostens ist so viel verhüllter. Aber das mag daran liegen, daß ich selbst ein westlicher Mensch bin. Dem östlichen Menschen, dem Fortschritte in der äußeren Welt ziemlich belanglos erscheinen, mag sich die westliche Überlegenheit als etwas zeigen, dem nur mit Mühe Gleichwertigkeit zuerkannt werden kann. Vorderhand ist nicht abzusehen, auf welche Weise westliches und östliches Vollkommenheitsstreben eine universelle Überhöhung in der Durchdringung und Verschmelzung beider Tendenzen finden könnten. Ein solches Ziel wirkt utopisch, und doch deutet es in die Richtung der allgemeinen Entwicklung zur Integration, die sich auf fast allen Lebensgebieten zeigt.

Vorläufig kann nur der einzelne in sich die westöstliche Einung anstreben. Daß es nicht einfach ist, erfahre ich an mir selbst. Merkwürdigerweise muß ich nicht nur antiöstliche Vorurteile überwinden, sondern auch antiwestliche. Aber eben auf die Überwindung dieses «anti» kommt es an. Wir sollten unsere Aufmerksamkeit nicht so sehr auf das Versagen beider Seiten, sondern auf die Leistungen des westlichen und östlichen Vollkommenheitsstrebens richten, in der sachlichen Würdigung und in der Bewunderung ihre künftige Ganzheit antizipieren. In der Er-Gänzung der östlichen durch die westlichen und der westlichen durch die östliche Halbheit liegt vielleicht unsere gemeinsame Chance.

Ich bin voller Bewunderung für Didima, Mās neunzigjährige Mutter. Mit welcher Würde und Weisheit spielt sie die Rolle, die ihr in der großen Gemeinde der Anhänger zukommt. Das ist um so erstaunlicher, wenn man berücksichtigt, daß sie in einem bengalischen Dorf aufgewachsen ist, in der Unscheinbarkeit eines Lebens, dessen Horizont dazu bestimmt schien, von dörflichen Alltäglichkeiten begrenzt zu sein. Inzwischen ist sie im Bereich der Spiritualität gewissermaßen in die Rolle einer Königin-Mutter aufgestiegen. Sie genießt die Verehrung von vielen Menschen aus allen Schichten des Volkes. Ich weiß nicht, wie viele in ihr ihren Guru erblicken, von dem sie Diksha bekommen haben, aber auch diese Zahl muß hoch sein. Didima ist vor Jahren in den höchsten mönchischen Rang eines Sannyāsin erhoben worden, und ich habe eine Reihe von Leuten gesprochen, die auch sie als eine Heilige betrachten.

Das alles hat nichts an ihrer menschlichen Schlichtheit und Bescheidenheit geändert. Sie hat es offenbar längst gelernt, sich mit Würde und einer ganz echten Sicherheit unter den Prominenten jeder Art zu bewegen, die Mā besuchen, aber sie hält sich dabei immer im Hintergrund. Ihre Anwesenheit ist unauffällig, und doch würde etwas fehlen, wenn sie nicht da wäre. Dadurch, daß Didima hier ist, bleibt Mā in gewissem Sinne immer mit einem Teil ihres Seins in die vertraute Sphäre des Allgemeinmenschlichen, jedem von uns Familiären, einbezogen. Ihre Entrückung aus diesem Bereich kann nie so vollkommen sein, daß man fürchten müßte, sie würde uns entgleiten. Sie ist nicht wie ein Meteor von einem anderen Gestirn auf die Erde gefallen, sondern von dieser liebenswürdigen, klugen, bescheidenen Frau geboren worden, die so gern lacht und von der es heißt, sie sei eine unermüdliche Versöhnerin von Spannungen.

Heute strahlt Didima: Ihr Sohn aus Benares ist zu Besuch da. Mit ihren neunzig Jahren ist sie doch immer noch seine Mutter und er ihr Kind. Ich würde nur zu gern einen Blick in ihre Seele tun, um herauszufinden, wie sich die Gefühle der Mutter, denn auch Mā bleibt schließlich ihr Kind, mit der Haltung der anbetenden Verehrung für ein Wesen, das von sich sagen kann: «Das Brahman bin ich», verbinden. Aber vermutlich wäre das nur für einen Menschen aus dem Westen schwierig. Unzählige Hindus verehren das göttliche Kind Gopāl als ihre «geliebte Gottheit» (*Ishta*). Man liest gelegentlich: «Ganz gleich, ob du in Gott deinen Vater, deine Mutter, deinen Freund, deinen Geliebten oder deinen Sohn erblickst...» Außerdem: Didimas unstörbares Gleichgewicht beweist es – die Synthese der Haltung gelingt mühelos.

Ich wage es mir kaum einzugestehen: In gewissem Sinne scheint der asiatische Gleichmut gegenüber menschlichem Elend mich bereits anzustecken. Ich erinnere mich an mein Entsetzen über das Elend in den Armenvierteln von Neapel und Lodsch oder an die Gewissensbisse, die mir jeder zerlumpte Arme in Westdeutschland einjagt. In Kalkutta sehe ich Tausende von Armen bei Tag und steige nachts über unzählige unbehauste Straßenschläfer hinweg. Entsetzen und Mitleid müßten mich schier umbringen, aber ich merke, daß ich mich beschämend schnell an den Anblick dieses Elends gewöhne.

Warum? Weil es hier nicht die skandalöse Ausnahme ist, über die man sich mit der ziemlich konkreten Hoffnung auf Beseitigung entsetzen kann? Elend ist hier beinahe die Regel. Es ist auf eine grauenhaft laulose Weise selbstverständlich. In Europa verkörpert heute faktisch jeder Arme eine soziale Anklage, auch wenn er selbst niemals Vorwürfe erhebt. Die Armen hier haben eine Aura von Ergebenheit in ihr Elend. Auch wenn sie es selber nicht so ausdrücken könnten oder würden, sie leben in dem Bewußtsein, daß Leiden eine Folge früherer Verfehlungen ist und getragen werden muß, wenn nicht neue Karma-Saat angehäuft werden soll.

Vielleicht haben sie recht? Dieser Gedanke ist wohl die entscheidende Ursache dafür, daß mich die asiatische Gleichgültigkeit, von der ich oben sprach, anzustecken droht.

Aber ich wehre mich gegen sie. Ich möchte, daß diese Leute Essen und Kleidung und Wohnung und Arbeit bekommen. Ob sie ihr Elend dadurch nur gegen subtilere Formen des Leidens eintauschen würden, mag dahingestellt bleiben. Wer subtilere Leiden zu bestehen hat, hat auch subtilere Möglichkeiten der Überwindung des Leidens und subtilere Freuden.

Im praktischen Zusammenleben der Menschen kann das Gebot recht verstandener Nächstenliebe gar nicht absolut genug gesetzt werden. Im religiösen Bereich sollte man es nicht so verabsolutieren, daß man jede Entscheidung für ein rein kontemplatives Leben als verkappten geistigen Egoismus verdächtigt. Hier liegt heute eine Gefahr westlicher Religiosität. Die Gefahr der östlichen Religiosität trägt das umgekehrte Vorzeichen. Der Blick, der in vollkommener Zielgerichtetheit auf Gott schaut, nimmt wohl häufig den Mitmenschen nicht wahr, jedenfalls nicht als eine Aufgabe, die Gott gestellt hat.

11. Januar 1964

Drei Tage lang ist Mā zu Gast bei einem ihrer Freunde in einem vornehmen Stadtviertel von Kalkutta. Die Familie bewohnt eine Etagenwohnung, über der sie, auf dem Dach des Hauses, ein elegantes, blau-weißes Zelt hat errichten lassen. Am Mittag nach unserer Ankunft gibt Mā dort Darshan. Während der Begrüßung sprühte sie vor Witz und Lebendigkeit. Jetzt sammelt sie sich zu einer Stille, die eine starke Ausstrahlungsintensität hat; und sie bleibt für Stunden in der Entrückung, ohne daß die «Frequenz» ihrer Ausstrahlung schwächer wird. Zwei- oder dreimal kommt ihr Bewußtsein sekundenlang zurück. Ihr Blick wandert über uns hinweg. Als er das Gesicht eines jungen Mannes trifft, der schräg vor mir sitzt, reißt er die Hände vor seine Augen. Ich habe den Impuls, das gleiche zu tun, schon mehrmals unterdrücken müssen und glaube also zu wissen, was in diesem Moment mit ihm geschehen ist: Man steht vor einem Feuer und spürt plötzlich, wie die Flamme einem in die Augen fährt. Das heißt: Die Augen sind zwar so beschaffen, daß man das Feuer – wenn auch nur blinzelnd – als Bild in sich aufnehmen kann, aber sie sind als Organ nicht dazu geeignet, das Feuer selbst in sich aufzunehmen. Der Reflex der erhobenen Hände drückt aus, daß man fürchtet, verbrannt zu werden.

Etwas Vergleichbares ereignet sich in solchen Augenblicken meist auch mit dem Atem. Während man ihn im allgemeinen einsaugt – was mir manchmal sogar Mühe bereitet –, stößt er in solchen Momenten durch mich hindurch bis in die Fußsohlen. Man hat dann ein Gefühl, als ob die «psychophysische Lebensader» plötzlich gereinigt sei und man ein Jahr lang nicht zu schlafen brauche, ohne müde zu werden.

Im Zelt ist es wunderbar still. Vielleicht hat es sich noch nicht herumgesprochen, daß Mā hier ist. Nur ein Drittel der Plätze ist besetzt, und niemand stört Mā aus ihrer Kontemplation auf.

Manchmal hört man von ferne über die Dächer hin starke Detonationen und etwas, das wie Gewehrfeuer klingt. Vielleicht sind Übungsplätze des Militärs in der Umgebung. Die Stille, die von Mā ausgeht, ist nicht Geräuschlosigkeit. Sie hat eine Qualität, die selbst durch diese Art Lärm – mir aus dem Krieg in schrecklicher Erinnerung – nicht beeinträchtigt wird.

Als wir später in die Wohnung herunterkommen, erfahren wir, daß in mehreren Teilen der Stadt ein blutiger Bürgerkrieg entbrannt ist. Aus einer Moschee in Srinagar in Kaschmir sei ein Haar des Propheten Mohammed gestohlen worden. Der Diebstahl der Reliquie habe, obwohl der Täter unbekannt sei, zu schweren Ausschreitungen gegen Hindus in Ostpakistan geführt. Angeblich seien über tausend Menschen umgebracht worden. Die Regierung habe den Ausnahmezustand über Kalkutta verhängen und die Kontrolle der Stadt dem Militär übergeben müssen, weil Hindus und Muselmanen an mehreren Stellen in Straßenschlachten aufeinander losschlügen.

Ein älterer Mann, mit dem ich mich vor Wochen über die Toleranz der Inder unterhalten hatte, wobei ich fand, daß er ihrer ein wenig zu sicher war, kommt mit bekümmerter Miene auf mich zu: «Nun werden Sie sagen, das ist also eure indische

Toleranz! Nicht wahr?» Ich antworte mit einer vagen Handbewegung. Der Mann setzt sich zu mir auf die Couch. Er erklärt
mir, daß die Vorfälle zwar bedauernswert und beschämend
seien, aber mit dem Toleranzproblem kaum etwas zu tun hätten. Die Ursachen lägen in der politischen Spannung zwischen
Pakistan und Indien und in der himmelschreienden Not Hun-
derttausender Hindu-Flüchtlinge, die ihre ostpakistanische
Heimat in den letzten Jahren fluchtartig hätten verlassen müssen. Viele von ihnen seien immer noch nicht sozial integriert.
«Sie gehören fast alle zu den unteren Bevölkerungsschichten,
und manche sind einfältig genug zu glauben, etwas in der Welt
würde besser, wenn sie auf einen armen Muselmanen einschlagen. Und die Muselmanen werden von Pakistan aufgehetzt.»

Am nächsten Morgen – es ist Sonntag – kommen die Besucher mit großen Verspätungen. Die öffentlichen Verkehrsmit-
tel scheinen zum größten Teil stillgelegt zu sein. Die Familie
unserer Gastgeber beginnt den Tag, indem sie Ārati feiert. Mā
sitzt auf einem Sessel in ihrem Zimmer. Die Hausfrau hat ihr
einen lilaseidenen Sari angezogen und eine Girlande aus großen, weißen Blumen umgelegt, die bis auf den Boden herab-
reicht. Als die Zeremonie zu Ende ist, rührt Mā sich lange Zeit
nicht. Sie hält den Kopf ein wenig zur Seite geneigt, ihre gefalteten Hände sind erhoben. Ich kann mich nicht erinnern, sie
jemals so leuchtend gesehen zu haben.

Professor Chakrawarti, der am Nachmittag einen Vortrag
halten sollte, kann wegen der politischen Unruhe nicht kommen. Statt dessen wird stundenlang Kīrtan gesungen. Ich wundere mich wieder, daß es so viele schöne und geschulte Stimmen gibt. Eine Frau, die ganz ohne Sentimentalität, aber mit
besonderer Innigkeit gesungen hat, frage ich nach dem Text
ihres Liedes. Sie sagt: «Einen Liedtext im westlichen Sinne
hatte ich nicht. Was ich in immer neuen Variationen gesungen
habe, hieß: ‹Ich dachte, ich hätte alles verloren, aber ich habe
alles gefunden, in dir, Mutter.›»

Während wir den Sängern lauschen, trägt der Wind fast ständig das Knattern der Gewehrsalven über die Dächer. Wenn ich
mich umblicke, habe ich den Eindruck, daß niemand sich davon gestört fühlt. Später bringe ich meine Verwunderung dar-

über in einem Gespräch mit einer Frau zum Ausdruck. Sie antwortet: «Was meinen Sie, das wir tun sollten? Sollen wir weinen und wehklagen? Davon würde alles nur noch schlimmer. Mā hat einmal in einem ähnlichen Zusammenhang gesagt, daß es kein Übel gibt, dem wir untätig zusehen müßten. ‹Reinigt euch selbst, und kämpft gegen das Übel in euch, dann kämpft ihr gegen das Übel in der Welt.› Und genau das tun wir, wenn wir uns hier um Mā versammeln.»

Obwohl es so aussieht, als ob Mā das Blutvergießen in der Stadt überhaupt nicht zur Kenntnis nimmt, frage ich mich: Besteht womöglich ein geheimnisvoller Zusammenhang zwischen diesen Ereignissen und der gerade jetzt aufs höchste gesteigerten geistigen Intensität, die von ihr ausstrahlt?

Die Stadt macht einen deprimierenden Eindruck. Ganze Viertel wirken wie ausgestorben, weil niemand die Straße betreten darf. Vor allem in der Umgebung der Colleges patrouillieren Militärstreifen, was darauf hinweist, daß die Studenten als unruhiges Element betrachtet werden.

In einer der großen Ausfahrtsstraßen muß es während der Nacht übel zugegangen sein. Der Bürgersteig ist übersät von den Trümmern der armseligen Basarstände, Ladeneinrichtungen und Fensterscheiben. Ausgebrannte Autos und tote Kühe, an denen die Geier ihr Werk begonnen haben, machen das Bild erst recht trostlos. Eine kleine Moschee scheint der Brandstiftung nicht entgangen zu sein.

Seit vier Monaten bin ich jetzt mit Mā unterwegs, in ständigem Kontakt mit ihr, und allmählich glaube ich, eine Vorstellung vom Wesen ihres Wirkens gewonnen zu haben, wenn auch noch keine umfassende. Als ich hier in Kalkutta meinen klugen, mit Mā seit vielen Jahrzehnten eng verbundenen Gastgeber fragte, was er als Mās religiöse Lehre bezeichnen würde, antwortete er:

«Mā hat keine eigene Lehre. Aber durch ihr Sein lehrt sie uns zweierlei: die vollkommene liebevolle Unterwerfung unter den Willen Gottes und daß wir in jedem anderen Wesen das nämliche Selbst erkennen und lieben sollen, dessen Essenz Er ist und das auch in uns wirkt. Was aber die unterschiedlichen Religionen betrifft, so will sie jedem Gläubigen auf seinem eigenen

Weg weiterhelfen, indem sie mit den Hindus ein Hindu, mit den Christen ein Christ, mit den Moslems ein Moslem, den Parsen ein Parse, den Buddhisten ein Buddhist ist.»

Diese Haltung wäre undenkbar ohne die Verwirklichung des Aham Brahmāsmi. Nur weil Mā (gemäß der Lehre des Advaita-Vedānta) existentiell weiß, daß es nichts gibt als das Eine Brahman – das transzendent und immanent, kosmisch und akosmisch ist –, kann sie sagen: Indem ich das Brahman bin, bin ich ein Hindu, Christ, Moslem, Buddhist... Dieselbe Haltung erlaubt ihr, in der leprazerfressenen menschlichen Ruine, die am Wegrand bettelt, Gott zu erkennen, und sie erlaubte ihr in der Zeit, in der sie noch selbst gebetet hat, Gott mit ehrfürchtiger Gebärde – Pranām – in einer Kröte oder einem Hund zu verehren.

Aus der gleichen Konzeption (dieses Wort soll im Sinne der «Hinnahme» dessen verstanden werden, was sich ihr als Wahrheit offenbart hat), also aus der gleichen Konzeption kann sie den Primitiven, der aus dem Dschungel zu ihr kommt, auf seinem Weg zur Erleuchtung fördern, wie sie den auf dem geistigen Pfad Fortgeschrittenen fördert.

Mich hat Mā wiederholt ermahnt, ich möge nicht vergessen, Christus zu meditieren. Anderen Europäern, von denen sie gefragt wurde, was sie meditieren sollten, gab sie folgende Antwort:

«Alles, was ihr wahrnehmt, könnt ihr nur sehen, weil es Licht gibt. Aber es gibt nur ein Licht. Was auch immer irgendein Wesen in der Welt – sei es ein Tier oder ein Mensch – sieht, sieht es dank des einen selben Lichtes. Das äußere Licht hat seinen Ursprung im inneren Licht, sogar ein Blinder sieht dieses innere Licht. Es ist das Licht des Selbst, das überall und in allen gegenwärtig ist. Ob du nun Christus, Krishna, Kālī oder Allah anbetest, du betest im Grunde das Eine Licht an, das auch in dir ist, weil es alles durchdringt. Alles, was ist, ist in seiner Essenz Licht.»

Shrī Gopīnath Kaviraj sagt: «Mā ermutigt jeden, auf seinem ihm durch die Herkunft vorgegebenen Pfad voranzuschreiten. Die einzelnen Pfade mögen entgegengesetzte Richtungen einschlagen. Das nimmt ihnen nicht ihren besonderen Wert als

Erkenntniswege. Wenn der einzelne Pfad folgerichtig bis zu seinem Ende beschritten wird, so führt er nicht in die Irre, obwohl er den Pilger nur zu einer Teilwahrheit und nicht zur ganzen Wahrheit gelangen lassen mag. Aber wenn der Pilger ein ehrliches Verlangen nach der Höchsten Wirklichkeit in sich trägt, wird sie selbst dafür sorgen, daß die Teilwahrheit zu einem Schritt auf dem Weg zur ganzen Wahrheit wird.»

Einmal sagte Mā zu mir: «Auch wenn du noch nicht auf der Erkenntnisebene bist, auf der du nichts mehr als Brahman siehst, übe dich, in allem und allen nur das Gute zu sehen.» Ich machte keinen Hehl daraus, daß ich das schwierig fände, etwa da, wo wehrlose Menschen gemordet werden, und ich wies Mā auf mehrere Beispiele hin (unter anderem auf die Konzentrationslager). Sie sah mich so an, daß ich erkennen konnte: Sie hat mich verstanden. Trotzdem erwiderte sie nach längerem Schweigen: «Du kannst jetzt nicht begreifen, daß Gott in allem ist, auch darin, und daß der trotzdem nicht lügt, der sagt: Er ist die Liebe.»

Später sagte eine ältere Frau zu mir: «Wären wir erleuchtet, wie Mā es ist, wir würden das mühelos einsehen. Alle Heiligen in der Welt danken Gott für ihre Krankheiten, Entbehrungen und Schmerzen. Wie viele – auch Mā selbst – haben bekannt, daß ihnen – was wir Schmerzen nennen – als Freude willkommen ist. Man muß das ganz wörtlich nehmen.»

«Gut, ich könnte versuchen, das in bezug auf meine eigenen Schmerzen gelten zu lassen, aber die Schmerzen der anderen?»

«Du weißt doch, wir glauben an das Gesetz des Karma. Leiden befreit uns von dem, was ihr Sünde nennt. Außerdem – wenn du wissend wärst, würdest du erkennen, daß kein Unterschied ist zwischen deinem Leiden und dem der anderen. Aber wunderst du dich, daß du diese Dinge nicht verstehst? Genau in dieser Unwissenheit liegt doch die Ursache dafür, daß wir nicht Mā sind, sondern nur wir. Mā sieht das Gute in allen, weil sie erleuchtet ist. Wir müssen versuchen, das Gute überall zu sehen, um unsere Erleuchtung vorzubereiten.»

Unter den praktischen Ratschlägen, die Mā jedem gibt, sind die wesentlichsten:

«Weihe jeden Tag – und zwar möglichst immer zur selben

Stunde – eine Zeitspanne dem Gebet oder der Meditation. Du mußt wissen, daß diese Zeit, solange du lebst, nicht mehr dir selbst, sondern Gott gehört, dem du sie für immer geschenkt hast. Fang an bei einer Viertelstunde, und steigere die Zeitdauer, so gut es dir möglich ist. Es gibt schlechterdings keine äußeren Lebensbedingungen, die dich daran hindern könnten, wenigstens den Namen Gottes zu denken. Auch wenn du keine Lust zum Beten hast, beginne damit, wie man mit dem Einnehmen einer Medizin beginnt. Wenn du konsequent bist, wirst du in ein regelrechtes Sādhana hineinwachsen.

«Suche, sooft sich Gelegenheit bietet, Satsang, das heißt die Gesellschaft weiser und erleuchteter Menschen. Laß dich von der Atmosphäre, die sie ausstrahlen, durchtränken. Geh denen sorgfältig aus dem Weg, die dich vom Ziel deines Pfades, Gott, ablenken könnten.»

«Trachte danach, daß der Name Gottes immer in dir lebendig ist. Du mußt dahin kommen, daß das Anrufen seines Namens – Japa – dir so natürlich wird wie das Atmen. Wenn du lange und ernsthaft genug Japa übst, wird dieses Gebet auch dann nicht in dir verstummen, wenn du über andere Dinge nachdenken oder reden mußt. Selbst im Schlaf wird es in dir weiterbeten. Du wirst das alles leichter lernen, wenn du unnötiges Reden vermeidest. Was wir sagen, sollte allein von Ihm zeugen, alles andere ist Nichtigkeit und bedeutet Leiden.»

«Auch wenn du mit der Hand arbeitest, lerne es so zu tun, als ob du eine Pūjā machst.» Karma-Yoga, also der Yoga des Dienens und der Arbeit, an dessen Erfolg der Yōgi nicht interessiert sein darf, wird von Mā immer wieder empfohlen. Aber sie sagt ausdrücklich:

«Zuerst trachte mit aller Energie danach, Gott zu realisieren. Das ist wichtiger als alles andere. Dann sieh zu, wie du den Menschen dienen kannst. Dienst am Menschen, der nicht als Gottes-Dienst getan wird, stiftet kein dauerndes Heil. Verrichte deine weltlichen Pflichten als solchen Gottes-Dienst. Du mußt sie also mit äußerster Sorgfalt erfüllen, und es muß dich ganz unberührt lassen, ob du dabei Lob oder Tadel erntest. Ein solches Sādhana des Dienens ist sehr mächtig als spirituelle Hilfe.»

Ein nicht geringer Teil von Mās «Seelsorgearbeit» besteht darin, daß sie die «Wanderer auf dem Pfad zur Erleuchtung», die müde geworden sind, ermutigt. Einer Frau, die sich darüber beklagte, daß sie auf ihrem spirituellen Weg nur in winzigen Schritten vorankäme und oft das Gefühl hätte zu stagnieren, sagte Mā:

«Prüfe dich, ob nicht immer von neuem auch weltliche Wünsche in dir erwachen. Wenn du dir weltliche Freuden wünschst, so wird Gott sie dir gewähren, aber du wirst dich nicht zufrieden fühlen. Das Reich Gottes ist ein Ganzes, und ehe du nicht in das Ganze eingelassen bist, wirst du nicht glücklich sein. Du bist ein Kind des Unsterblichen, und du wirst dich niemals mit dem Reich des Todes versöhnen, noch wird Gott dir erlauben, darin zu verweilen. Er selbst entfacht das Gefühl des Mangels in dir, indem er dir einen kleinen Bissen zukommen läßt, nur um deinen Hunger nach einem größeren anzustacheln. Das ist seine Weise, dich voranzutreiben. Der Wanderer findet diesen Weg mühsam, aber wer Augen hat zu sehen, nimmt deutlich wahr, daß er vorankommt. Was dich auf deinem spirituellen Pfad hindert, trägt die Saat künftiger Leiden in sich. Aber die Schmerzen, die die Folge dieser Behinderungen sind, sind auch der Anfang deines Erwachens zur Erkenntnis.»

Immer wieder sagt Mā: «Der Mensch muß sein Äußerstes tun, sonst wird er nicht befreit werden. Laß dich nicht von Teilerfolgen täuschen. Wenn dir dein Ishta erscheint, ist es kein Zeichen dafür, daß du am Ziel bist, sondern nur der Hinweis, daß du den Weg gefunden hast. Sei nicht mit einem religiösen Rausch zufrieden. Er kann eine frühe Vorstufe sein, eine Berührung, aber nicht mehr.»

Offensichtlich hält Mā es für wesentlich, die Gläubigen immer wieder vor Okkultismus zu warnen: «Gib deiner Neigung, an Geister und Erscheinungen zu denken, nicht nach. Es ist besser, du richtest deinen Geist allein auf Gott und meditierst ihn. In seiner Gegenwart kann keine andere Macht bestehen. Sei fest davon überzeugt, daß das wahr ist. In dem Augenblick, in dem du bei Gottes Namen Zuflucht suchst, kann keine geringere Macht dich anrühren. Wenn du dann trotzdem noch Angst verspürst, so kannst du sicher sein, daß es nur eine physische Reaktion ist, die dich stört...»

Einem jungen Mann, der häufig in religiöse Ekstasen geriet und dann Visionen hatte, sagte Mā: «Sei dir klar darüber, daß ein Sādhaka, der die Kontrolle über seinen Geist verliert, in Gefahr gerät. Er kann ein Opfer von Illusionen werden, und er könnte sogar unter den Einfluß unguter Mächte geraten. Das würde ihn auf seinem Weg hindern. Außerdem könnte es auch eine Quelle der Überheblichkeit oder des egoistischen Vergnügens für dich werden, wenn du Visionen hast oder Stimmen hörst, die zu dir sprechen. Es kann nicht wünschenswert sein, die Selbstkontrolle zu verlieren. Wenn man die Wahrheit sucht, darf man sich von nichts überwältigen lassen. Man sollte vielmehr jedes auftretende Phänomen sorgfältig beobachten, während man hellwach und völlig bewußt bleibt, so daß man die Herrschaft über sich selbst ganz und gar behält... Die Meditation soll dich in deinem Wesen für das Licht öffnen, für das, was ewig ist. Jede Art von Bewußtseinstrübung würde diesem Ziel nur entgegenwirken.»

Dem Sādhaka, der den Pfad des Bhakti-Yoga gewählt hat, droht eine andere Gefahr. Auch auf sie weist Mā immer wieder hin: «Wie es einen Zustand der höchsten Selbsterkenntnis gibt, so gibt es auch einen Zustand der Vollkommenheit auf dem Pfad der Gottes-Liebe. Dort findet man den Nektar der Liebe identisch mit höchstem Wissen. Aber in diesem Zustand ist kein Raum für emotionale Erregungen. In der Tat, diese würden das Aufleuchten der Höchsten Liebe sogar unmöglich machen. Auf dem Gipfel der Liebe können sich Exzesse des Gefühls überhaupt nicht ereignen. Emotionale Erregungen und Höchste Liebe sind in keiner Weise vergleichbar, sie sind vollkommen verschieden voneinander.»

Ein Beispiel dafür, daß Mā sich mit der religiösen Selbstzufriedenheit ihrer Freunde nicht abfindet: Eine Frau hatte darüber geklagt, daß ihre religiösen und ihre Hausfrauenpflichten stets in Konflikt miteinander gerieten. Mit ihrem Herzen sei sie immer «halb hier und halb dort».

«O nein», antwortet ihr Mā. «Du bist nicht halb ‹dort›, sondern sehr viel weniger als ‹halb›, und mit dem bißchen ‹anderer

Weltlichkeit› (gemeint ist die Religiosität der Frau) kannst du deinen Haushaltspflichten sehr gut nachkommen, sogar besser als ohne sie (die Religiosität). Reserviere dir einige Stunden täglich für die Meditation, und in der übrigen Zeit tue deine Arbeit als einen Gottes-Dienst. Wenn du den ganzen Tag über an Gott denkst und jeden als eine Verkörperung von Ihm betrachtest, wird dir deine Arbeit ausgezeichnet von der Hand gehen und jeden zufriedenstellen. Halte das bißchen, was du innerlich schon gewonnen hast, in deinem Herzen verborgen, und diene deiner Familie. Es ist nicht nötig, daß du eine Schau aus dem wenigen machst, was du bisher erreicht hast. Aber wenn du eines Tages wirklich ganz in das Eine versenkt sein wirst, so daß es dir nicht mehr möglich ist, deine Arbeit zu tun, wird niemand dir einen Vorwurf daraus machen. Im Gegenteil, die Leute werden die göttliche Gegenwart in dir fühlen und nur zu gern bereit sein, dir zu dienen. Aber dieser Zustand ist etwas ganz anderes als das, was du jetzt kennst. Dann nämlich wird die Welt überhaupt nicht mehr für dich existieren . . . »

Denen, die meinen, sie verdienten sich einen Platz im Himmel, wenn sie gewisse religiöse Riten, etwa eine Pūjā, oft absolvieren, sagt Mā:

«Glaubt nur nicht, daß es genügt, möglichst oft eine formal korrekte Pūjā zu zelebrieren. Die Pūjā (der äußeren rituellen Verrichtungen) wird vollzogen, damit die wahre Pūjā an uns geschehe. Genauso wie jemand die Weihe der Sannyāsa nimmt, damit die wahre Sannyāsa sich in seiner Seele ereigne. Was bedeutet es denn, eine Pūjā zu feiern? Sich selbst vollkommen an den hinzugeben, den man anbetet. Wenn wir das wirklich tun, formen sich alle Mudrās und Āsanas von alleine, wir müssen sie nicht ‹machen›. Wenn unsere Hingabe vollendet ist, wird er (Gott) sich offenbaren. Und ihn zu finden bedeutet, daß man sich selbst findet, wie sich selbst zu finden bedeutet, daß man ihn findet.»

Wenn immer wieder gesagt wird, daß Mā kein Ich hat, so darf daraus nicht gefolgert werden, es fehle ihr auch an dem, was man Persönlichkeit nennt. In einem Menschen, der sie selbst gesehen hat, taucht dieser Gedanke gar nicht erst auf. Im Gegenteil, er sieht sich einer ungewöhnlich intensiven und kraftvollen Persönlichkeit gegenüber, deren Faszination zwingend ist. Sie beruht auf Eigenschaften, die sofort Sympathie, Vertrauen und Verehrung erwecken. Nie in meinem Leben war ich auf den ersten Blick so vollkommen gewiß, es mit jemandem zu tun zu haben, der unfähig auch nur der leisesten egoistischen Regung ist und von dem niemals auch nur die geringfügigste Färbung der Wahrheit befürchtet werden muß. Obwohl mich Mās Ichlosigkeit beunruhigte, zog mich das Besondere, Eigenartige, Geprägte – eben die Persönlichkeit – sofort mächtig an. (Abgesehen von dem Element des Numinosen, von dem ich wohl nicht ohne weiteres sagen würde, daß es «anziehend» wirkt, es ist im gleichen Maß erschreckend.)

Ein alter Hindu, der einen vor vielen Jahrzehnten gestorbenen muselmanischen Guru hatte, mit dem er sich immer noch in engem Kontakt fühlte, sagte mir: «Glaub nur nicht, daß die göttliche Persönlichkeit in einem Nebel von Impersonalität verschwindet, wenn ihre körperliche Form nicht mehr für uns wahrnehmbar ist.» Das gilt wohl besonders für den Fall, wenn das Ich sich aus einem erleuchteten Menschen zurückzieht oder – wie viele von Mās Anhängern denken – wenn es sich um den Tod eines erleuchtet Geborenen handelt.

Was ist natürlicher, als daß man sich wünscht, eine nahe freundschaftlich-persönliche Beziehung zu einem Menschen anknüpfen zu können, dessen außerordentliche Faszination auf lauter bewunderns- und liebenswerten Eigenschaften beruht? Aber gerade in diesem Punkt erkennt man die seinsmäßige Andersartigkeit dessen, das einem in Mā entgegentritt. Man spürt sofort: In ihr fehlt es an der Voraussetzung für eine Resonanz, die einem solchen Wunsch antworten könnte. So wenig es für sie ein Anhaften an Besitz, an einen Ort oder an eine Lehre gibt, so wenig haftet sie auch an Menschen.

Jemand hat mir erzählt, daß ihr Mann (Bholanath) sie eines Tages in Gegenwart vieler Leute gefragt habe: «Du sagst immer, daß du alle Menschen gleich liebst. Liebst du mich nicht ein wenig mehr als die anderen?» Mā habe darauf – zwar mit einem Ausdruck grenzenloser Güte, aber unmißverständlich – «Nein!» geantwortet.

Ein Morgen auf dem Dachgarten des Āshrams. Ich kämpfte

mit meinem Sari, an dem der Wind zerrte. Mā stand mit geblähtem Gewand in der Sonne und freute sich der Kraftentfaltung des Sturmes. Plötzlich begegneten sich unsere Augen. Ihr Blick hatte einen Ausdruck allesumfassender Liebe. Er ruhte lange auf mir. Aber während ich mich von ihm gehalten fühlte, empfand ich zugleich, daß er die Bäume hinter mir, das Dorf, die Wolken und den Dieb, der mit seiner gestohlenen Geiß den Weg heraufkam, genauso liebend durchdrang. Seltsam genug: Ich fühlte mich nicht beraubt um die Liebe, die den Bäumen, dem Dorf und dem Dieb zugute kam. Im Gegenteil, ich fühlte mich um diese Liebe *mehr* geliebt. In Mās Liebe reichte auch die meine bis zum Horizont.

Etwas davon empfand ich schon, als ich Mā zum erstenmal sah. Aber damals ahnte ich nichts von ihrer Verwirklichung der Weisheit des Advaita-Vedānta, der existentiellen Verwirklichung dieser Erkenntnisweise, nicht einer geistigen Übernahme. Denn natürlich handelt es sich hier nicht darum, daß Mā eine philosophische Lehre überzeugend gefunden und sich angeeignet hat, vielmehr sucht eine letzte, geheimnisvolle Wahrheit Ausdruck und Gestalt in Mās Leben, wie sie sich seit Jahrhunderten immer wieder in wenigen auserwählten Menschen dieses Landes manifestiert. Vor rund elfhundert Jahren wurde sie von einem Erleuchteten – Shankarāchārya – in der Lehre des Advaita-Vedānta formuliert.

Was geschieht in einer so auserwählten Seele? Die Frage bedrängt uns immer wieder, aber können wir ernstlich meinen, den Schleier vor diesem Geschehen zu heben? Man könnte versuchen, es sich durch ein Bild vorstellbar zu machen. Bei einem Sufi-Mystiker las ich kürzlich vom Spiegel in der Seele des Menschen: «Wenn in einer Seele der letzte Funke der Ichhaftigkeit erloschen ist, wird dieser Spiegel nicht mehr vom Schatten der eigenen Gestalt verdunkelt. Er empfängt das Ewige Licht und reflektiert es für uns.»

Solche Gottes-Spiegel gibt es in allen großen Religionen. Die Tatsache, daß Mā den Hinduismus in seiner Höchstform repräsentiert, gibt dem Spiegel in ihrer Seele einen höchsten Grad von Lichtempfindlichkeit. Dadurch unterscheidet sie sich von jenen Erleuchteten, deren innerer Spiegel nur die Strahlen einer bestimmen Färbung reflektiert. Man könnte in diesem Zusammenhang von einem Prisma der Religionen sprechen, in dem das ungefärbte Licht der Ewigen Wahrheit sich bricht, um sich in einem bunten Spektrum aufzugliedern.

Bei einem Gespräch in Kalkutta wies ein junger Inder einigermaßen überheblich darauf hin, daß eine der bedeutendsten christlichen Heiligen gesagt habe, der Seelenspiegel der Häretiker sei unwiederherstellbar zerstört. Er wurde in seiner Betrachtung von einem Sādhu unterbrochen, der ihn fragte: «Und eine solche Feststellung hättest du nicht getroffen?» – «Nein!» – «Warum nicht?» – «Weil wir toleranter denken!» – »Dann bitte ich dich, nicht über Dinge zu reden, deren Voraussetzungen du nicht kennst!«

Später fragte ich den gelehrten Mönch, an welche Voraussetzungen er gedacht habe. Er sagte etwa folgendes: «Wir müssen uns davor hüten, die häufig sehr exklusive Haltung der Christen als ihre persönliche Engstirnigkeit auszulegen. Der christliche Glaube (mit Schöpfung, Heilsgeschichte und Weltgericht) ist eminent geschichtlich orientiert. Ein religiöses Denken, das so streng linear angelegt ist, wird durch Richtungsabweichungen in seinem Wahrheitsgehalt viel schneller in Frage gestellt als unser Denken, das alles Weltgeschehen in unendlichen Zyklen sieht. Innerhalb der zyklischen Bewegung sind viele, selbst scheinbar einander widersprechende Richtungen möglich. Wir würden die Grundlage der uns von Gott offenbarten Wahrheit leugnen, wenn wir nicht bereit wären, auch eure Denkweise als Sein Denken über sich Selbst zu würdigen.»

Ein Franzose, der seit Jahrzehnten in Indien lebt, schrieb mir auf meine Frage, was ihn dort am stärksten fasziniere: «Die Berührung mit einer Dimension des Geistigen, von der westliches Denken und Welterfahren in der sogenannten Neuzeit fast nichts mehr weiß und früher nur wenig wußte.» Der Westen habe die Welt der greifbaren Dinge tatsächlich und denkend erobert. Der Osten habe seine Eroberungszüge in die Welt des Ungreifbaren unternommen und seinen Lebensraum in diese Richtung erweitert. «Wo unsere Wissenschaft immer raffiniertere Instrumente zur Beherrschung der Natur erfindet, haben die Denker Asiens das in der Seele des Menschen angelegte

Instrumentarium seit Jahrtausenden unendlich verfeinert. Sie sehen, wo wir blind sind, hören, wo wir taub sind, und sie durchwandern Zonen, die nicht einmal als weiße Flecken auf unseren Landkarten verzeichnet sind, weil wir nichts von ihrer Existenz ahnen . . . » Was ihn, den Briefschreiber, in jahrzehntelangem Kontakt mit indischem Leben am meisten bereichert habe, sei die an sich selbst erfahrene Bewußtseinserweiterung.

Auf dieses Stichwort hatte ich gewartet. Es drückt aus, was ich selbst – entsprechend der viel flüchtigeren Berührung weniger intensiv – erlebe.

Aber was meint Bewußtseinserweiterung hier? Der Sanskrit-Begriff, der in diesen Zusammenhang gehört, obwohl er nicht als Übersetzung des Wortes «Bewußtsein» mißverstanden werden darf, heißt *chit*. Ein indischer Philosoph hat ihn gegenüber einem Schweizer Psychiater als «das ursprünglich aufgehende Erhellen, ein freies und erlösendes Öffnen» erläutert (Medard Boss, *Indienfahrt eines Psychiaters*, 1959). In diesem «Lichten» («Licht» muß hier wörtlich verstanden werden) werde «die letzte Wahrheit über die Wirklichkeit erfahren».

Das ist keine wissenschaftliche Erklärung, aber eine solche kann, wo es sich um den Bereich mystischer Welterfahrung handelt, auch nicht gegeben werden. Es ist ein Hinweis. Westliches – begriffliches – Denken ist schnell dabei zu fragen: Wer erhellt oder lichtet wen? Wer oder was öffnet sich wem? Wie verteilen sich aktiv und passiv im Erhellen und Erhelltwerden?

Das sind falsche Fragen. Dort, wo die Erleuchtung Wirklichkeit geworden ist, wird nur noch Einheit (*a-dvaita* = Nicht-Zweiheit) erfahren. Mā sagt: «Wo Tat ist, wer ist da wer? Wer fragt, und wer gibt Antwort? Und was ist das Verstehen? Er und Er allein! Das Selbst, das Große Licht, die Göttliche Herrlichkeit, der Höchste Geist, Gott – nenne es, wie du willst!»

In ihr selbst scheint das unendlich geweitete Bewußtsein – jene geheimnisvolle Empfindlichkeit für das Große Licht – unendliche Bereiche zu spiegeln.

Ich habe sie sagen hören, daß sie früher, als sie noch «das Spiel der Dualität spielte» und selbst noch betete, das Große Licht in Pflanzen und Tieren geschaut und angebetet habe. Mit den Göttern, in denen das transzendente Brahman zum phäno-

menalen Brahman wird («wie Wasser im Eis Gestalt annimmt»), redet und lebt sie wie mit ihren Geschwistern, genauer: Sie geht in die Götter ein oder läßt sie aus sich hervortre-
ten. In der Ekstase wurde Shrī Krishna an ihrem Körper sichtbar, verkörperte sich in ihrem Fleisch. Nicht, weil sie selbst ihn
ruft. Sie hat keine Ich-Stimme mehr, die ihn rufen könnte.
Weil die Krishna-Bhaktas, die, Erleuchtung suchend, zu ihr
kommen, ihn sehen wollen. Wer auf der Erkenntnisebene des
Advaita, nach Selbstverwirklichung strebend, zu Mā kommt,
der richtet den Spiegel in ihr auf das transzendente akosmische
Brahman, und es wird sich in ihrem Schweigen für ihn reflektieren. Vielleicht in einer – nur dem Eingeweihten voll ent-
schlüsselbaren – Andeutung: Wann war ich nicht? Oder: Ich
selbst ruhe in mir selbst! Vielleicht auch in einem Lichtstrahl,
der den Spiegel in ihm selbst trifft, von ihrem inneren Spiegel
empfangen und weitergeschickt.

Es ist kein Bereich vorstellbar, der von einem so unendlich
geweiteten Bewußtsein als Fremde empfunden würde. Mā
sagt: «Jedes Haus auf dieser Welt ist mein Haus. Jedes Selbst ist
mein Selbst. Mein Selbst aber ist Das Selbst (*tat sat*).»

Wer mit ihr in Berührung kommt, spürt einen Hauch des
Friedens, der stiller ist als die Stille zwischen den kosmischen
Gezeiten, stiller als die Stille zwischen den Atemzügen einer
Ameise und so still wie die Stille im Herzen des Brahman. Es
gibt ein Wort, in dem Mā etwas über die Glückseligkeit dieses
Friedens sagt:

«Das Selbst, ruhend in sich selbst, ruft sich selbst zu seiner
eigenen Offenbarung – das ist Glückseligkeit.»

Bodh-Gayā: Der Ort, an dem Buddha Buddhaschaft erlangte

26. Januar 1964

Nach einem Zwischenaufenthalt im Āgapara-Āshram bei Kalkutta ist Rajgir in der Provinz Bihar unsere nächste Station. Auch hier hat Mā einen Āshram. Er liegt am Rand des kümmerlichen Dorfes, in einer bewaldeten Hügellandschaft, die eine große religiöse Tradition hat. Buddha soll hier lange gelebt, der Gründer der Jaina-Religion viele Regenzeiten verbracht und Shrī Krishna in den Wäldern verweilt haben.

An einem der ersten Tage fahre ich nach Bodh-Gayā, dem Ort, an dem Gautama Buddha die Buddhaschaft erlangte. Von Rajgir aus fährt der Bus lange durch bewaldetes Mittelgebirge bis Gayā. Dort nehme ich eine Rikscha. Der Kuli muß sich anderthalb Stunden gegen scharfen Eiswind ins Pedal stemmen. Merkwürdig, diese Landschaft: rechts von der Straße ein Paradies, links Wüste; rechts das kräftige Grün gut bewässerter Reis- und Getreidefelder, Palmen mit Zapfkrügen an den gekerbten Stämmen, Brunnen, kleine Tempelschreine, in der Ferne Hütten. Links ein Streifen Wüste, aus der am Horizont schroff und kahl ein Gebirgsmassiv aufsteigt. Manchmal ziehen Herden schwarzer Wasserbüffel über das weiße Land. Unendlich langsam hintereinander durch den Sand watend, hirtenlos.

Bodh-Gayā: ein kümmerliches Dorf mit schmutzigen Gassen, lärmenden Händlern und Menschengetümmel zwischen Ochsenkarren und Teeständen. Plötzlich öffnet sich, wie durch eine unsichtbare Mauer gegen alles Störende abgeschirmt, der Heilige Bezirk. Die Straße hier ist breit und fast menschenleer. In einer terrassenförmig abgestuften Bodensenke liegt der

Mahābodhi-Tempel, eine schmale Pyramide, die in runder Spitze ausläuft; viermal steht die gleiche Konstruktion, nur erheblich kleiner, an den vier Ecken des Tempelgeländes. Die Fläche der Tempeltürme ist durch breite, rund umlaufende Ornamentbänder gegliedert.

Der Hauptturm soll in seinem ursprünglichen Kern 2100 Jahre alt sein. Er ist umgeben von Stūpas und den vielgestaltigen Votivsteinen prominenter Pilger aus Jahrhunderten. Vor dem Tempel werfen sich junge tibetische Mönche in dunkelroten Kutten der Länge nach auf Holzbretter. Manchen sieht man es an, daß sie die Prostrationsübung schon seit vielen Stunden machen. Alle haben den gleichen Ausdruck völliger Versunkenheit.

Ältere Mönche umschreiten den Tempel auf einem roten Läufer, langsam, mit gesenktem Haupt und hängenden Armen, in einer Hand den Rosenkranz. Ich passe mich ihren ruhigen Schritten an. Nach einer Weile wendet sich der Mönch, der vor mir geht, nach rechts. Sein runder, geschorener Kopf neigt sich zu einer Steinplatte, deren dünner Goldbelag von unzähligen Stirnen abgewetzt ist. Über uns breitet der Baum der Erleuchtung seine kräftigen Äste. Die Blätter sind graugrün, herzförmig, groß wie der Handteller eines Mannes und haben eine langauslaufende Spitze. Der Stamm ist graubraun und glattrindig. Im Wind streut die Sonne tanzende Lichtflecke durchs Geäst auf den Sand, in dem die Fußspuren Buddhas vergangen sind, um unvergänglich zu werden.

Zögernd betrete ich den Tempel. Der plötzliche Wechsel vom Hellen ins Dunkle blendet mich. Allmählich erkenne ich ein einfaches Tonnengewölbe mit grauen, schmucklosen Wänden. An der Stirnseite thront ein goldener Buddha über einem altarartigen Tisch. Blau leuchten die Augäpfel, und die Haarkrone türmt sich wie aus vielen runden Türkisen. Der Rumpf ist mit einem gelben Stoffhemd bekleidet, ein weißes Leinentuch (beides echte Gewebe) hängt über der linken Schulter, und die rechte Hand trägt eine schwarze Schale mit echten Orangen.

Es ist kühl und dämmrig, und meine Augen sind müde von der Sonne, aber alle Aufmerksamkeit sammelt sich in den Ohren. Ein fremder Klang schwingt unter dem Gewölbe. Ich blicke zurück, und nun erst entdecke ich, daß ich nicht allein bin. An der hinteren Tempelwand sitzen eine Frau und ein junger Mönch. Der rhythmische Sprechgesang ihrer Gebete erfüllt den Raum mit einem Tönen, dessen fremdartige Lieblichkeit mich fasziniert. Ich setze mich zu den Betern.

Die Frau ist groß und schmal. Sie hat ein blasses, feines, stark mongolisches Gesicht. Zwei dünne Zöpfe fallen ihr in den Schoß. Ein bauschiges Leinenhemd steckt im Bund ihres weiten, dunkelgrünen Rockes, auf dem ein weinrotes Tuch aus dem Stoff der Mönchskutten liegt. In der linken Hand hält sie den Rosenkranz und gleichzeitig einen Messingteller mit steilem Rand.

Sehr matt ist auf dem Teller eines jener mystischen Diagramme erkennbar, die von den indischen Tantras «Shrī Yantra» genannt werden (geometrische Vergegenständlichung eines Mantras). Im Schoß der Frau liegt ein Gemisch aus Getreidekörnern, Fruchtkernen, Kandiszucker, bunten Halbedelsteinen und tibetischen Goldmünzen. Die Frau zieht ein Fläschchen mit einer gelbroten, öligen Flüssigkeit aus ihrer Rocktasche. Sie verreibt ein paar Tropfen auf dem Teller und poliert ihn dann mit ihrem rechten Ärmel. Immer wieder unterbricht sie sich, blickt auf den Buddha und betet halblaut. Während der junge Mönch ihr zusieht, baut sie auf dem Teller ein pyramidenförmiges Mandala aus vier Chakras, deren jedes aus einem Doppelkranz mattroter, erbsengroßer Steine besteht. Den Leerraum füllt sie mit dem Gemisch aus ihrem Schoß und schließt ihn an der Spitze mit einem vollplastischen silbergetriebenen Dharma-Chakra (Rad des Gesetzes). Während sie die Pyramide mit beiden Händen dem Buddha entgegenhält, geht ihr Gebet in einen lauten Gesang über, in den der Mönch einstimmt.

Dann schüttet sie den Aufbau vom Teller zurück in ihren Schoß, und nun erklingt wieder für Stunden das leise auf- und abschwellende Orgelgetön des Mantras, dessen Wortlaut mir später ein Mönch sagt: *Om vaijra bhunti ah hum!* Übersetzen könne er es nicht, aber es habe die Bedeutung eines Schwures, an der geistigen (spirituellen) Befreiung des Universums mitzuwirken. Der auf- und abschwellende Melodiebogen klingt jedesmal in einem tiefen Summton aus. Im Intervall füllt sich die rechte Hand der Frau mit dem Gemisch aus ihrem Schoß, und bei jeder Silbe tupft der Handballen auf einen bestimmten Punkt des mystischen Diagramms, während zugleich ein Teil des Körnergemisches aus der Hand auf den Teller rinnt. Bei der letzten Silbe leert sich die Hand gänzlich, und der Ballen reibt den Teller blank. Dann greift die Frau aufs neue nach dem Körnergemisch, der Melodiebogen steigt wieder an.

Ich sitze jetzt dicht neben den Betern, im rechten Winkel zu ihnen, und beteilige mich an ihrem Ritus, indem ich die Körner auflese, die manchmal auf den Boden fallen, und zurück in den Schoß der Frau werfe. Der junge Mönch hat die Hände in den Kuttenärmeln vergraben. Sein kahler Rundschädel fällt zuweilen in den Nacken. Sein Gesicht ist hell und rotbackig, kaum mongolisch, und hat etwas Kindliches, trotz des Schnurrbärtchens. Wenn ich die Körner auflese, strahlt er mich an und gibt mir durch Gebärden zu verstehen, daß ich sie essen dürfe.

In der Vorhalle des Tempels frage ich später einen gelbbekutteten Mönch (er ist also kein Tibeter) nach den beiden und erfahre, daß sie die Frau eines tibetischen Tantra-Lama, eines Adligen ist und unter ihrem Volk als *very holy* gilt. Der junge Mönch ist ein Schüler und Bhakta ihres Mannes. Das Ehepaar befindet sich auf einer Pilgerfahrt zu den heiligen Stätten des Buddhismus. Während der Lama nach Rajgir vorausgefahren sei, wäre die Frau hier geblieben, weil sie gelobt habe, den Ritus, bei dem ich sie beobachten konnte, 100 000mal zu zelebrieren.

Mit dem Sinken der Sonne erwacht der Heilige Bezirk. Ich bin wieder in den Tempel zurückgegangen. Als ich mich auf eine Jacke zu setzen versuchte, weil der steinerne Boden auf die Dauer zu kalt wurde, rückte die Frau beiseite und machte mir neben sich auf ihrer Matte Platz.

Der Tempel füllt sich. Tibetische Mönche, «Gelbkutten» aus dem sogenannten «Chinesischen Kloster», alte Tibeter in langen, dunkelroten speckig glänzenden Mänteln und schweren Filzstiefeln, Frauen, denen die Zöpfe bis zu den Knien hängen und die ihre Kinder – in Tücher gebunden – auf dem Rücken tragen, immer wieder auch Hindus. Der Tisch unter dem Buddha-Bild ist jetzt voller brennender Kerzen und Räucherstäbchen. Ein Brahmane, den ich am Nachmittag mit seiner Pilgerschar vor dem Heiligen Baum hatte beten sehen, feiert eine Pūjā und teilt Prasād aus. Für die Hindus ist Buddha nicht der Stifter einer fremden Religion, sondern ein Avatāra des Höchsten Gottes. Ein älteres Paar vornehmer Muselmanen steht mit brennenden Kerzen in der Hand andächtig vor dem Bildnis. Jemand reicht auch mir eine Kerze. Der Geist des Erleuchteten stiftet Eintracht in den Herzen derer, die gemeinsam verehren.

Am späteren Abend gehört der Tempel nur noch den Tibetern, jenen, die sich zu Hunderten in ihren Zelten am Rand des Heiligen Bezirkes angesiedelt haben, und den Pilgern, die während des ganzen Jahres kommen und gehen. Ein Dutzend Mönche sitzt über den Raum verteilt. Die meisten lesen, während sie gleichzeitig die Gebetsmühlen drehen, manche beten mit dem Rosenkranz. Zwei baumlange Pilger mit dünnen Bärten auf der Oberlippe und einem langen, dünnen Gefaser am Kinn werfen sich ächzend vor dem Buddha zu Boden. All ihre Habe steckt in der ausgestopften Brustpartie ihrer wattierten Mäntel. In den Stiefelschäften stecken Messer. Später sehe ich, daß die Pilgerin neben mir ein Messer in einer schönen Silberscheide am Gürtel trägt. Die beiden Riesen verneigen sich ehrerbietig vor ihr.

Als ich den Tempel verlasse, ist es Nacht geworden. Die Lichter auf der Straße sind erloschen. Eine Prozession singender Tibeterinnen zieht langsam um den Tempel, manche tragen Kerzen. Ihre Lieder haben eine faszinierende Schwermut. In ihren weiten, plumpen Röcken suchen Kinder Schutz vor dem Eiswind, der aus Nepal weht. Eine Gruppe junger Männer mit breitkrempigen Hüten und gegürteten Kasackjacken aus störrischem Filz wandert für sich. Die meisten haben Tücher über ihre Hüte geschlagen und unter dem Kinn verknotet.

Auf dem Läufer umkreisen ein Dutzend oder mehr Mönche das Heiligtum, indem sie nach jedem fünften Schritt ihren Rosenkranz vor sich fallen lassen, die Hände über dem Kopf falten, an Stirn und Brust führen und sich dann mit kühnem

Schwung lang ausgestreckt auf den Boden werfen, die Hände voran wie Schwimmer, die sich ins Meer stürzen. Unter ihnen sind alte Männer. Ich höre sie leise ächzen, aber nirgends ist ein ängstliches Zögern in dem großen Schwung ihres Kniefalls.

Vor dem Baum der Erleuchtung brennen dreihundert Dochte in ölgefüllten Silberschälchen. Die Stirnen aller Beter neigen sich zu dem goldüberzogenen Stein, der den heiligen Ort schmückt.

Am Abhang zieht sich auf halber Höhe ein zweiter Pilgerweg um den Tempelbezirk und ganz oben ein dritter. Die drei Wege sind voll singenden, murmelnden, flüsternden, stummen Betens. Hier und da trägt jemand eine Sturmlaterne, und auf der Talsohle lodert der Heilige Baum im windbewegten Licht der brennenden Dochte.

Der Mond steigt rot über den Tempel herauf.

Am nächsten Morgen besuche ich ein Lama-Kloster. Es steht da wie aus einem asiatischen Märchen. Ein breites Haus mit einer umlaufenden Terrasse im Erdgeschoß. Über dem ersten Stock erhebt sich das Dach eines chinesischen Tempels. Die Straßenfront ist auf eine phantastische Weise mit Ornamenten geschmückt: Blumen, Sterne, Fische, teils geschnitzt, teils gemalt, alles in leuchtenden Farben, Ornamentbänder, die horizontal und vertikal verlaufen, viel Rot und Blau. Jubelnder Ausdruck einer vitalen Freude an der Schönheit der Welt. Zugleich Beweis eines starken, ganz in der Tradition ruhenden handwerklichen Könnens.

Ich steige eine Treppe empor. Das erste Stockwerk ist so angelegt, daß man meint, über einen Dorfplatz zu gehen, in dessen Mitte ein kleiner Tempel liegt. Der «Platz» ist nicht überdacht. An seiner äußeren Peripherie reiht sich «Haus an Haus». Freilich, die Häuser hier sind nur die Zellen der Mönche, Tür an Tür, in einem niedrigen weißen Gemäuer.

Im Tempel läuft ein Mönch in zerfetzter Kutte und mit einem breiten, mongolischen Bauerngesicht eine Stunde lang neben mir her und redet fast ununterbrochen. Ich versuche, ihn abzuschütteln, indem ich mich auf eine Matte setze und die Augen schließe. Aber er wartet, in der Tür stehend, geduldig, bis ich mich wieder erhebe, um abermals hinter mir herzulaufen.

Der Raum liegt in einem bräunlichen Halbdunkel. Hier und da brennt ein Öllicht vor einer Buddha-Statue. Eine silbergetriebene Schale vom Durchmesser eines Taufbeckens ist mit einer Masse gefüllt, die wie halbflüssiges Wachs aussieht. An der Oberfläche schwimmt ein brennender Docht. Mittelpunkt des Tempels ist ein großer, goldener Buddha mit einer edelsteinbesetzten Flammenkrone. Hinter ihm türmen sich kostbare, alte Bücher, jedes in chinesische Seide eingeschlagen. Vor ihm stehen prächtige Silberkelche. Wie altertümliche Puppen wirken die kleinen Buddhas in ihren verblichenen Seidengewändern, die – Reihe über Reihe – eine große Vitrine füllen. An den Wänden hängen Gemälde aus der buddhistischen Heilsgeschichte und Mythologie: Szenen aus dem Leben Gautama Buddhas, musizierende Bodhisattvas, geheimnisvolle Mandalas, dunkelvergilbt, ein flammenumloderter Dämon, lehrende Priester... Die Insassen des Klosters werden wohl an ehrwürdigen Schätzen aus ihrer Heimat zusammengetragen haben, was immer sie auftreiben konnten. So scheint mir eine Art frommes Raritätenkabinett entstanden zu sein. Aber vielleicht verbirgt sich hinter diesem Wirrwarr im Halbdunkel eine Ordnung, die nur dem Eingeweihten erkennbar ist.

Der Mönch wendet sich ab, während ich eine Münze in die Sammelbüchse stecke. Er begleitet mich bis ins Parterre und führt mich zu der «Gebetsmühle». Ein Zimmer ist fast völlig ausgefüllt von einem Messing-Zylinder. Ich schätze ihn auf gut anderthalb Meter Durchmesser und zweieinhalb Meter Höhe. Am unteren Rand des Zylinders befinden sich Griffe. Ein Schild in englischer Sprache belehrt mich, daß dieses nützliche Gefäß angefüllt sei mit Gebeten, die helfen sollen, die Welt von ihren Sünden zu reinigen. Der Mönch fordert mich auf, einen der Griffe zu fassen. Ich folge seinem Beispiel, und wir umwandern mit schnellen Schritten den Zylinder, der sich leicht drehen läßt. Jedesmal, wenn wir einen Rundgang vollendet haben, schlägt eine helle Glocke an. Mehrere Mönche gesellen sich zu uns. Mit ernsten Gesichtern und langen, schnellen Schritten treiben sie ihre mächtige Gebetsmühle im Kreis.

Später gehe ich wieder in den Tempel am Bodhī-Baum. Dort ist es still und kalt. Ich habe den jungen Mönch draußen auf einem Brett bei der Kniefallübung gesehen. Als ich neben ihm stehenblieb, sah er durch mich hindurch wie durch ein Glasfenster.

Meine tibetische Freundin rückt auf ihrer Matte beiseite, ohne den Blick zu heben. Sie erkennt an meinen Füßen, wer vor ihr steht. Ich setze mich neben sie. Der Ritus ist im Gang. Die Silben des Mantras steigen und fallen wie singende Wasser einer Fontäne. Friede und Heiterkeit durchströmt uns mit der Luft, die wir atmen, ein starkes, reines Aroma. Der Erleuchtete schickt sein blauäugiges Lächeln auf uns herab, in seinem Blick einend, was nur im täuschenden Spiegel der Māyā getrennt erscheint.

Schon am ersten Tag nach meiner Rückkehr aus Bodh-Gayā läßt es mir keine Ruhe: Ich möchte den Tantra-Lama finden, den Mann meiner tibetischen Freundin, von dem ich weiß, daß er hier in Rajgir sein muß, um zu den heiligen Orten zu pilgern, an denen Buddha gewirkt hat.

Der Zufall führte mich bald ans Ziel: Während ich auf den Berg über den heißen Quellen stieg, sah ich eine tibetische Nonne unter einem Baum stehen und kreischende Affen mit Erdnüssen füttern. Später mußte ich lange nach ihr suchen, denn als ich an Ort und Stelle ankam, schien die Landschaft sie verschluckt zu haben. Schließlich fand ich ein Tor in einem Felsen und einen kleinen Hof, in dem die Nonne vor einem offenen Feuerchen stand. Hätte ich nicht gehört, wie sie sich mit den Affen unterhielt, ich hätte jetzt nicht gewußt, ob ich einen Mann oder eine Frau vor mir hatte. Indes sie einen zähen, gelben Brei über dem Feuer rührte, drehte sie ihren kahlgeschorenen Rundschädel nach mir um und sah mich aus schmalen Mongolenaugen prüfend an.

«Ist der Tantra-Lama hier?» fragte ich sie. Sie nickte, dann ging sie vor mir her in einen zweiten Hof. Vor einer Tür blieb sie stehen, deutete in den Raum und sagte strahlend: «Tantra-Lama!»

Als ich eintrat, hatte ich Mühe, mich in dem halbdunklen Raum zu orientieren, dessen einzige Lichtquelle ein lukenartiges Fenster in der gegenüberliegenden Außenmauer war. Auf einem in den Fels gehauenen «Bett» thronte eine königliche Erscheinung: ein großer, breitschultriger Mann, bekleidet mit einer gelbseidenen Weste, die mit weißem Fell gefüttert war. Am Halsausschnitt bauschte sich ein rotes Tuch. Würdevoll drehte er sein schönes Haupt, dessen gewelltes Silberhaar bis über die Schultern fiel, nach mir um. Wahrlich, der Märchen-könig meiner Kinderträume lächelte mir ein huldvolles Willkommen zu! Nachdem ich mich ein wenig verbeugt hatte, neigte auch er den Kopf und bot mir mit einladender Gebärde einen Platz auf einem Teppich an. Schon während ich mich setzte, schien er mich vergessen zu haben. Später erfuhr ich, daß der Lama weder Hindi noch Englisch spricht; und so konnte er nichts Vernünftigeres tun, als sich wieder in sein Buch zu vertiefen und mich meinen Betrachtungen zu überlassen.

Ich blickte mich in dem Raum um, der mehr einer Höhle als einem Zimmer glich. Rechts vom Bett des Lama waren zwei eiserne Kisten aufeinandergestellt und mit einem Teppich zugedeckt. Auf diesem provisorischen Tisch stand eine bauchige, intarsienverzierte Teetasse aus Holz, eine Handglocke, wie ich einige in dem tibetischen Tempel gesehen hatte, eine kleine Doppeltrommel (sie heißt *damaru* und dient der Vertreibung von Dämonen) und ein Küchenwecker.

Der Platz, der mir angewiesen worden war, diente offensichtlich als Schlaflager. Er war mit Teppichen und Fellen weich gepolstert. Hinter dem Lama war eine Nische in die Wand eingelassen, in der ein Bücherstoß lag.

Der Lama saß mit gekreuzten Beinen auf seinem Bett. Ein schmiegsamer Teppich bedeckte ihn bis zur Hüfte. Seine weißen Hände lagen auf dem Schoß. In ihnen hielt er das Buch, dessen Blätter nicht seitlich, sondern von unten nach oben umgeschlagen werden. Die Hände des Lama haben eine verblüffende Länge, dabei sind sie kräftig, aber nicht plump. An der linken Hand trägt er einen Goldring mit einer matten, haselnußgroßen Perle. Seine Nägel überragen die Fingerkuppen um etwas mehr als einen Zentimeter. Die Haut seines Gesichtes ist ein wenig dunkler als die der Hände; sie hat ein helles Goldbraun. Das Gesicht ist ziemlich breit; die Stirn steil und hoch, die Backenknochen kaum betont, die Nase kräftig und gerade, Mund und Kinn eher zart, und die Augen leicht mongolisch und so lichtgefüllt, daß sie mir in der Erinnerung strahlend blau erscheinen.

Der Ausdruck dieses Gesichtes, den ich während der nächsten Tage noch häufig studieren kann, ist die eigentliche Ursache jener ersten Impression von Königlichkeit, die mich an die Märchen meiner Kindheit erinnerte. Hier ist: Heiterkeit, Weisheit, Geduld und Güte, gepaart mit einer kraftvollen, in sich ruhenden Männlichkeit.

Die Nonne bringt ihrem Herrn eine Tasse frischen Tee. Mit einer Handbewegung befiehlt er ihr, auch mir Tee zu bringen. Bei der Gelegenheit höre ich, daß sie den Lama mit «Rimpoche» (Kostbarkeit) anredet, und dieser Anrede bediene ich mich fortan auch.

Nachdem ich meinen tibetischen Tee (er schmeckt wie eine fade Fleischbrühe) getrunken und noch ein Weilchen still auf meinem Teppich gesessen habe, indes der Rimpoche mit leise murmelnden Lippen liest, verneige ich mich vor ihm und gehe in den Āshram.

Ich wiederhole diese Besuche von jetzt an täglich zweimal. Wenn ich eintrete, winkt mir der Rimpoche lachend mit beiden Händen, ruft nach der Nonne, damit sie mir Tee bringe, sagt irgend etwas freundlich Klingendes und vertieft sich alsbald wieder in sein Buch. Manchmal hört er auf zu lesen und betet leise. Gestern morgen winkte er mich an sein Bett, und während er weiterbetete, holte er von dem Bücherstapel hinter seinem Rücken eine Blechbüchse und schüttete mir Kandiszucker in die Hände. Zuweilen setzt sich ein tibetischer Mönch auf den kleinen Teppich, der gegenüber dem Bett liegt, und betet eine Zeitlang, indes er seine Handmühle dreht.

Gestern abend kam eine Gruppe buddhistischer Pilger aus Bhutan, drei junge Männer mit ihren Frauen. Kräftige, fröhliche Leute in bunten Gewändern, mit aufmerksamen, gescheiten Gesichtern. Jeder von ihnen beugte dreimal die Knie vor dem Rimpoche, dann setzten sie sich auf einen Teppich, und es begann ein lautes, von vielem Gelächter unterbrochenes Gespräch. Freilich, laut sprachen nur die jungen Leute. Den Rimpoche habe ich nie anders als leise, beinahe flüsternd, und bedächtig reden hören. Seine dunkle, sanfte Stimme besaß einen Wohllaut, der Frieden ausstrahlt.

Als ich heute morgen das Refugium des Lama betrat, traute ich meinen Augen nicht: Dort, wo ich gewöhnlich sitze, saß seine Frau, meine Freundin aus Bodha-Gayā. Es gab eine stürmische Begrüßung.

Nun erfahre ich auch ihren Namen: Lamo! Im Handumdrehen beweist sie, daß das Pilgerrefugium jetzt eine Hausfrau hat. Sie breitet einen dünnen Teppich auf dem Boden aus, füllt eine geflochtene Schale mit trockenen Datteln und stellt eine Büchse mit geröstetem Reis aus Bhutan vor mich. Dann bietet sie mir Kandiszucker in einem silbernen Kästchen an. Später bringt die Nonne uns Butter-Tee.

Indes hat Lamo meine beiden Hände ergriffen, legt ihre daneben und stellt beglückt fest, daß die Hautfarbe der vier Hände gleich ist. Der Rimpoche wird darüber unterrichtet und nickt beifällig, während der Ausdruck seiner Augen verrät, daß seine Gedanken in weiter Ferne sind.

Etwas im Innern meiner linken Hand scheint Lamo zu faszinieren. Sie betrachtet es lange und zieht dann ihre eigene Linke zum Vergleich heran. Schließlich holt sie ihre Brille und sucht in einem Holzkasten, bis sie ein Buch zutage fördert, das in gelben Stoff eingeschlagen ist. Später kommt ein Inder, der Tibetisch und Englisch spricht. Er erklärt mir, es sei ein «Handbuch der Divination», weniger gebildete Leute nennen es «Zauberbuch», und es enthalte in Texten und Zeichnungen die magische Weisheit der tibetischen Tantras. Lamo blättert darin, betrachtet abermals meine Hand und bittet schließlich den Inder, mir zu sagen, es bestehe kein Zweifel, daß ich bei einer früheren Verkörperung in Tibet gelebt habe.

Der Rimpoche nickt lächelnd angesichts des kindlichen Eifers seiner Frau, mich quasi für ihre Großfamilie zu annektieren. Als ich den Inder zum zweitenmal treffe, erfahre ich, daß er früher Mönch in einem buddhistischen Kloster war, das er aus politischen Gründen verlassen habe. Er beschäftige sich jetzt mit der Erforschung alter tibetischer Schriften. Ich bitte den gelehrten Mann, bei einem Gespräch mit meinen tibetischen Freunden zu dolmetschen. Nun erfahre ich, daß sie eine Tochter haben, die auf Geheiß des Dalai Lama ein College in der Nähe von Madras besucht hat. Daß die Familie 1959 vor den Chinesen geflohen ist (die Eltern des Mannes kamen auf der Flucht um) und jetzt in Westbengalen lebt. Daheim sei der Rimpoche Abt eines Klosters mit 300 Mönchen gewesen, wie schon sein Vater und Großvater.

Als ich Lamo frage, was der Dalai Lama für sie bedeute, antwortet sie: «Er ist so etwas wie ein König, und wir hören auf seine Befehle. Wir nennen ihn sogar einen Gott, aber wir beten allein zu Buddha.»

«Welcher Art sind die Befehle, auf die ihr hört?»

«Unsere Tochter war nahe daran, einen jungen Inder zu heiraten. Aber das duldet der Dalai Lama nicht. Er will, daß unsere Jugend nur in unserer Gemeinschaft heiratet. Wie sollten sonst auch unsere alten Sitten bewahrt bleiben?»

Der Rimpoche hat sein Buch fortgelegt und hört uns zu. Ich wende mich jetzt an ihn: «Was glaubst du, Rimpoche, warum dein Volk das Schicksal der Vertreibung aus seinem Land erleiden mußte?»

Der Lama wiegt sein lockenumwalltes Haupt nachdenklich, dann sagt er leise: «Es war wohl so, daß wir den Chinesen seit Generationen Leid zugefügt haben, dafür müssen wir jetzt selbst leiden. Aber Buddha lehrt uns, daß wir sie darum nicht hassen sollen. Auch er hat Leiden ertragen, ohne jemals auf Rache zu sinnen. Wir betrachten die Chinesen als unsere Brüder.»

«Hofft ihr, eines Tages wieder nach Tibet heimkehren zu können?»

«Wenn es uns gelingt, kein Gefühl des Hasses gegen die Chinesen in uns aufkommen zu lassen, wird das Land sich eines Tages wieder für uns öffnen.»

«Wie viele Lamas von deiner Art hat es in Tibet gegeben?»

«Ungefähr tausend. Aber die meisten von ihnen...» Der Rimpoche deutet durch eine Bewegung seiner rechten Hand eine Enthauptung an.

Wir sitzen ein paar Minuten schweigend voreinander. Der Lama greift wieder nach dem Buch. Aus seinem Gesicht spricht Ergebenheit und Sanftmut, obwohl es ein männlich-klares, fast kühnes Gesicht ist. Ehe er aufs neue zu lesen beginnt, bitte ich ihn: «Rimpoche, sag mir das wichtigste religiöse Gebot deines tantrischen Buddhismus!»

Ohne einen Augenblick nachzudenken, antwortet er: «Unser wichtigstes Gebot befiehlt uns, Buddha zu lieben und allen Menschen Gutes zu erweisen.»

Er nickt mir lächelnd zu, dann schließt er die Augen. Er betrachtet unser Gespräch als beendet.

Lamo hat uns zugehört, wie ein Kind dem Gespräch der Erwachsenen zuhört. Jetzt legt sie einen Arm um meine Schulter, und der Inder muß mir eine kleine Ansprache übersetzen; sie sagt: «Ich kann nicht mit dir reden, aber ich liebe dich wie meine Schwester. Es war schön, wie du in Bodh-Gayā stundenlang neben mir gesessen und mit mir gebetet hast. Wenn man einen Freund hat, ist Beten das Beste, was man gemeinsam mit ihm tun kann.»

Den Tag vor unserer Abreise verbringe ich fast ganz bei dem Rimpoche und Lamo. Mā ist jetzt ohnehin immer nur für Minuten zu sehen. Es heißt, sie fühle sich nicht wohl. Auch Lamo klagt über quälende Kopfschmerzen. Ich gebe ihr eine Tablette. Nachdem sie sie geschluckt hat, lassen die Schmerzen nach. Glücklich streckt sie sich auf ihrem Lager aus; und während sie den Rosenkranz und meine linke Hand in ihren beiden Händen hält, betet sie, bis sie einschläft.

Ich saß noch neben der Schlafenden, als es zu dämmern begann. Es waren fast drei Stunden vergangen. Der Rimpoche hatte während der ganzen Zeit gelesen und mir nur manchmal zugenickt.

Diese Fähigkeit des stundenlangen Stillsitzens, ohne dabei einem bestimmten Gedanken nachzuhängen, ja sogar ohne dabei zu träumen, mit einem Gefühl innerer Leere, die doch vollkommene Erfülltheit und Wunschlosigkeit ist – werde ich sie in Europa schnell wieder verlernt haben? Aber beherrschte ich sie denn hier? Sie kommt als ein Geschenk, ich kann sie nicht rufen. Manchmal bringt Mā sie mir, manchmal finde ich sie an einem Ort, dessen geistiges Fluidum sie mir mitzuteilen scheint.

Menschen wie der Rimpoche und Lamo erzeugen eine Atmosphäre um sich, in der Friede und Gelassenheit sich mühelos einstellen. Ich rede gleichsam mit ihnen durch die Poren meiner Haut, nicht vom Gehirn her und nicht durch den Mund. Gewiß wäre es schön, wenn wir miteinander sprechen könnten, wie man gewöhnlich redet, aber wir sind nicht darauf angewiesen, um uns zu verstehen, und wir bleiben vor der Versuchung bewahrt, unser lautloses Gespräch durch Geschwätz zu stören.

Als die Nonne hereinkam, um dem Lama eine Sturmlaterne zu bringen, stand ich auf. Es war Zeit, Abschied zu nehmen. Lamo schlief, den Rosenkranz immer noch in der Hand haltend, wie ein Kind, mit beiden Fäusten unter dem Kinn. Ich strich ihr vorsichtig übers Haar, aber sie rührte sich nicht. Da ließ ich sie schlafen.

Der Rimpoche legte sein Buch fort. Er hielt meine Hände lange in seinen riesigen Händen und schüttelte sie. Während er sich von seinem hohen Bett zu mir herabbeugte, fielen ihm die Locken ins Gesicht, und er sah mit seinem strahlenden Lächeln wieder wie ein Märchenkönig aus. Zuletzt legte er mir beide Hände auf den Kopf und sagte leise dreimal hintereinander das gleiche. Ich denke, es war ein Segen. Im dämmrigen Hof umarmte mich die Nonne lachend und begleitete mich bis unter den Baum, unter dem sie die Affen jeden Morgen mit Erdnüssen füttert.

5. Februar 1964

Gestern hatte ich ein langes Gespräch mit Mā, in dem wir unter anderem auf die Frage des Heiratens und der Beziehung der Brautleute zueinander kamen. Ich habe den Eindruck, daß die orthodoxen Hindus der religiös begründeten Ehelosigkeit einen höheren spirituellen Wert beimessen als der Ehe, obwohl auch der Stand des Hausvaters (und der Hausmutter) ausdrücklich als eine Stufe in der religiösen Entwicklung betrachtet wird. Mā sagt, wenn ich sie richtig verstanden habe:

«Es ist sehr gut zu heiraten. Wer heiratet, kann Vater oder

Mutter von Heiligen werden. Aber wie all das, was zur Heirat gehört, jetzt von vielen jungen Menschen verstanden und getan wird, das ist von Übel.»

Noch bis vor kurzem seien alle Dinge, die mit der Gründung einer Familie zusammenhängen, ehrfürchtig behandelt worden. Vor allem seien der junge Mann und das Mädchen vor der Hochzeit nicht zusammengekommen. Sie hätten sich nicht einmal sehen dürfen. Das hätte einen tiefen Sinn gehabt im Hinblick auf die Heiligung der Ehe als einer Institution, deren Aufgabe es sei, der Verwirklichung Gottes in der Existenz des Menschen zu dienen. Im jungen Mann und im Mädchen wohne – solange sich beide rein gehalten hätten – Kumārī-Shakti, eine göttliche Macht, die beiden die Fähigkeit zu einer erfolgreichen spirituellen Entwicklung verleihe. Wenn die Partner sich vor der Ehe nicht sähen, sammle sich die Kumārī-Shakti in ihnen zu einer starken Intensität. In dem heiligen Augenblick, in dem der Mann und das Mädchen sich zum erstenmal ins Gesicht sähen, finde gleichsam ein Austausch der Kumārī-Shakti statt. Durch ihn werde jeder der beiden um die Macht der Kumārī-Shakti des anderen bereichert. In diesem geistigen Akt werde der Grundstein für die Ehe als religiöse Institution gelegt. Freilich könne sie sich als solche nur vollkommen entfalten, wo die Partner den sexuellen Verkehr allein ausüben, um ein Kind zu zeugen. Nachdem einige Kinder geboren seien, sei es für die spirituelle Entwicklung von Mann und Frau am heilsamsten, wenn sie hinfort wie Geschwister miteinander lebten.

«Hast du beobachtet, daß wir bei der Pūjā auf die Frucht, die Gott geopfert werden soll, vorher eine Blume legen?», fragte mich Mā. «Wir bringen damit zum Ausdruck, daß sie Gott schon geopfert ist, ehe der eigentliche Ritus beginnt. Nach unserer Auffassung würde die Frucht bereits dadurch, daß ein begehrlicher Blick sie trifft, unrein werden. Das heißt, sie dürfte Gott dann nicht mehr geopfert werden.»

Dazu sagte mir C., die mir wieder als Übersetzerin und durch ihre nachträglichen Kommentare hilft: «Wenn Mās Essen gekocht wird, muß – sobald Leute in der Nähe sind – die Tür zur Küche geschlossen werden. Der Geruch der Speisen könnte die Begehrlichkeit der Leute wecken, und dann wäre diese Speise schon nicht mehr vollkommen unberührt und rein, so daß wir sie Mā auch nicht als ein Opfer darbringen könnten.»

Zurück zu meinem Gespräch mit Mā. Sie sagte zum Thema sinngemäß noch folgendes: «Das Mädchen soll in dem jungen Mann, den sie heiratet, ihren Herrn erblicken, eine Verkörperung Gottes. Darin liegt die große religiöse Chance der Frau, daß sie durch ihre Ehe die Überwindung des Ego und die liebende Unterordnung unter den göttlichen Willen übt und lernt. Aber nur wenn sie sich vor der Ehe ganz rein gehalten hat, kann sie sich selbst als die Frucht verstehen, die ihrem Herrn in dem Augenblick dargebracht wird, in dem sich die Partner zum erstenmal sehen. Wenn der junge Mann das Mädchen, das er heiraten will, vorher anblickt, ist es, als ob eine Frucht, die Gott vollkommen und rein geopfert werden soll, von einem Vogel angepickt oder von einem begehrlichen Blick getroffen wird. Wir sagen dann: Sie ist schon halb gegessen.»

Ami ist mit mir auf den Berg über den heißen Quellen gestiegen. Wir verlassen den Pilgerweg, der zum Gipfel führt, und folgen einem schmalen Seitenpfad. Er endet bei drei fast ganz vom Dschungel verschluckten Tempelruinen – dunkle, rotbraune Ziegelmauern, die kleine quadratische Kammern umschließen. An den Wänden: Bodhisattvas, in Nischen sitzend, fünf oder sechs nebeneinander, verwittert, umrankt von rotblühenden Schlinggewächsen.

In der größten Ruine ist ein Raum von den Hindus als Shiva-Tempel übernommen worden: ein Lingam, ein grobgemeißelter Nandi-Stier, verwelkte Tagetisgirlanden von der letzten Pūjā; in den Ecken huschende Eichkätzchen. Zischen und Geraschel unter einem Haufen dürrer Äste.

Ami hat Angst vor Schlangen. Wir setzen uns mit hochgezogenen Beinen auf eine Mauer. Von hier aus überblickt man das Gelände. Meine Begleiterin ist so schweigsam wie gewöhnlich. Ich sehe ihr an, daß sie grübelt, und ich wüßte gern, worüber.

«Kannst du nicht laut denken?» frage ich sie.

Sie zieht sich den Sari über den Kopf und blickt mich scheu an. «Meine Gedanken sind ganz alltäglich, aber du weißt doch, daß ich manchmal Schwierigkeiten mit den Grundbegriffen der frommen Leute habe.»

«Gerade darum interessiert es mich, was du denkst.»

«Also gut, ich dachte über Māyā nach. Vorhin, als wir vor dem wilden Hibiskus standen, hatte ich einen Augenblick des Begreifens. Ich sah den blühenden Busch vor der Ruine und dachte: Wie schön bist du, Bhagavān. Dann blickte ich auf den Bodhisattva, dem das Gesicht abgeschlagen ist, und dachte dasselbe: Wie schön bist du, Bhagavān. Als ich die welken Blumen vor dem Lingam sah, dachte ich es wieder, und so war es bei allem, was ich betrachtete. Logisch war das nicht, denn ich sah ja den Hibiskus, den gesichtslosen Bodhisattva und die welken Tagetis, und doch sah ich nicht dies alles, sondern Ihn. Seine Schönheit. Sie fuhr mir ins Herz wie ein Messer. Verstehst du das?»

«Ich glaube, daß ich es verstehe, aber versuch bitte, genauer zu sein. Sahst du Gott in all den Dingen, oder waren die Dinge in Gott? Oder war plötzlich alles um dich herum Gott?»

Ami hob ärgerlich den Kopf. «Du hast keine Ahnung, wovon ich rede. Aus deiner Frage spricht die Pedanterie der Leute, die Gott nur aus Büchern kennen. Sieh den Baum dort mit den braunen Früchten! Wenn Gott dein Herz angerührt hätte, daß du ihn in dem Baum erkennen könntest, meinst du, es würde irgendeinen Unterschied machen, ob der Baum in Gott wäre oder Gott in dem Baum? Ich sage dir, du würdest den Baum anblicken und nur noch denken können: Gott, Gott, Gott!»

Ami schwieg eine Weile, dann sagte sie: «Das geschieht, wenn der Schleier der Unwissenheit zerreißt. Plötzlich erkennst du, daß alles Gott ist, und du begreifst, daß wir ihn immer und überall sehen würden, wären wir nicht blind.»

«Liegt es an unserer Blindheit oder am Schleier der Māyā?»

«Unsere Blindheit ist das, was wir den Schleier nennen; die Unwissenheit, die uns meinen läßt, der Baum sei nichts als ein Baum.»

«Aber mit dieser Blindheit bist du geboren worden. Sie ist ein Teil deines Menschseins.»

«Ja, Gott hat sie bewirkt, wie alles. Wir wissen nicht, warum, aber er nimmt sie auch wieder von mir. Jetzt manchmal für Sekunden, eines Tages vielleicht endgültig. Mā sieht den Baum immer als das, was er wirklich ist, als Gott.»

Später, beim Abstieg, während wir auf einem Felsen sitzend rasten, kommt Ami noch einmal auf unser Gespräch zurück. Sie deutet auf eine der bewaldeten Bergkuppen jenseits der Straße, die nach Bodh-Gayā führt.

«Sieh dir den Berg an. Gott ist wie dieser Berg, aus dem alle Bäume, Büsche, Gräser, Blumen und was immer du sonst noch aufzählen willst herauswachsen wie die Haare und Nägel aus deinem Leib. Wir glauben nicht an einen Akt der Weltschöpfung wie ihr, sondern daran, daß das Universum aus dem Brahman herausgewachsen ist. Die Bäume und Büsche, die Schlingpflanzen und Gräser – all das gehört so unmittelbar zu Gott wie die Haare zu unserem Körper.

Aber es hat Gott – dem Berg – gefallen, das Spiel der Māyā mit jenem Teil seiner selbst zu spielen, der hier in meinem Vergleich von den Bäumen, Büschen und anderen Pflanzen repräsentiert wird. Er hat jedem Baum, jedem Busch, jedem Grashalm ein Ich-Bewußtsein eingegeben, das auf einer Täuschung beruhende Bewußtsein der Abgesondertheit von allen anderen Gewächsen. Darum kämpfen die Pflanzen untereinander um Platz, Nahrung, Licht und Schatten; und die stärkeren verdrängen die schwachen. Sie fürchten, daß sie verhungern oder verdursten müßten, denn es gehört zu ihrem Irrtum, daß sie an den Tod glauben. Sie denken: ‹Wenn ich entwurzelt werde oder verdorre, ist mein Leben zu Ende.›

Nur die unter ihnen, die die Unwissenheit überwunden haben, fürchten sich nicht mehr. Sie wissen: Ich – das ist nicht dieser Baum, der, wenn es hochkommt, ein paar Jahrzehnte blüht und Frucht trägt, Ich – das ist der Berg! Und wenn der Baum stirbt, so leidet der Berg nicht mehr darunter, als dein Körper leidet, wenn du ein Haar verlierst. Verstehst du das?

Der Baum muß erkennen, daß er Berg ist. Dann erkennt er auch, daß alle Bäume, Büsche, Gräser, Schlingpflanzen und Blumen nichts als Berg sind, daß es überhaupt nichts anderes gibt als den Berg. Ein solcher Baum ist Mā. Darum weiß sie, daß wir alle eines Wesens mit ihr sind. Darum kennt sie keine Angst und hat keinen eigenen Willen. Für sie ist alles Berg, das heißt Gott oder Brahman.»

Während wir weitergehen, zitiert Ami eines jener Mantras aus den Upanischaden, das oft von Mā erwähnt wird. Es drückt die mystische Einheit des Brahman aus. Ami bezieht es hier speziell auf die Einheit des Brahman mit seiner «Schöpfung» (dieser Begriff ist hier freilich unzutreffend, denn für dieses Denken ist der Kosmos «Brahman aus Brahman»): «Das ist das Ganze, und dies ist auch das Ganze. Aus dem Ganzen entsteht das Ganze. Obwohl das Ganze vom Ganzen genommen wird, bleibt das Ganze ganz.»

Eine Frage, die oft in mir auftaucht: Wo ist Mās Standort in der indischen Gesellschaft? Wenn ich die Menschen betrachte, die überall in Scharen zu ihr kommen – auf dem Dorf sind es ein paar hundert, in der Großstadt sind es Tausende –, so scheint es mir, daß ihre Anhänger aus allen Bevölkerungsschichten stammen. Ich sehe Kleinbürger und Industrielle, Beamte, Kaufleute, Bauern und Akademiker. Fast nie sehe ich freilich die unterste Bevölkerungsschicht. Gelegentlich befanden sich unter meinen Schlafgenossen ein alter Mann und eine jüngere Frau mit einem Kind (sie gehörten nicht zusammen), von denen mir gesagt wurde, sie seien Bettler. Der Mann verließ auch tagsüber sein Lager nie. Jemand brachte ihm Essen. Er hatte wohl wirklich nur den Unterschlupf und die kostenlose Speisung gesucht. Die Bettlerin mit dem Kind sah ich oft unter den Zuhörern der Vorträge sitzen.

Ich möchte wissen, ob ein Phänomen wie Mā im Grunde doch isoliert dasteht in der Gesellschaft, quasi als ein Überbleibsel einer vergangenen Zeit, oder ob dieses Phänomen noch als ganz in die gegenwärtige Situation gehörig betrachtet werden kann.

Außer einem atheistischen Arzt in Ahmedabad habe ich niemanden getroffen, der Mā als ein lebendes Fossil des religiösen Mittelalters bezeichnet hätte. Ich habe hier und da vorsichtig zu fragen versucht. Aber der Kreis der Befragten stellte keinen repräsentativen Querschnitt dar. Ich darf nicht vergessen, daß ich nur einen ziemlich schmalen Ausschnitt der indishhen Bevölkerung zu sehen bekomme und nur einen schmalen Ausschnitt des indischen Lebens sehe. Um so weniger darf ich es wagen, die Frage nach Mās Standort in der Gesellschaft selbst zu beantworten. Ich muß sie offenlassen wie so viele Fragen, zum Beispiel auch die Frage, die mir immer wieder in den Sinn kommt, wenn ich gelegentlich jemanden über die Kompliziertheit und Umständlichkeit der «längst veralteten» orthodoxen Riten klagen höre. Nämlich: Ist eine solche Orthodoxie nicht vielleicht der Nährboden, auf dem Erscheinungen wie Mā wachsen? Freilich, die Beschaffenheit dieses Nährbodens «erklärt» ein derartiges Phänomen nicht, so wenig eine allgemeine Familienbegabung für Musik etwa das Auftreten eines schöpferischen Musikgenies in einer Familie erklärt. Aber es dürfte kein Zufall sein, daß Mā nicht in einer verwestlichten Familie von Intellektuellen oder Industriellen geboren wurde oder gar in einer religiös indifferenten europäischen Familie.

Ich sitze im Wartesaal in Patna. Um fünf Uhr habe ich Rajgir mit dem Bus verlassen. Kurz nach ein Uhr will ich in den Schnellzug nach Benares steigen, in dem Mā und der größte Teil ihrer Begleiter bereits sitzen. Mā war von einer Anhängerin im Auto nach Bakhtiarpur gebracht worden, wo sie den Zug bestiegen hat, auf den ich hier warte. Die übrigen Āshramiten hatten sich Taxis bestellt, um auf dem gleichen Weg zum Zug zu gelangen.

Während also die meisten erst um zehn Uhr in aller Ruhe mit Autos abfahren werden, mußte ich um drei Uhr morgens aufstehen, um den Frühbus zu bekommen. Mit mir reisten: der zwölfjährige Rām-Prasād, ein anderer Diener, Dasu, der mir das Essen bringt, zwei alte Frauen, die in der Āshramküche arbeiten, und zwei von Mās Mädchen. Außerdem reist der riesige Berg des Āshramgepäcks mit uns. Ich erfuhr erst im letzten Augenblick zufällig, daß es auch die so viel bequemere Möglichkeit gegeben hätte, ein Taxi zu mieten. Aber dafür war es nun zu spät.

Im Bus ist nur noch der Platz an meiner Seite frei. als Rām-Prasād, dessen brahmanische Orthodoxheit ich häufig beobachten konnte, einsteigt. Dasu, sein Betreuer, sagt: «Setz dich neben Memsahib!»

Das Gesicht des Jungen drückt eine Mischung von Entsetzen und Empörung aus. Man sieht deutlich, was er denkt: «Ausgerechnet den Platz habt ihr also für mich übriggelassen!» Nach einer Weile setzt er sich, wobei er ärgerlich vor sich hin brummt. Er achtet darauf, daß er so weit wie möglich von mir abrückt und würdigt mich keines Blickes. Nachdem der Bus abgefahren ist, wird Rām-Prasād müde. Soviel ich weiß, hat er in dieser Nacht keine Minute geschlafen. Ich glaube, er hat das Gepäck an der Bus-Station bewacht. Solange sein Bewußtsein noch manchmal aufflackert, rutscht er immer wieder an den äußersten Rand der Bank, um mich ja nicht zu berühren.

Aber schließlich übermannt ihn die Müdigkeit. Er schläft fest ein und legt dabei den Kopf an meine Schulter. Ich beschließe, ihn so lange wie möglich in aller Ruhe dort schlafen zu lassen. Das «Unglück» ist nun einmal geschehen, es würde auch nicht rückgängig gemacht, wenn ich ihn weckte. Nach einer Weile fährt er mit einem leisen Schrei in die Höhe. Er sieht mich zornig an und schimpft, als ob ich ihm im Schlaf eine goldene Uhr geraubt hätte. Schließlich schiebt er ein Bündel zwischen sich und mich und setzt sich ans äußerste Ende der Bank.

Aber wieder ist der Schlaf mächtiger als sein brahmanischer Jungenzorn: Er hat sich zu weit nach rechts gesetzt und findet sich plötzlich auf dem Boden zwischen den beiden Bankreihen wieder. Seufzend nimmt er seinen Platz auf der Bank wieder ein. Indes habe ich eine Idee, aber leider auch keine gute. Ich lege mir sein Bündel auf die Schulter und sage zu ihm: «Lehn dich ruhig hier an. Ich gebe acht, daß ich dich nicht berühre.» Ehe ich ausgesprochen habe, entreißt er mir das Bündel. Wahrscheinlich enthält es seine Kleidung. Wer weiß, was ihr auf meiner Schulter zugestoßen ist?

Niemals habe ich einen überzeugenderen Beweis dafür bekommen, daß es wahrscheinlich keine Kleinigkeit ist, Brahmane zu sein. Und in aller Unschuld nötige ich dem armen Jungen noch eine weitere harte Charakterprobe ab. Ich hole eine Rolle Kekse aus meiner Tasche. Sie ist angebrochen. Als ich sie dem

Jungen hinhalte, betrachtet er sie mit lebhaftem Interesse, dann dreht er den Kopf ein klein wenig. Vermutlich, um festzustellen, ob Dasu ihn beobachtet. Aber mitten in der Bewegung überfiel ihn Scham, und er wandte sich mit einem zornigen Laut ab. Solange ich kaute, zeigte er mir den Rücken.

An der nächsten größeren Station belohne ich ihn für seine Charakterfestigkeit. Wir gehen zu einem Stand mit Süßigkeiten, und er darf sich etwas Gutes aussuchen, das nicht von mir berührt wird.

In manchen Augenblicken empfinde ich, daß mein Leben in und doch zugleich außerhalb der Gemeinschaft der Āshramiten etwas Gespenstisches hat. Seit einiger Zeit glaube ich eine gewisse Doppelbödigkeit zu spüren, wo immer ich den Fuß hinsetze. Wäre man naiv genug, man könnte meinen, daß sich das Leben hier – abgesehen von einigen Bräuchen, die meistens mit dem Essen zusammenhängen – nicht allzusehr vom Leben in einer religiösen Gemeinschaft des Westens unterscheidet. Aber das dürfte ein Irrtum sein. Buajis Verhalten gibt mir zu denken.

Sie verbringt ihre Ferien von der Universität in Allahabad, wo sie Englisch unterrichtet, bei Mā. Ohne Zweifel ist sie nicht nur gebildet, intelligent, sehr informiert über Mās philosophischen Standort, sondern auch eine eifrige Pilgerin auf dem Pfad zur Erleuchtung und menschlich sehr sympathisch. Ich glaubte bisher, eine freundschaftliche Beziehung zu ihr zu haben. Dies und die Tatsache, daß sie ein reiferer, älterer Mensch ist, von dem nützlicher Rat erwartet werden kann, hat mich gelegentlich dazu bewogen, in «schwachen Augenblicken» meiner Verstimmung über gewisse Schwierigkeiten ihr gegenüber Luft zu machen. So beklagte ich mich dieser Tage über die in R. getroffene Regelung meines Abendessens:

Da sich die Āshramtür in der Nähe der Küchenregion befand, durfte ich, wie mir bedeutet wurde, das Haus aus Gründen der rituellen Verunreinigungsgefahr nicht betreten. Während der ersten Tage hieß das unter anderem, daß ich abends zwei bis drei Stunden im dunklen Garten auf mein Essen warten mußte, den eisigen Winden ausgesetzt (Indien erlebt gerade eine Kältewelle), für die es nur ein Katzensprung ist, vom höchsten Gipfel der Welt, dem Mount Everest, zu uns herüberzuwehen. Manchmal rissen sie mir das Essen von meinem Blatteller, und es kam wenigstens den streunenden Hunden zugute, die mich hungrig knurrend umschlichen.

Ich verheimlichte Buaji meine Verstimmung auch nicht, als ich erfuhr, daß sie und die meisten anderen mit Taxis zum Zug fahren würden, während ich auf den 5-Uhr-Frühbus angewiesen war. Ärgerlich war ich keineswegs, weil ich die unbequeme Busfahrt scheute, sondern nur, weil mich die Rücksichtslosigkeit gegenüber dem Gast, die darin zum Ausdruck kommt, schmerzte. Und es schmerzte mich wiederum nur, weil ich doch am liebsten überhaupt nichts Unerfreuliches in Mās Umgebung erleben möchte.

Buaji reagierte auf meine Klage, indem sie verschwand. Während der letzten Tage war sie für mich nicht mehr erreichbar. Entweder blieb sie im Āshram, oder sie hielt sich hinter dem Haus in einem Gelände auf, das ich nicht betreten konnte.

Im Grunde bin ich dankbar, daß ich nicht mit Ausreden beschwichtigt werde. Es ist zwar im Augenblick frappierend, wenn mir Svāmiji zum Beispiel ohne jeden Kommentar verbietet, mich zum Lesen in die Ecke eines Zimmers zu setzen, in dem sonst alle Leute ungehindert aus und ein gehen. Aber wenn mir keine Erklärung gegeben werden darf, so ist mir dieses lakonische Verbot am liebsten.

Ich erinnere mich daran, wie mir Panuda im Āshram in Benares erklärte, ich solle in der Stadt essen, weil der Koch mit der Versorgung der 150 bis 200 Gäste ohnehin überlastet sei. Diese Erklärung empfand ich sofort als Ausrede. Wer für 150 bis 200 Menschen kocht, wird durch einen weiteren Esser nicht belastet. Es störte mich, daß mir nicht der wahre Grund gesagt wurde. Aber ich empfand auch, daß Panuda mir diese unzutreffende Begründung aus Freundlichkeit gab. Er wollte mich nicht nur durch eine lakonische Anordnung von den Mahlzeiten des Āshrams ausschließen.

Svāmiji mit seiner unerschütterlichen inneren Sicherheit leistet sich diese Einsilbigkeit, und er kann sie sich auch leisten. Ich käme nie auf die Idee, eine persönliche Unfreundlichkeit darin zu erblicken.

Die Frage ist: Warum habe ich in zunehmendem Maße das Gefühl der Doppelbödigkeit meiner Existenz hier? Ich bin sicher, daß die Antwort auf diese Frage mir zugleich die Gründe für das Verhalten der Āshramiten geben würde. In gewissem Sinne muß die Wirklichkeit für sie anders beschaffen sein als für mich. Ich lebe mit ihnen, als sei meine Wirklichkeit auch die ihre, obwohl ich ahne, daß dem nicht so ist. Wenn ich ihr Verhalten von «meiner Wirklichkeit» her beurteile, versuche ich, den Wärmegrad der Luft in Zentimetern zu messen. Das führt zu keinen brauchbaren Ergebnissen.

Kürzlich hatte ich eine Unterhaltung mit Mā, bei der ich ihr in einem bestimmten Zusammenhang sagte: «Ich habe während der Zeit, in der ich mit dir unterwegs war, viel gelernt.»

Mā unterbrach mich lachend – und doch mit einem deutlichen Ausdruck von Schmerz in den Augen: «Ja, ja, mit all diesem Ausgesperrtsein und all den Unbequemlichkeiten und Mühen, die du auf dich nehmen mußt. Dafür bist du von so weither gekommen, nicht wahr? In Puri hast du in der Sonnenglut gestanden, und hier stehst du in der Kälte draußen. Und alles mir zuliebe.»

Einen Augenblick lang schwieg Mā, und ich nutzte ihn, um ihr zu sagen: «Ich versuche, gleich dankbar für die Leiden wie für die Freuden dieser Zeit zu sein. Auf die Dauer wird es mir auch gelingen.»

Mā sah mich mit einem Lächeln an, das mir verriet: Sie durchschaut deine Situation vollkommen. Plötzlich wurde ihr Gesicht ernst. «Wenn ich dich manchmal draußen stehen sah, sind mir die Tränen in die Augen gestiegen», sagte sie, «es ist doch Gott, der in der Verkleidung der Fremden zu uns kommt.» Sie schwieg eine Weile, dann knüpfte sie an das an, was ich vorher gesagt hatte: «Ja, man muß lernen, Schmerz und Freude mit gleicher Gelassenheit hinzunehmen.»

Ich habe lange der Versuchung widerstanden, mich wegen äußerer Schwierigkeiten bei Mā zu beklagen. Leider bin ich vor einigen Tagen von meinem Grundsatz abgewichen. Die «Strafe» ließ nicht auf sich warten: Mā war fast anderthalb Stunden lang nicht von dem leidigen Thema abzubringen, dem ich nicht mehr als fünf Minuten widmen wollte. Sie blieb mit ihren Erläuterungen völlig auf der «Ebene meiner Unwissenheit», das heißt, sie sagte mir, was mir auch jeder andere sagen kann. Das Instrument ließ die Musik hören, die ich gespielt hatte. Hätte ich die Frage auf einer anderen Ebene gestellt, es wäre mir anders geantwortet worden. Aber ich war dazu nicht in der Lage: Ich tappte hinsichtlich jenes Aspektes der Wirklichkeit, den ich nicht mit den Āshramiten teile, so sehr im dunkeln, daß ich keinen greifbaren Ansatz für eine Fragestellung hatte, die das Problem auf seine eigentliche Ebene gehoben hätte.

Übrigens habe ich das Gefühl der Doppelbödigkeit im Umgang mit Mā niemals.

Tapasyā, Kundalinī und die Theorie
der Vibrationen

In meinem Sanskrit-Lexikon wird *tapasyā* mit «Glut, Hitze, Wärmeenergie» wiedergegeben, dabei höre ich, daß es im lebendigen Sprachgebrauch stets mit «Askese» übersetzt wird. Der Begriff taucht häufig in den vedischen Göttermythen auf, von denen ich eine Auswahl in englischer Nacherzählung habe. Dort heißt es zum Beispiel sinngemäß: Dieser oder jener Asket «sammelte so viel Tapasyā» an, daß die Götter fürchteten, er werde sie mit der mächtigen Glut seiner gespeicherten Energie verbrennen. Einer von ihnen nimmt dann die Gestalt einer verführerischen Frau an, stört den Tapasyā-Sammler aus seiner Versenkung auf, reizt seine Begierde, und schon verflüchtigt sich die Macht der angesammelten Hitze. Die geistige Glut verwandelt sich in das Feuer sinnlicher Leidenschaft und verpufft auf der Ebene des Körperlichen.

Vermutlich stecken hinter diesen Bildern konkrete Erfahrungen. Was ist diese Tapasyā? Einer der Mönche sagte kürzlich: «Ziemlich viele Menschen haben eine mehr oder weniger deutlich wahrnehmbare elektrische Ausstrahlung. Man redet dann laienhaft von magnetischen Kräften.» Bei anderer Gelegenheit habe ich sagen hören, daß es sich hier um physikalisch meßbare Schwingungseinheiten handeln soll.

Zuweilen empfinde ich, daß sich solche Energien auch in mir sammeln, und zwar strahlen sie von der Gegend des Sacrum her auf den übrigen Körper aus. In Zeiten, da man über sie verfügt, hat man das Wohlgefühl einer starken Lebenskraft. Mehrmals habe ich erlebt, daß sie den Körper plötzlich – und zwar im Zusammenhang mit seelischen Erschütterungen – verlassen. Dann glaubt man, sein letztes Fünkchen Wärme hergeben zu müssen. Man vereist förmlich.

Unterhalb des Sacrum «schläft», nach Auffassung der Shāktas, auch die Kundalinī, die zu erwecken eines der ersten Ziele des Kundalinī-Yoga ist. Wenn sie erwacht und durch die Chakras nach oben wandert, soll – so heißt es – in jedem von ihr durchstoßenen Chakra eine starke Hitze entstehen. Wahrscheinlich ist der Kampf um die Erweckung und Aufwärtsführung der Kundalinī identisch mit dem Vorgang der Sammlung von Tapasyā. Vielleicht kann man weiterschließen, daß diese Methode – westlich ausgedrückt – dazu dient, die magnetische Kraft, deren Wurzelort in der Gegend des Sacrum ist (und also identisch mit dem Wurzel-Chakra sein könnte) zu intensivieren und ihre Ausstrahlung in gesammelter Stoßrichtung (also nicht diffus) durch bestimmte Nervenzentren hindurch nach oben zu führen. Was sich bei der sogenannten Vermählung von Shiva und Shakti (wenn die Kundalinī das höchste Kopf-Chakra erreicht hat) physiologisch ereignen mag, wage ich nicht zu mutmaßen, jedenfalls ein Vorgang, der zu einer unerhörten, ekstatischen Bewußtseinserweiterung führen soll.

Die Bewegungen der Kundalinī- oder magnetischen Kraft (wenn diese Gleichsetzung hier hypothetisch erlaubt ist) ereignet sich im psychophysischen Grenzbereich. Man spürt sie nicht «körperlich», sondern «auch körperlich». In ethischer oder religiöser Beziehung ist diese Kraft an sich indifferent. Auch ein böser Mensch kann Tapasyā sammeln oder magnetische Kräfte ausstrahlen. Reichtum an Tapasyā ist nicht identisch mit Heiligkeit oder Güte.

Dennoch gibt es eine Berührungszone zwischen der «wertfreien» Tapasyā und dem Streben nach Wahrheit oder Gotterfülltheit. Ein Mensch, der von brennender Sehnsucht nach Gott erfüllt ist, hat die günstigsten psychischen Voraussetzungen für die Anhäufung von Tapasyā oder – falls er ein Kundalinī-Yogi ist – für die Realisierung der Vermählung von Shiva und Shakti. Die Welt hat keine Versuchung mehr für ihn. Er «hungert und dürstet» (fastet) im konkreten Sinne nach Gott und «verbrennt» in seiner Sehnsucht.

Vermutlich kann in dem gleichen Sinne «hungern und dürsten» oder «verbrennen», wem es um die dämonische Macht über Menschen und Dinge geht: der Magier, auch der

Schwarzmagier. Wer über genug Tapasyā verfügt, dem wachsen die Siddhis – übernatürliche Kräfte – zu, so lehrt es die indische Tradition. Er kann Wunder wirken, etwa einen unheilbar Kranken heilen. «Übernatürlich» würde eine solche Heilung im christlichen Sinne freilich erst, wenn sie aus dem Impuls aufopfernder Liebe geschähe. Das hat mit der Mechanik des Wundervorganges und seiner Vorgeschichte (d. h. der Bildung von Siddhis) nichts zu tun. Im Grunde neige ich dazu, auch die Siddhis als «natürliche Kräfte» anzusprechen. Wir nennen sie übernatürlich, weil wir noch fast nichts über ihre Natur wissen.

Mās «Wunder» – wenn man so will, hat sie auch eines an mir gewirkt, indem sie mich, buchstäblich von einem Augenblick zum anderen, von einer langjährigen, schweren Schlafstörung befreite – würde ich ohne Zögern als «Akte der Heiligkeit» bezeichnen. Aber nur, weil sie von einem Menschen getan werden, der sich mit seiner Mitte in Gottes Mitte weiß. Religiöse Lehrer oder Heilige von ihrer Art lassen übrigens auch nie den geringsten Zweifel daran, daß jeder auf die Erkenntnis höherer Wahrheit gerichtete Yoga mit einer strengen Reinigung und Selbstzucht beginnt und daß der Yōgi, der die Siddhis mißbraucht, sich im selben Augenblick um jeden geistigen Fortschritt gebracht hat.

12. Februar 1964

Vor einiger Zeit wies mich eine Muselmanin, die sehr vertraut mit der indischen Weisheitslehre ist, auf die Schwingungstheorie hin. Ich habe den Eindruck, daß hier das Geheimnis des Phänomens zu suchen ist, auf das ich mit diesem Gefühl von Doppelbödigkeit reagiere.

Wer in der mystischen Tradition der indischen Welt-Erfahrung lebt, für den sei, so hörte ich, letztlich alles auf das Phänomen der Vibration zurückzuführen. Während die westliche Naturwissenschaft vom Schwingungscharakter des Lichts spreche und ihre Aufmerksamkeit neuerdings immer häufiger auf das Problem der Schwingungen richte, hätten indische

Denker bereits vor Jahrtausenden alle Erscheinungen der Wirklichkeit – die sichtbaren und die unsichtbaren – als Vibration oder Wirkung von Vibration definiert.

Ich habe den Eindruck, daß sich hinter dem Stichwort Vibration eine äußerst vielschichtige, verzweigte und komplizierte geistige Landschaft für den öffnet, dem die Möglichkeit gegeben ist, einzudringen.

Diese Möglichkeit hatte ich aus vielerlei Gründen nicht, und so deute ich nur das wenige an, das ich festhalten konnte, ohne mir einzubilden, daß ich es wirklich verstanden habe.

Alles sei Schwingung, aber jede Schwingung unterscheide sich durch ihre Länge, Breite, Dauer, Farbe, ihren Rhythmus, Klang usw. von jeder anderen. Außerdem gebe es eine unendliche Abstufung feiner und grober Schwingungen, wie sich auch die Art der Schwingungen unterscheide, die zu den Phänomenen im Reich des Mineralischen, des Pflanzlichen, im Tier- und im Menschenreich führen.

Der Mensch selbst sei ein äußerst komplexes Gebilde von Schwingungen, und er lebe im Medium der Schwingungen wie der Fisch im Wasser. Bei einer sehr groben Unterscheidung könne man von den Gefühlsvibrationen, deren Empfangs- und Sendeorgan die Seele sei, und von den Gedankenvibrationen reden, die der Mensch durch seine Sinne wahrnehme, wenn er sie auch nicht als Schwingungen erkennen könne, nämlich jene von der Materie oder von Erscheinungsformen wie dem Licht.

Je feiner eine Vibration sei, desto weiter reiche sie. Das gesprochene Wort zum Beispiel sei eine ziemlich grobe Vibration und reiche daher nur vom Mund des Sprechenden bis zum Ohr des Hörenden, während der Gedanke viel feinere Schwingungen erzeuge, die sich um die ganze Erde fortpflanzen könnten.

Wer seine Sensibilität dafür geschult habe, der erkenne die Vibrationen eines Menschen in einem Raum, in dem dieser sich aufgehalten habe, in einem Bett, in dem dieser gelegen habe, in dessen Kleidung, in dem Baum, unter dem er Schutz vor der Sonne gesucht habe. Unbewußt registriere jeder Mensch mehr oder weniger intensiv diese Schwingungen. Das Geheimnis der Wirkung heiliger Orte beruhe auf dem Nachhall der Schwingungen, die ein heiliger Mensch dort hinterlassen habe, und auf den Vibrationen aller andächtigen Seelen, die nach ihm an diesen Ort kamen. In Indien wisse man, daß die Anwesenheit eines Heiligen für das Schicksal des Landes, der Stadt usw. nicht unwichtiger ist als eine gute Regierung. Der Heilige sende mit seinen Vibrationen auch seinen Frieden in das Land aus. Wer nach Erleuchtung strebe, könne sich am besten dadurch fördern, daß er die Gegenwart erleuchteter Menschen oder Heiliger aufsucht, um sich von ihren Vibrationen «stimmen» zu lassen wie ein Instrument. Darum empfiehlt Mā wieder und wieder Satsang.

Es sei auch nicht etwa naiver Optimismus, wenn Mā sage: «Halte dich an das Gute im Menschen, und hüte dich und deine Mitmenschen nach bestem Vermögen vor jeder Art böser Gedanken!» An unzähligen konkreten Erfahrungen könne jeder Hellhörige ablesen, daß die Vibrationen guter Gedanken und Gefühle Gutes bewirken, während für die Wirksamkeit des Bösen das Entsprechende gelte.

Wer das Gesetz der Schwingung in seinen Wirkungen kenne und erkenne, wisse auch, daß alles an der Oberfläche getrennt Erscheinende sich auf einer inneren Ebene berührt, da es Schwingung sei. Insofern bestehe eine unendliche Kommunikation zwischen allem. Darum greife auch jede Friedensstörung, die von einem bösen Gedanken oder Gefühl ausgeht, jeden und jedes an, und darum trage jeder von uns bei allem, was er tut, spricht und denkt, Mitverantwortung für alles, was in der Welt geschieht.

Insofern alles Schwingung sei, sei auch die übliche Unterscheidung zwischen Körper und Geist unzureichend. Man habe in Indien bereits vor Jahrtausenden vieles über die Wechselwirkung zwischen beiden gewußt, was die moderne westliche Psychosomatik erst jetzt erkennen würde.

Als ich in Vindyachal einen alten Mann fragte, aus welchem Grund er sich das Essen stets selbst koche, sagte er:

«Ihr Leute aus dem Westen ahnt fast nichts von der geistigen Wirkung der Lebensmittel, die ihr eßt. Ihr beobachtet ihre Wirkung auf den Körper, aber von ihrer viel wesentlicheren Wirkung auf eure Seele wollt ihr nichts wissen. Mit dem Essen, das ich zu mir nehme, nehme ich auch die Gefühle, die Stimmungen und einen Bestandteil der Gedanken des Kochs zu mir. Als Schwingung überträgt sich all das von ihm auf das Essen und vom Essen auf mich.» Darum dürfen auch nur Menschen, von denen eine bestimmte spirituelle Reife erwartet wird, im Āshram kochen, und darüber hinaus müssen besondere Vorbedingungen von denen erfüllt werden, die für Mā kochen.

Die Leute, die sofort das Stichwort «Hygiene» zur Hand haben und meinen, damit sei das Problem der «eigentlichen» Ursachen gewisser ritueller Tabus erledigt, sind naive und ahnungslose Rationalisten. Ich habe das immer vermutet. Hier finde ich eine Bestätigung.

Wer in die Wüste oder in eine Himalaja-Höhle geht, befreit sich von den störenden Vibrationen seiner Mitmenschen. Jedenfalls von den groben Störungen durch ihre körperliche Nähe. Nach der Auffassung der Hindus kann eine spirituelle Gefährdung durch störende Vibrationen eintreten. Die Vibrationen eines Menschen sind auch in seinem Blick und in seiner Kleidung. Darum tragen Sādhus nie ein Kleidungsstück, das schon ein anderer getragen hat, es sei denn, ein Erleuchteter schenkte ihnen sein Gewand. Darum nimmt auch niemals einer der Āshramiten meine Jacke in Aufbewahrung (neulich legte ich sie schließlich aufs Āshramdach, weil nur dort niemand durch ihre Berührung «beeinträchtigt» werden konnte). Darum kann, so wird gefolgert, ein Blick auf das Essen eines anderen es unter Umständen zu einer schädlichen Nahrung machen.

Am intensivsten wird der Einfluß der Vibrationen durch körperliche Berührungen. Das ist wahrscheinlich auch der Grund, warum die Āshramiten sich scheuen, im selben Taxi mit mir zu fahren. Indische Taxis sind fast immer überfüllt. Es wäre in der Tat wohl unmöglich, mit mir im gleichen Taxi zu sitzen und mich dennoch nicht zu berühren.

Offenbar gibt es Körperzonen, deren Berührung die dabei entstehenden Vibrationen besonders unrein (*juta*) macht. Dazu gehört der Mund. Wenn ich also aus einem Becher trinke, ist dieser unrein und muß rituell gereinigt werden, falls ich ihn nicht fortwerfe, ehe jemand anders ihn benützt. Es sei denn, ich gieße mir die Flüssigkeit in den Mund, ohne das Gefäß mit den Lippen zu berühren, was man viele Menschen tun sieht. Wenn Prasād ausgeteilt wird, beobachtet man immer wieder, daß die Leute sich die geheiligte Speise in den Mund werfen, damit ihre Hand durch seine Berührung nicht unrein wird.

Vermutlich hängen Vibrationstheorie und orthodoxe Praxis auch eng mit dem Kastensystem zusammen. Ein orthodoxer Brahmane würde nie etwas essen, das nicht von einem Brahmanen gekocht wurde, und innerhalb der Brahmanen-Kaste werden noch weitere Unterschiede gemacht. Bei großen Festen kochen die Brahmanen der verschiedenen Unterkasten getrennt für ihre Kastengenossen.

Kastenlose, zu denen jeder Nicht-Hindu gehört, lösen besonders störende Vibrationen aus. Darum soll ich kleine Āshrams, in denen die Āshramiten ohnehin in drangvoller Enge miteinander leben, nicht betreten. Veranden bilden eine Ausnahme, denn sie sind mindestens nach einer Seite hin offen. Wenn man die Vibrationstheorie zugrunde legt, kann man sich vorstellen, daß die Einflüsse der Schwingungen unter freiem Himmel weniger intensiv sind, weil sie sich schneller verbreiten. Was wiederum nicht für alle Vibrationen gelten kann, denn zum Beispiel für die sehr feinen Gedankenschwingungen bilden Mauern ja keinerlei Hindernis, sich zu entfalten.

Meine Betrachtungen sind laienhaft und daher vielleicht zu kühn. Immerhin verstehe ich jetzt, daß die Wirklichkeit für Menschen, die mit den Vorstellungen dieser Theorie und mit ihrer praktischen Anwendung aufgewachsen sind, einen Aspekt mehr hat als für mich.

Die Hindus sind überzeugt, daß Mā eine unmittelbare Einsicht in die sehr komplexen Zusammenhänge dieses Gebietes besitzt, daß sie die Schwingungen spürt und in gewissem Sinne mit ihnen «arbeiten» kann. Etwa bei Heilungen oder bei spiritueller Einwirkung. Offenbar fühlt sie sich selbst nicht durch meine Vibrationen gefährdet, wie die Āshramiten, denn sie hat mir erlaubt, ihr eine Kette, die ich jahrelang getragen habe, um den Hals zu legen, und sie berührt mich oft. Damit mag zusammenhängen, daß ich dieses Gefühl der «Doppelbödigkeit» ihr gegenüber nie habe. Sie respektiert auch die rituellen Eßvorschriften nicht deshalb, weil sie sich selbst zu verunreinigen fürchtet, sondern aus Rücksicht auf ihre orthodoxen Anhänger. Aus denselben Gründen nimmt Mā die von ihr offensichtlich als schmerzlich empfundene Situation auf sich, «Gott in der Verkleidung des Fremden» vor ihrem Haus in der tropischen Sonne und im eisigen Wind stehen zu lassen.

Ich halte mich nicht für berufen, Kritik an diesem Umstand zu üben. Meine Einsichten auf diesem Gebiet können nur ganz oberflächlich sein und geben mir daher nicht die sachlich angemessenen Kriterien.

Daß die Āshramiten nicht über die Vibrationstheorie reden, verstehe ich. Sie mögen mit Menschen aus dem Westen und mit ihren «aufgeklärten» Landsleuten trübe Erfahrungen gemacht haben. Es gehört wenig Phantasie dazu, sich vorzustellen, wie die meisten «modernen» Menschen auf die Zumutung, derartige Dinge ernst zu nehmen, reagieren werden.

Mir fällt ein junger Schweizer ein, der hinsichtlich der Essensvorschriften im Āshram sagte: «Was für ein verschrobener Unsinn!» Ich antwortete ihm darauf: «Was für ein schöner Beweis Ihrer Beschränktheit!» Nämlich ein Beweis für die Beschränktheit, die seiner Einsichtsfähigkeit durch die Schranken des westlichen Horizonts auferlegt ist. Meine eigene erste Reaktion war sehr ähnlich. Wir sind immer in Gefahr, fremde Erscheinungen, deren Hintergründe und Zusammenhänge wir nicht durchschauen, abzuurteilen. Vermutlich gilt das vor allem für Phänomene aus dem Bereich der außerchristlichen Religionen.

Für den Durchschnittsmenschen aus dem Westen sind das die «heidnischen» Religionen, und Heidentum ist für ihn gleich primitiv, rückständig, archaisch..., während die christliche Religion, die Religion der hochzivilisierten westlichen Welt, selbst von solchen Menschen als «fortschrittlicher» empfunden wird, die zum Religiösen überhaupt keine Beziehung mehr haben. Ich beschließe, zunächst davon auszugehen, daß die östliche Weltdeutung mit ihren Vibrationsvorstellungen auf eine Wirklichkeitserfahrung antwortet, die mir nicht zugänglich ist. Die rituelle Ausformung dieser Erfahrung betrachte ich ohne Vor-Urteil.

Eines wird mir allmählich immer deutlicher: wie naiv wir sind, wenn wir davon ausgehen, daß die uns begegnende Wirklichkeit identisch sei mit jener Wirklichkeit, in der die Menschen einer anderen Kultur leben. Die Vibrationstheorie ist ein eklatantes Beispiel dafür. Im Grunde gibt sie jedem Phänomen eine zusätzliche Dimension, für deren Wahrnehmung wir kein Organ haben. Selbst die Leere eines Zimmers kann – wenn die Theorie stimmt – gefüllt sein mit den «nachschwingenden Potenzen» eines Menschen, der sich dort aufgehalten hat. Wäre meine Empfangsanlage empfindlich genug, ich würde in Neu-Delhi die Schwingungen eines Gedankens aufnehmen, der in Berlin gedacht wurde.

Oder die grundlegende Andersartigkeit der Wirklichkeitserfahrung, die dadurch gegeben sein muß, daß die traditionelle Vorstellung der Māyā immer noch gilt oder – im moderneren Denken – nachwirkt: Die ganze Vielfalt aller Phänomene der «Wandelwelt» – nichts als Trug!

Oder Līlā: die Vorstellung vom Weltgeschehen als dem ewig spontanen Spiel des Höchsten Selbst mit Sich-Selbst. Die Unendlichkeit der Zeit: Für den Christen ist sie rückwärts durch die Vorstellung der Schöpfung und vorwärts durch jene des kommenden Reiches Gottes begrenzt. Wenn ich mich in die Hindu-Vorstellung der ewig anfangs- und endelosen Wiederkehr der Welten vertiefe, spüre ich, wie sehr wir geschützt sind durch unsere Anschauungen und Begriffe. Wir rammen sie wie Pfeiler in den reißenden Strom gesichtsloser Unendlichkeit.

Wie anders müssen die psychischen Strukturen von Menschen beschaffen sein, die so andere Vorstellungen in dieselbe Wirklichkeit hineinprojizieren als wir!

Im Zug nach Vrindāvan. Acht Minuten hatte der Zug Aufenthalt in Patna. Es gelang wieder mit Hilfe einiger Kulis, was ich auf all diesen Reisen beinahe als ein Wunder empfand: die unheimlichen Gepäckmengen in rasendem Tempo in ein bereits überfüllt wirkendes Dritter-Klasse-Abteil hineinzuwerfen und am Schluß über die Berge von Bettrollen, Bündeln, Eimern und Kisten, die die Tür fast ganz versperrten, selbst noch in den Zug zu klettern. Im Abteil dauerte es lange, bis alles leidlich verstaut war, und dann fand jeder einen Platz auf einem der Gepäckstücke.

Bei der nächsten größeren Station habe ich Glück; ich beobachte, wie ein alter Muselman, der auf dem Gepäckbrett über einer Bank gelegen hatte, sein Bündel schnürt und herabsteigt. Es gelingt mir, den Platz zu belegen. Ich kann mein ganzes Gepäck auf dem breiten Brett, das ein paar Zentner trägt, verstauen und mich selbst noch dort ausstrecken.

Das Wetter ist umgeschlagen, es ist plötzlich tropisch heiß. Alle Fenster stehen offen. Schwärzlicher Staub liegt auf Gesicht und Händen, Kleidung und Gepäck. Es fällt mir ein, wie unangenehm mir das bei meinen ersten Fahrten durch Indien war und wie gleichmütig ich es jetzt über mich ergehen lasse. Daß ich mich früher jede Stunde wusch, war sinnloser Verschleiß von Energie. Man lernt, seinen Widerstand gegen die übermächtigen Verhältnisse nur da anzusetzen, wo es sinnvoll ist.

Das Geschnatter von einem halben Dutzend verschiedener Dialekte klingt wie eine einzige Sprache an mein Ohr, und obwohl ich kaum etwas davon verstehe, erzeugt es ein Gefühl von Vertrautheit. Die gleiche Wirkung hat der Geruch, der zu mir aufsteigt, und der mir vor Monaten manchmal Übelkeit bereitete. Es riecht nach Staub und Schweiß, nach billigen Haarölen, nach Früchten, die ich nie gegessen habe und deren Namen ich nicht kenne, nach fremdartigen Süßigkeiten, ranzigem Fett und dem Sandelholzduft von Räucherstäbchen, der an der Kutte eines Mönches haftet.

Ich muß wohl lange geschlafen haben. Als ich aufwache, steht der Zug in einer Station. Durch die Fenster dringen die schrillen Rufe der Händler: *tshai, tshai, tshai* (Tee); *zigret, zigret; dhud, dhud* (Milch) . . . , Kindergeschrei, der Lärm einer umsteigenden Soldatengruppe. Noch halb im Schlaf lasse ich mich ins Parterre hinabgleiten. In dem Augenblick, in dem ich an die Tür des Abteils trete, kommt Mā auf dem Bahnsteig an mir vorbei, ein gelbes Frottiertuch hängt lose über ihrem Kopf. Sie blickt mich groß an. Jemand, der hinter ihr geht, schüttet mir Nußkerne in die Hände.

Ich mache auf der Stelle kehrt und steige wieder auf mein

Brett. In der Sekunde, in der Mās Blick mich traf, habe ich etwas erkannt, das mir den Atem verschlägt. Unmöglich, es angemessen in Worte zu kleiden. Während ich mich wieder auf meinem Brett ausstrecke, fasse ich den Entschluß, Mā noch in dieser Woche zu verlassen.

Ich werde ihr sagen: Es ist Zeit, daß ich dich nicht mehr in den Āshrams suche oder in den Zügen oder bei Gītā-Wochen in den Häusern deiner Anhänger, geduldig oder ungeduldig; voll Freude, wenn ich dich sehen konnte, und enttäuscht, wenn ich blind war für das, was ich suchte, mit viel Unruhe, mit mancherlei Verstimmungen, und voll Dankbarkeit, wenn du mir halfst, sie zu überwinden. Es war gut, mit dir zu gehen, wie ich bisher mit dir gegangen bin. Aber seit heute weiß ich, daß ich weiter nach dem suchen soll, was ich in dir gesucht habe, indem ich es in mir selbst suche.

15. Februar 1964

Vrindāvan. Auch hier hat Mā einen großen Āshram, der mitten in einem schönen Garten steht. Ich werde in einer Pilgerherberge einquartiert.

Vrindāvan ist der heilige Ort Shrī Krishnas, und ich habe mir einen kleinen, metallgegossenen Gopāl (Krishna-Knaben) gekauft. Er steht nackt auf meinem Koffer. Als ich gestern aus dem Āshram zurückkam, machte mir die Frau, die die Herberge betreut, klar, daß ich Gopālji unmöglich so unbekleidet dort stehen lassen könne. Ob ich ihn etwa mit nach Deutschland zu nehmen beabsichtige, obwohl es dort doch viel zu kalt sei für ihn. Beklommen muß ich zugeben, daß ich diesen Plan in der Tat hege. Die Frau schüttelt bekümmert den Kopf. Sie begleitet mich in mein Zimmer: Gopāl ist in ein Stück Stoff vom Gewand eines Mönches gehüllt. Seufzend nimmt sie ihn an sich und verschwindet. Heute abend steht er, prächtig gekleidet, vor meinem Bett. Er trägt ein Hemd aus weinroter Seide, einen gelben Mantel und eine Perlenkrone.

Als ich mich bei der Frau bedanke, unterbricht sie mich vorwurfsvoll: «Wie, du meinst doch wohl nicht, daß ich Gopālji dir zuliebe so hübsch angezogen habe? Keineswegs! Er ist mehr als alle Könige der Welt, und du wolltest ihn nackt mit nach Europa reisen lassen!»

In einer der nächsten Nächte erweist er der treuen Anbeterin seine Huld. Als ich heimkehrend vor meiner Zimmertür stehe, stelle ich fest, daß ich das Vorhängeschloß habe zuschnappen lassen, indes der Schlüssel sich im Raum befindet. Ich muß die Frau wecken und um Hilfe bitten. Sie gibt mir eine Handvoll Schlüssel, aber keiner will passen. Später versucht sie es selbst, und während sie den ersten ins Schloß steckt, betet sie den Namen des kindlichen Gottes: «Gopāle, Gopāle, Gopāle...» Siehe da – das Schloß öffnet sich mühelos.

Die Legende berichtet, daß Shrī Krishna seine Kindheit und Jugend hier, an den Ufern der Jamuna, unter den Rinderhirten von Vrindāvan verbracht hat, dessen Name für seine Anbeter gleichbedeutend ist mit der Vorstellung von «Himmel», «Ort der Seligkeit». Ihm zu Ehren soll es mehr als 5000 Tempel hier geben, obwohl Vrindāvan nur wie ein Landstädtchen wirkt. Vermutlich wurden dabei viele unscheinbare Schreine mitgerechnet.

Freilich gibt es auch eine stattliche Anzahl großer Tempel. Manche liegen hinter hohen Mauern. Ich bin an den meisten von ziemlich grimmigen Wächtern abgewiesen worden. Um so entgegenkommender zeigten sich die Bettler. Manchmal umlagerten zwanzig, dreißig und mehr die Tempeltore, und sobald ich den Rückzug antrat, hefteten sie sich mit lautem Geschrei an meine Fersen. Es fiel mir auf, daß vor einigen Tempeln nur Frauen bettelten. Die waren besonders hartnäckig.

Als ich gestern an einem Stand im Basar Tee trank, schob sich plötzlich von hinten ein weicher, buntbemalter Elefantenrüssel über meine Schulter und tastete nach der Hand, die den Becher hielt. Großes Gelächter bei den Leuten, als ich vor Schreck aufsprang. Der Elefant hatte eine mit kunstvollen Ornamenten verzierte Stirn und Ohren, die in allen Farben prangten. Schön, daß es so viele Tiere in dieser Stadt gibt. Immer wieder begegnet man hochnäsig daherkommenden Kamelen.

In meiner *dharmashalla* (Pilgerherberge) trippelt eine zierliche

braune Pfauenhenne von Zimmer zu Zimmer und pickt neugierig an *beddings* und Koffern. Ich nenne sie Krishni. Der Pfau
ist der Vogel Shrī Krishnas. In den Wäldern rings um Vrindāvan lebt er geschützt. Wenn es Abend wird, hört man seinen
durchdringenden klagenden Schrei aus den Gärten hinter dem
Āshram. Dort sind riesige Pilgerherbergen, in denen zu bestimmten Zeiten des Jahres viele tausend Männer und Frauen
Unterschlupf finden. Jetzt liegt alles wie ausgestorben da unter
einer gelblichen Staubschicht. Nur in den Baumkronen lärmen
bunte Vögel, und manchmal fällt eine Horde von Affen in die
verwaisten Gärten ein und sucht nach den letzten Früchten, die
an den Zweigen verdorrt sind.

Ami, die in einem christlichen Land (USA) aufgewachsen ist
und ein kleines Neues Testament in ihrem Gepäck bei sich
trägt, scheint fasziniert zu sein von der Gestalt Shrī Krishnas.
Im Augenblick «sammelt» sie Legenden aus seinem Leben, die
an christliche Motive anklingen. Heute las sie mir einen Ab-
schnitt aus den Purānas vor, in dem von der Menschen-Mutter
des Gottes die Rede ist:

«Niemand konnte Devakī anblicken, ohne von ihrem
Strahlenglanz geblendet zu sein. Männer und Frauen verloren
das Bewußtsein angesichts von so viel Licht, aber die Götter
priesen sie Tag und Nacht, die den Höchsten Herren in ihrem
Leib trug. Sie sagten zu ihr: Du bist das heilige Opfer, Fülle der
Weisheit und Nektar der Unsterblichkeit. Du bist das Him-
melslicht. In deinen Leib ist der eingegangen, der alle Welt
beschützen wird. Göttliche, du bringst uns das Heil. Um der
Liebe willen trage den göttlichen Herrn, der alle Welt trägt.»

«Ist das nicht wie ein Preisgesang der Engel auf die Mutter
Jesu?» sagte Ami. Mir fiel im gleichen Zusammenhang eine
Schilderung aus den ersten Erdentagen des Krishna-Knaben
ein, die ich öfter gelesen habe. Von seiner Ziehmutter, Yasho-
dā, der Frau des Hirten Nanda, wird erzählt, sie habe, als sie
dem Knaben die Brust gab, in einer plötzlichen Offenbarung
die ganze Welt vor sich gesehen, das unendliche Universum,
innen in dem Kind auf ihrem Schoß. Als der Anblick ihre Sinne
zu verwirren drohte, habe der Knabe den Schleier der Māyā
wieder über ihre Augen gelegt.

Diese blumenreiche Sprache! Ami las mir von einem Bhakta vor, dem der Gott erschien: «Atemlos und mit weit aufgeblühten Augen betrachtete er das Antlitz Gottes. Und der Herr der Welt, der Ozean des Erbarmens, füllte sein Herz zärtlich und immer zärtlicher mit den Nektarströmen seines Lächelns. Er, der unvergleichliche Freund der Seinen, nahm ihn auf seinen Schoß, fächelte ihm Kühlung zu und berührte ihn wieder und wieder. Er umschlang ihn wie eine Mutter.» – Das ist reinstes Bhakti!

Wenn ich während der ersten Monate meines Aufenthalts in Mās Umgebung Andeutungen hörte, denen ich entnehmen mußte, daß Mā bei vielen ihrer Freunde als «allwissend» gilt, so habe ich im stillen immer über diese Annahme gelächelt. Erst in den letzten Wochen begann ich mich vorurteilslos zu fragen, was mit dieser Behauptung wohl gemeint war und wie die Leute zu einer solchen Annahme gelangt sein könnten. In Kalkutta hatte mir ein international anerkannter Naturwissenschaftler erzählt, daß Mā ein Ereignis in seiner Familie um vier Jahre vorausgesehen habe. Ähnliche Beispiele sind mir mehrfach berichtet worden.

In der letzten Woche hatte ich ein Gespräch mit Ami, in dem dieser Fragenkomplex berührt wurde. Dabei machte ich mir klar, daß ich selbst, und vermutlich geht es den meisten Menschen so, seit meiner Kindheit immer wieder einmal solche Augenblicke erlebt habe, die «außerhalb der Zeit» liegen. Sie besitzen eine Qualität, die mit nichts, was wir gewöhnlich erleben, verglichen werden kann. Offenbar ereignen sie sich sowohl in besonders wichtigen Stunden unseres Lebens wie in Situationen von äußerster Belanglosigkeit, ja Banalität. Was als ihr Nachgeschmack bleibt, kommt deutlicher in den wichtigen Momenten zur Geltung, etwa bei einem Abschied, vor dem man sich gefürchtet hat. Man spürt plötzlich: Das hier ist unverlierbar! Die Zeit kann es nicht auslöschen, denn es geschah nicht «in der Zeit».

Aber ich erinnere mich, die gleiche Evidenz beim Anblick eines Stücks gelben Papiers auf einer regennaßen Straße erlebt zu haben. Und wer hat nicht schon die Erfahrung gemacht, daß er plötzlich – ohne jede erkennbare Ursache – mit jener Gewißheit, die das spezifische Aroma «außerhalb der Zeit» hatte, vorher wußte, wie eine bestimmte Sache zu Ende gehen würde.

Ami sagte etwas sehr Merkwürdiges, und zwar völlig unvermittelt. Unser Gespräch begann damit. Wir saßen vor einem Teestand, und sie sprach zunächst so leise, daß ich sie kaum verstehen konnte.

«Erinnerst du dich auch manchmal an die Zeit, da du ein Stein warst? Oder später eine Muschel? Oder an dein Zeitalter der Gräser? An den Geschmack der Baumrinde in den Jahrtausenden, in denen du als Tier im Wald lebtest?»

Ich war nicht sicher, ob sie einen Scherz machen wollte, und ich deutete auf einen Elefanten, der am Straßenrand daherkam: «Wie gefiel es dir, die Welt mit dem Rüssel abzutasten?»

«Ein Elefant war ich noch nie», sagte Ami ernst, «aber du hast meine Frage noch nicht beantwortet!»

«Ich erinnere mich nicht an frühere Existenzen», erwiderte ich. «Meinst du wirklich, du hättest Erinnerungen daran? Wie merkwürdig, daß du dich so folgerichtig im Sinne der westlichen Evolutionstheorie erinnerst. Du weißt doch, daß die indischen Weisen, die Munis, von einer absteigenden Entwicklung sprechen.»

Ami nickte. Ich sah ihr Gesicht nicht. Wie immer, wenn wir eine wichtige Unterhaltung hatten, verbarg sie es hinter dem Sari. Nach einer Weile sagte sie:

«Etwas in mir erinnert sich manchmal an diese früheren Existenzen, eine physische Erinnerung übrigens, keine geistige. Die Erinnerungen sind scharf voneinander abgegrenzt. Wie sie zeitlich geordnet werden müßten, weiß ich nicht. Manchmal glaube ich zu spüren, daß ich all das gleichzeitig bin: Stein und Gras und Tier und Baum und Mensch. Verstehst du: nicht ein Brei aus all dem, vielmehr alles in isolierter Gestalt, aber gleichzeitig, Trotzdem nicht nebeneinander, sondern...»

Wir waren aufgestanden. Ami zog mich in eine ruhige Seitenstraße. Erst nach Minuten nahm sie unser Gespräch wieder auf.

«Ich kann nicht beschreiben, in welcher Weise ich das alles

gleichzeitig in mir spüre oder zu sein glaube. Eigentlich wollte ich dir aber etwas ganz anderes sagen. Manchmal weiß ich plötzlich auch für eine Sekunde, daß all das schon in mir ist, was nach unserem gewöhnlichem Verständnis erst in Äonen auf mich zukommen wird. Ich habe einen Vorgeschmack davon, daß ich all das schon bin, was ich sein werde. Ich bin schon da, wo Mā jetzt ist – und darüber hinaus. Ich spüre es, wie man eine Umarmung im Traum spürt, von der man träumend weiß, daß sie wahr und doch nicht wahr ist. Wenn ich aufwache, bin ich nur ich, Ami, die Mühe hat, sich fünf Minuten lang auf eine Meditation zu konzentrieren. Aber in der Sekunde des Traumes war die Umarmung Wirklichkeit.»

Ich frage mich, was in Ami vorgeht, wenn ihr solche jähen Erfahrungen der Präsenz des Vergangenen und Zukünftigen geschehen. Der Begriff des kollektiven Unbewußten drängt sich auf, aber sollte nicht besser von einem geheimnisvollen «Wissen» die Rede sein, das aus einer tiefen Schicht plötzlich in die Nähe unseres Bewußtseins gelangen kann, so daß wir Wahrnehmungen haben, die Zeit und Raum transzendieren?

Ich berichte über dieses Gespräch, weil es mir einen Hinweis gibt auf das, was vielleicht die Voraussetzung für Mās Hellsichtigkeit in beide Zeitdimensionen hinein ist. Ein College-Direktor sagte dazu: «Mā hat ein ‹Wissen aus dem Sein›.» Vielleicht haben auch gewöhnliche Menschen wie Ami und sogar höchst gewöhnliche Menschen wie ich manchmal in sekundenschnellem Aufblitzen an diesem «Wissen aus dem Sein» teil.

Was aber ist das Sein? Wer könnte darüber eine Auskunft geben, die unser westlich-naturwissenschaftliches Denken befriedigt? Keiner vermutlich. Man kann nur bildhaft sagen, daß es eine «Zone» sein muß, in der die Zeit noch nicht in Vergangenheit, Gegenwart und Zukunft auseinandergefaltet ist und in der auch räumliche Abgrenzungen gegenstandslos sind. Gestern und Morgen sind heute, und dort ist hier. Vielleicht hat jeder von uns teil an dieser «Zone des Seins», aus der unter bestimmten Voraussetzungen – freilich, unter wie gearteten? – Wissen aufsteigt ins Bewußtsein, das nicht wie unser gewöhnliches Wissen als «Stoff der Sinnlichkeit» von uns in die «Anschauungsformen des Raumes und der Zeit» (Kant) aufgenommen wird. Es ist nicht durch den ordnenden Filter dieser Formen der Anschauung gegangen, sondern es ist direkte Mitteilung aus dem «unbearbeiteten» Sein.

Mit diesen Überlegungen kann ich mich nur behutsam, und immer bedroht von der Möglichkeit des Irrtums, vorantasten. Es scheint mir nicht ausgeschlossen, daß ein Bewußtsein, in dem die Grenzen der Ichhaftigkeit gefallen sind und das sich identisch weiß mit dem allumfassenden Bewußtsein der Höchsten Wirklichkeit (des Brahman), einen direkten und kontinuierlichen Zugang zu jener «Zone des Seins» hat, aus der ein Zeit und Raum transzendierendes Wissen aufsteigt. Genauso einleuchtend scheint es mir, daß jedes *Cogito* (Ich denke) eine Bewußtseinsbeschaffenheit voraussetzt, die den angebotenen Stoff nur in den Formen der Anschauung (Raum und Zeit) aufnehmen kann. Das denkende Ich ist abgeriegelt gegenüber der «Zone des Seins». Die seltenen Augenblicke, in denen der gewöhnliche Mensch, der als ein Ich denkt, Wissen aus dieser Zone empfangen kann, ereignen sich wohl nur dann, wenn das *Cogito* schweigt. Auch er kann dann vielleicht zuweilen die Erfahrung machen, daß «es» in ihm denkt – es, das Sein.

Gestern habe ich Ami zum Bus gebracht. Ihr Mann ist aus Amerika zurückgekommen. Für sie beginnt wieder der normale Alltag in Bombay.

Wir waren eine Stunde zu früh an der Haltestelle. Ein paar hundert Meter von ihr entfernt liegt einer der kleinen Teiche, die die Inder *kund* nennen. Hier suchten wir uns einen Platz. Ami war so schweigsam wie meistens. Solange wir zusammen waren, hat sie nur selten eine Frage an mich gerichtet, ein Umstand der dazu geführt hat, daß auch ich mein Fragebedürfnis sehr gezügelt habe. In den letzten zehn Minunten vor dem Aufbruch begann sie zu reden. Sie sagte unvermittelt:

«Ich fühle, daß ich Mā loslassen muß, aber ich weiß, daß sie mich nicht loslassen wird. Wir haben ein Sprichwort in Indien, das heißt: ‹Aus der Gnade des Gurus gibt es so wenig ein Entrinnen wie aus dem Rachen des Tigers.›»

Ich war froh, daß Ami zu reden begann. Es machte mir Mut, sie zu fragen: «Bist du schon fähig anzudeuten, welche besonderen Erkenntnisse oder Erfahrungen du der Zeit verdankst, die du mit Mā verbracht hast?»

Wie immer, wenn sie fürchtete, etwas preisgeben zu müssen, das sie lieber für sich behalten würde, zog sie sich mit einer fast zornigen Gebärde den Sari über den Kopf. Aber ich wußte dann auch jedesmal, daß sie trotz ihres inneren Widerstandes reden würde.

Nach einer Weile sagte sie: «Es wäre vieles zu erwähnen, ich weiß noch nicht, welches das Wichtigste ist; vielleicht werde ich in ein paar Jahren begreifen, daß ich viel Wesentlicheres von Mā gelernt habe, als ich dir heute sage. Drei Dinge scheinen mir jetzt am wichtigsten: Ich komme mir vor wie eine Krähe, die seit dem Tag, an dem sie aus dem Ei geschlüpft ist, in einem Krähenschwarm gelebt hat und niemals anderen Vögeln begegnet ist. Eines Tages läßt sich ein weißer Adler über ihr auf dem Baum nieder. Sie erschrickt so, daß sie einen Augenblick lang fürchtet, der Schreck werde sie töten. Aber in ihm verbirgt sich ein unbeschreiblicher Jubel: Das ist also auch eine Möglichkeit des Vogelseins, begreift sie. Und plötzlich hört sie den Adler sagen: ‹Es ist nicht eine Möglichkeit, sondern deine Wirklichkeit. Eines Tages wirst du erkennen, daß du nur als Krähe verkleidet warst und daß du in Wirklichkeit ein weißer Adler bist. Man könnte es auch so ausdrücken: daß nur Māyā dich glauben machte, du seiest eine Krähe.›

‹Eines Tages›, aber das muß nicht in diesem Leben sein. Und das ist das zweite, was ich zu begreifen beginne, nicht mit dem Verstand, sondern existentiell, wie du es manchmal nennst: daß wir Zeit haben, weil es in Wirklichkeit keine Zeit gibt. Sie ist eine Erfindung des rechnenden und messenden Menschenverstandes, der auch die Meilen und die Pfunde und die Wärmegrade erfunden hat. Was bedeutet es für die Sonne, daß wir ausrechnen, wie weit sie von uns entfernt sein mag? Nichts! Was bedeutet es für mein Selbst, daß wir feststellen: Es wird vielleicht siebzig Jahre in diesem Körper inkarniert sein? Nichts! Wäre die Zeit nicht eine Fiktion, ich würde sagen: Das Selbst hat unendlich viel Zeit. Aber ich sage richtiger: Es hat die Ewigkeit. In ihr sind siebzig Jahre weniger als ein Tropfen im Weltmeer.

Du weißt, daß ich in Amerika aufgewachsen bin und dort studiert habe. Ich habe bis jetzt auch an die Zeit geglaubt. Leben hieß für mich, was es für euch heißt: dieses eine Leben, dem vielleicht siebzig Jahre zugemessen sind. Aber seitdem ich Mā kenne, weiß ich, wir blicken auf dieses Leben, als blickten wir durch ein Mikroskop auf einen Wassertropfen. Daß dieser Tropfen nur ein winziger Teil aus dem unendlichen Ozean ist, wollen wir nicht wahrhaben. Vielleicht, weil wir den Ozean nicht unter unser Mikroskop legen können.

Seitdem ich bei Mā bin, wächst mir ein Organ zur Wahrnehmung der Ewigkeit. Verstehst du, ich beginne, die ewige Gegenwart zu spüren. Genauer beschreiben kann ich es nicht. In unserer gewöhnlichen Ausdrucksweise könnte ich sagen: Ich spüre plötzlich etwas von der unendlichen Vergangenheit, die hinter mir, und von der unendlichen Zukunft, die vor mir liegt. Das wäre zutreffend, denn auf einer Ebene meines Wahrnehmungsvermögens beginne ich, mein Sein in dieser Ausdehnung nach beiden Dimensionen hin zu spüren. Aber auf einer höheren Ebene – nicht des Denkens, sondern des Wahrnehmens (was mehr einem Sehen oder Hören als einem logischen Schließen entspricht) – ziehen sich die beiden Dimensionen meines Seins in Vergangenheit und Zukunft wie zu einem Punkt zusammen. Auch das spüre ich, so unwahrscheinlich es für dich klingen mag. An diesem Punkt ist mein Selbst eingebettet in Das Selbst oder in die Ewigkeit.»

Ami streifte ihren Sari wieder vom Kopf und blickte mich spöttisch an. «Und jetzt wirst du diesen Punkt geometrisch bestimmen wollen?» fragt sie lachend. «Bemühe dich nicht. Er ist so wenig bestimmbar wie der Punkt, an dem ein Regentropfen ins Meer fällt.»

«Wir müssen gehen», sagte ich, «dein Bus fährt in zehn Minuten. Hättest du nicht früher anfangen können zu reden? Du wolltest mir drei Dinge sagen.»

Gelassen ordnete Ami ihren Sari. «Das dritte ist in einer Sekunde erklärt», sagte sie. «Ich sehe jetzt, daß der innere Guru bereits an mir arbeitet, solange ich zurückdenken kann. Und ich sehe, daß er identisch ist mit Mā. Es gibt nur einen.

Aber es ist eine große Gnade, wenn er sich eines Tages so zeigt, wie er sich mir in Mā zeigt, daß man ihn sehen und lieben kann.»

Amis Abschied vom Āshram ist dem meinen nur um Stunden vorausgegangen. Am letzten Tag meines Aufenthaltes ist Mā fast ununterbrochen bei uns, während sie sich vorher tagelang kaum blicken ließ. Man hatte nur Gelegenheit, sie zu sehen, wenn einer der Pandits oder Svāmis aus den umliegenden Āshrams ihr einen Besuch abstattete. Ich habe ein langes, abschließendes Gespräch mit ihr, dessen eigentlicher Austausch sich schweigend vollzieht. Dann entläßt sie mich mit einem solchen Reichtum an Geschenken, daß ich sie kaum allein tragen kann.

Während ich mich davor fürchte, schon morgen an einem Ort zu sein, an dem ich sie nicht mehr sehen und ihren Rat nicht mehr erbitten kann, weiß ich doch zugleich, daß die Trennung nur auf Täuschung beruhen wird. In Kalkutta sagte ein alter Muslim zu mir:

«Mein Sohn ist seit dreißig Jahren in Amerika. Trotzdem ist er immer bei mir. Seine körperliche Abwesenheit entspricht der scheinbaren Abwesenheit des Mondes bei einer Mondfinsternis.»

Für einen Augenblick liegt Mās leichte Hand auf meinem Kopf, dann gleitet sie über meine Stirn, über die Wangen, berührt meine Schultern, die Brust und den Rücken. Ich stehe schnell auf und gehe zur Tür. Während ich die Klinke schon in der Hand habe, sagt Mā dreimal:

«Paß auf dich auf, und komm gut wieder; paß auf dich auf, und komm gut wieder; paß auf dich auf, und komm gut wieder.»

West/Ost-Realitäten

25. Februar 1964

Den Namen Raihana Tyabji hatte ich schon vor Jahren in
Deutschland gehört. Jemand hatte mir erzählt, daß sie eine
Mitarbeiterin Gandhis gewesen sei und auch mit ihm im Ge-
fängnis gesessen habe. Sie stamme aus einem muselmanischen
Adelsgeschlecht, das dem Land schon manchen führenden
Kopf geschenkt habe, und gelte nicht nur als eine ungewöhn-
lich kluge Frau, sondern als einer der weisen Menschen ihres
Landes. Viele Europäer hätten durch sie ein lebendiges Ver-
ständnis für die indische Geistesart gewonnen, weil sie die Fä-
higkeit besitze, westlichen Menschen den Osten und östlichen
Menschen den Westen geistig nahezubringen. Außerdem sei sie
parapsychologisch begabt.

Das Haus in Neu-Delhi, in dem sie lebt – ich glaube nicht,
daß sie mehr als ein Zimmer bewohnt –, gehört einem betagten
Mitarbeiter Gandhis. Es ist klein und für westliche Verhältnisse
äußerst bescheiden. Ich umrundete es mehrmals. Weil ich nicht
sicher war, ob ich die Bewohner in der Mittagsruhe stören
würde, wagte ich nicht zu klingeln. Als ich wieder in die Nähe
der Haustür kam, schoß jemand daraus hervor, ergriff meine
Hand und zog mich hinter sich her. Erst als ich das Zimmer
betrat, war mir klar, daß Raihana T. mich selbst hereingeholt
hatte. Ich erkannte sie an der unregelmäßigen Pigmentierung
ihres Gesichts, die jemand mal erwähnt hatte.

Raihana T. wies mir einen Platz auf einem Holzschemel an,
während sie selbst sich auf ihr Bett setzte. Sie war gerade dabei,
Tee zu trinken.

Das Zimmerchen war asketisch einfach ausgestattet. Während ich mich umblickte, fiel mir ein, daß ich von nahen Angehörigen dieser Frau gehört hatte, die kürzlich einen Teil ihres kostbaren alten Mobiliars einem Museum vermacht haben. Jemand hatte mir auch von ihrer Großmutter erzählt, die neunzehn Kinder gehabt und ein palastartiges Gebäude bewohnt habe, in dessen einem Nebenflügel jetzt ein College untergebracht sei. Sie habe sich wie eine mittelalterliche Fürstin gekleidet, und wenn sie in einer Sänfte auf ihren Landsitz gereist sei, habe eine Karawane von Hunderten von Dienern ihr Gepäck getragen. Das Landhaus hätte eine Freitreppe von zwanzig Stufen gehabt, und auf jeder Stufe habe eine große chinesische Vase gestanden. Für jede dieser Vasen müsse man heutzutage fünfzigtausend Mark zahlen.

Die Geschichten fielen mir wieder ein, während ich mich in diesem Zimmer umblickte und Raihana beobachtete, die ruhig ihren Tee trank. Die bewußte Armut dieser Behausung kam auch in ihrer Kleidung zum Ausdruck. Sie trug etwas, das ich für eine braune, langärmlige Strickjacke hielt. Darüber hatte sie ein hellblaues Wolltuch gelegt, das über einer Schulter zusammengeknotet war, während es die andere Schulter freiließ. Es hatte wohl auch die Aufgabe, den Rock zu ersetzen. Auf dem Kopf trug sie eine dicke wollene Zipfelmütze. Es schien mir, daß sie zwei Mützen übereinandergezogen hatte, die unter dem Kinn zugebunden wurden. Vermutlich verzichtete diese Frau nicht nur aus Überzeugung auf alles, was nur von ferne als entbehrliche Verschönerung gelten konnte, sondern sie besaß eine grenzenlose Gleichgültigkeit gegenüber jeder Form von Aufmachung; niemals habe ich eine Frau getroffen, die sich diese Gleichgültigkeit so vollkommen leisten konnte.

Gemessen an dem, was im üblichen Sinn als schön gilt, ist Raihana von verblüffender Häßlichkeit, aber sie hat zugleich einen so überwältigenden Charme, eine solche Wärme, sprühende Geistigkeit und liebenswerte Unmittelbarkeit, daß man dieses Gesicht, wenn man es eine Weile betrachtet hat, auf einmal schön findet. Seine Haut ist weiß. In der Gegend der Augen und am Kinn sind hellbraune Pigmentansammlungen. Dadurch, daß der Mund sehr eingefallen ist, wirkt das Gesicht breit und kurz. Die Augen, die in den Hautfalten fast ganz verschwinden, vor allem wenn Raihanaji lacht – und das tut sie sehr oft –, sieht man eigentlich nur, wenn das Gesicht einen Ausdruck von strengem Ernst bekommt, und dann haben sie eine durchdringende Unerbittlichkeit.

Raihana hatte mir Tee angeboten, aber ich hatte gedankt. Als sie ihre Tasse gemächlich geleert hat, nehme ich ihr das Geschirr ab und sage dabei, daß ich ihr Pranāms von Mā zu bringen habe.

Der Name wirkt wie ein Zauberwort. Plötzlich ist das Zimmer voller «Elektrizität». Ein Dutzend Fragen prasseln auf mich herab, und ich versuche, sie zu beantworten, so gut ich kann. Dabei packe ich die Sandelholzgirlande aus, die Mā mir geschenkt hat. Ich kann sie nicht mehr in meinem Gepäck unterbringen, und es macht mir Freude, sie Raihanaji zu «vererben». Raihana bedankt sich, indem sie die gefalteten Hände an die Stirn hebt. «Wenn die Girlande von Shrī Mā kommt, werde ich sie an meinen Pūjā-Platz hängen.»

In einer Ecke des Zimmers sehe ich jetzt erst das indische Hausaltärchen. Ich will ihr die Mühe des Aufhängens abnehmen, aber ein energisches «Stop, stop!» hält mich zurück. «Du hast doch Schuhe an», sagt Raihanaji nachsichtig, «außerdem möchte ich das lieber allein machen.» Sie steigt vom Bett und nimmt mir die Girlande ab. Während sie sie in erhobenen Händen hält, steht sie sehr gerade vor ihrem Pūjā-Platz, und plötzlich höre ich einen leisen Sprechgesang, der mich an den Gesang der Mullahs erinnert. Die Stimme dieser Frau, von der ich noch immer nicht weiß, ob sie nicht schon sehr alt und schonungsbedürftig ist, bekommt allmählich eine Macht, einen metallischen Klang und eine dunkle Schönheit, die mich aufhorchen lassen. Mehrmals höre ich sie den Namen Allahs und den Namen Shrī Krishnas anrufen, und auf einmal erinnere ich mich, daß Raihanaji, obwohl sie Muselmanin ist, als eine glühende Anbeterin des Hindu-Gottes Krishna gilt.

Ich warte stehend, bis sie die Girlande aufgehängt hat und zu ihrem Bett zurückkommt. Das Pathos, das während des Singens in ihrer Stimme und Haltung war, ist wie weggewischt, und sie lacht ein wenig spöttisch über meine Bewunderung. «Also du kommst von Shrī Mā», sagt sie, «seit einer Reihe von

Jahren bedient Shrī Mā sich meiner manchmal als Mund. Sie schickte mir schon diesen und jenen. Wenn du Fragen hast, so stelle sie.»

«Ich wüßte gern, was sie dir selbst bedeutet.»

«Ich habe im Laufe meines Lebens eine ganze Reihe von Heiligen gesehen. Shrī Mā unterschiedete sich von ihnen allen dadurch, daß sie immer leuchtet. Die anderen haben nur Augenblicke oder Stunden des Leuchtens. Außerdem meine ich, daß sie zu jenen Avatāren gehört, durch deren besonderes Charisma jeder Gläubige in ihnen seinen eigenen Ishta erkennt. Der Anbeter Shivas sieht Shiva in ihr, der Anbeter Buddhas Buddha. Wenn du ein Anbeter Christi bist, müßtest du eigentlich Christus in ihr gesehen haben.

Avatāre von solcher Geistesfülle werden der Menschheit nur in großen Notzeiten geschickt, und wir können Gott nie genug dafür danken, daß Shrī Mā zu uns gekommen ist. Übrigens hat das auch eine ganz konkrete Seite. Shrī Mā wird immer dahin geschickt, wo große Gefahren drohen. Ich beobachte das seit vielen Jahren. Wie oft habe ich schon erleichtert aufgeatmet, wenn sie in kritischen Zeiten nach Delhi kam.»

«Welche Art Gefahren meinst du?»

«Sehr verschiedene. In einem Jahr hatten wir eine ganze Serie von Explosionen, die sofort abriß, als Shrī Mā kam. Oder Hochwasserkatastrophen oder politische Unruhen.»

Plötzlich fällt mir ein, daß Mā genau zu der Stunde mit uns nach Kalkutta gekommen war, in der dort der blutige Bürgerkrieg zwischen Moslems und Hindus ausbrach. Als ich es erwähne, sagte Raihanaji: «Siehst du! Ich hatte keine Ahnung, daß sie in diesem Winter in Kalkutta war. Aber sei überzeugt: Wäre sie nicht dort erschienen, es wäre unendlich viel mehr Blut geflossen.»

«Wie soll ich mir das erklären, Raihanaji? Es ist richtig, es fiel mir auf, daß Mās geistige Ausstrahlungen damals in Kalkutta mächtiger waren, als ich sie jemals sonst empfunden hatte, und ich glaube mich jetzt zu erinnern, daß ich diese Tatsache an der Peripherie meines Bewußtseins auch mit dem Aufstand in Zusammenhang brachte.»

«Eine Erklärung, die deinen westlichen Rationalismus befriedigt, kann ich dir nicht geben. Eure Wissenschaft ist in ihrer eigenen Erkenntnisweise noch nicht so weit fortgeschritten, daß sie Licht in diese geheimnisvollen Zusammenhänge bringen könnte. Aber der Osten weiß, daß die Heiligen in vollkommenem Einklang mit dem ganzen Universum sind: mit den Sternen und den Tieren, den Pflanzen und dem Meer, dem Wind und den Menschen, mit allen – den klugen und den dummen, den guten und bösen, den lebenden und toten. Darum hat die Ausstrahlung ihres Friedens mehr Macht als die Wünsche und Gedanken gewöhnlicher Menschen.»

«Ich habe mehrmals sagen hören, daß Mā seit ihrer Kindheit in derselben Bewußtseinserhellung gelebt habe, in der sie heute lebt. Nach der philosophischen Theorie der Hindus ruht der erleuchtete Geist unwandelbar in sich selbst. Vielleicht kommt es zu den Aussagen über Mās Kindheit, weil man alle ihre Lebensäußerungen in Einklang mit bestimmten Theorien bringen möchte. Ich glaube beobachtet zu haben, daß indisches Denken gelegentlich andersherum schließt als westliches Denken. Manche Leute sagen zum Beispiel: ‹Weil Mā ein Jīvanmukta ist, kann sie keinen Körper wie die gewöhnlichen Menschen haben.› Wenn es etwas Entsprechendes im Westen gäbe, würde man bei uns sagen: ‹Wir stellen fest, daß sie keinen Körper wie die gewöhnlichen Menschen hat. Also muß sie ein Jīvanmukta sein.›»

«Sie hat wahrlich keinen gewöhnlichen Körper», sagt Raihanaji lachend. «Ich umarme sie jedesmal, wenn ich sie sehe. Aber was ich da in den Armen halte, ist faktisch kein Körper. Und was über Mās Kindheit gesagt wird, mag mit bestimmten Theorien in Einklang sein; für mich steht jedenfalls fest, daß es auch der konkreten Wirklichkeit entspricht.

Ich habe in meinem Leben mehrere Kinder gekannt, die vermutlich dem entsprachen, was Mā als Kind war. Eine Zeitlang wohnte ich in einer Straße, in der ein solches Kind mit seinen Eltern lebte. Ein Junge. Als er drei, vier Jahre alt war, kamen morgens die Kinder aus der Umgebung zu ihm, ehe sie in die Schule gingen, selbst die Vierzehnjährigen, um sich von ihm segnen zu lassen. Er war der Heilige dieser Kinder. Ich kenne ein kleines Mädchen, das längst, ehe es lesen konnte, der

Guru seiner Eltern wurde. Die Eltern hatten sich vollkommen von der Religion entfernt. Dieses Kind sagte Sanskrit-Mantras auf, obwohl es nie Sanskrit gehört hatte, es zeigte die religiöse Weisheit eines Erleuchteten. Viele dieser Kinder sterben früh.

Es ist wahr, die Hindus lehren, daß Avatāre wie Shrī Mā einen unveränderlichen Geist haben. Sie werden nicht wieder zu unerleuchteten Menschenkindern, wenn sie geboren werden. Sie bedienen sich des kindlichen Körpers, um sich den Menschen in einer Gestalt zu zeigen, vor der sie sich nicht entsetzen. Glaube mir, im Westen wollen sich solche erleuchteten Seelen nicht mehr verkörpern. Die westlichen Eltern, denen ein solches Kind geboren würde, hätten Angst. Wenn sie ihr Kind verstehen würden, hätten sie mit Recht Angst, was ihm in eurer Welt zustoßen würde. Würden sie ihr Kind nicht verstehen, so wäre es ihnen unheimlich. Sie würden es zum Psychiater bringen und von ihm kaputtmachen lassen. Wir wissen, daß es solche Kinder gibt. Es ist für uns natürlich, und solange wir nicht von westlichen Vorstellungen beeinträchtigt sind, verstehen wir auch, mit diesen Kindern umzugehen.»

Raihanaji spricht so schnell und mit einer solchen Intensität des Mienenspiels und der Gestik, daß ich Mühe habe, beides gleichzeitig voll aufzunehmen. Plötzlich unterbricht sie sich und sagt: «Setz dich hierher!» Dabei deutet sie auf das Fußende ihres Bettes. Während ich mich dort mit gekreuzten Beinen so niederlasse, daß wir jetzt dicht voreinandersitzen, nimmt sie eine Blechdose vom Fensterbrett und schnupft bedächtig.

Im Grunde möchte ich zu allem, was sie sagt, ein Dutzend weitere Fragen stellen, aber sie treibt das Gespräch so vehement voran, daß ich nicht dazu komme, weil alles, was sie sagt, meine Aufmerksamkeit sofort von neuem fesselt.

«Du erzähltest vorhin, daß Shrī Mā dir zum Abschied ein Bild des Gottes Shiva gschenkt habe. Ich weiß, daß er vielen westlichen Menschen unheimlich ist. Was alles bedeutet er den Hindus: Er ist der Erzeuger, der Heilbringer, der göttliche Arzt, der Todesgott und zugleich der Überwinder des Todes und noch viel mehr. Dir sage ich: In der Trimūrti, die man in mancher Beziehung mit der Dreifaltigkeit des christlichen Glaubens vergleichen kann, steht Shiva für den Heiligen Geist.

Vielleicht ist es das, was du in ihm erkennen sollst: Der Schöpfergott Brahmā entspricht Gottvater, Vishnu, der sich immer wieder als der rettende Gott in den Avatāren für uns verkörpert, entspricht dem Sohn und Shiva dem Heiligen Geist. Er verkörpert das Höchste Wissen, die göttliche Weisheit, die über alles Dunkel der Welt siegt. Auf dem entsprechenden Bild entspringt die Gangā, der heilige Fluß, dem Haupt des Gottes. Du solltest die Mythen darüber lesen. Was sie verhüllt aussagen, ist: Der Heilige Geist fließt ohne Unterlaß aus seinem göttlichen Quell in das Menschenreich, so wie die Gangā ununterbrochen durch unser Land fließt.»

«Nicht wahr, Raihanaji, Shrī Krishna ist dein Ishta? Ich hörte dich vorhin seinen Namen anrufen. Ich habe keinen Ishta, und ich möchte auch keinen haben. Mich gehen die Götter nichts an. Was ich suche, ist die letzte und höchste Wirklichkeit. Meinetwegen nenn es Gott.»

Raihanajis Gesicht ist ein einziges Lachen. Ihre Augen verschwinden völlig zwischen den Hautpolstern. Eine Zeitlang sagt sie kein Wort, aber ihr Oberkörper schwankt heftig von rechts nach links. Schließlich fragt sie mich; «Hast du noch nicht gemerkt, was passiert, wenn man einen Becher unter den Niagarafall hält? Man kann glatt dabei verdursten. Kein Tropfen bleibt in dem Gefäß. Du gehörst also auch zu denen, die am liebsten gleich den Ozean trinken möchten. Ich rate dir: Fülle dir deinen Becher. Das Wasser ist das gleiche.» Und nach einer Pause: «Willst du behaupten, daß du Gott liebst?»

Ich nicke.

«In der Hindu-Terminologie würde das heißen, daß du nicht eine der Gottheiten, sondern das Brahman, das Tat, die Höchste Wirklichkeit liebst, stimmt das?»

Ich nicke abermals.

«So liebst du also die vollkommene Stille und Kühle. Manche Leute sagen: das Nichts, das zugleich Alles ist. Prüfe dich: Kannst du das Tat lieben?»

Wir schweigen eine Weile, indes Raihanaji wieder nach dem Schnupftabak greift. Schließlich sage ich: «Mir kommt keine Antwort in den Sinn, für die ich mich verbürgen könnte.»

«Du bist also, wie ich sehe, den eigentlichen Pfad der Gottesliebe (Bhakti) noch nicht gegangen. Es würde dir sehr nützen, wenn du ihn einschlügst.»

«Ich kann doch Shiva nicht zu meinem Ishta machen und Shrī Krishna genausowenig.»

«Hat Mā dir nicht immer wieder gesagt, daß die Namen und Formen aller Ishtas nur wie Verkleidungen des Einen sind, der Alles in Allem ist, Form und Formlosigkeit und alles, was darüber hinaus gedacht und nicht mehr gedacht werden kann? Aber die menschliche Seele ist so beschaffen, daß sie sich in ihrer geistigen Kindheit am erfolgreichsten dem Einen nähern kann, indem sie sich liebevoll einer der göttlichen Gestalten zuwendet, die Ihn verkörpern.»

«Was meinst du also, sollte ich tun?»

«Halte dich an deinen Guru, an Mā. Eines Tages kommt der Ishta dann von selbst. Ich rate dir auch, die Bibel zu lesen. Aber lies sie ganz neu, als hättest du sie früher niemals aufgeschlagen. Bemühe dich, alles, was du bisher über ihren Inhalt zu wissen meinst, in dir auszulöschen. Ehe du zu lesen beginnst, bitte Christus: Zeig dich mir, und laß mich dich so verstehen, wie du willst, daß ich dich sehe und verstehe, nicht so, wie ich dich sehen und verstehen möchte oder so wie Schulen und Kirchen mich gelehrt haben, dich zu sehen.»

Im Laufe der weiteren Unterhaltung erzählt mir Raihanaji von Erfahrungen aus ihrem eigenen Leben, die ich nicht notiere, weil sie einen sehr persönlichen Charakter haben. Mehrmals erwähnt sie dabei ihren Guru. Als ich sie frage, wer ihr Guru gewesen sei, antwortet sie mir: «Er war nicht mein Guru, er ist mein Guru», und nach einigem Zögern: «Auf dieser Erde hat er vor 600 Jahren gelebt.»

«Aber sagtest du nicht gerade, daß du mit ihm gesprochen habest?»

«Gewiß. Ich spreche oft mit ihm.»

«Wie soll ich mir das vorstellen?»

«Ich höre seine Stimme so, wie ich deine Stimme höre. Ich kann Fragen an ihn richten und bekomme Antworten von ihm. Wenn er mir etwas sagen möchte, so spricht er zu mir, wann immer er will. Freilich habe ich jahrelang geduldig seinem geistigen Weg nachgesonnen, ehe er zum erstenmal mit mir sprach.»

Auf dem Pūjā-Platz hinter mir steht ein Bildnis, das ich nur flüchtig sah, aber ich hatte sofort den Eindruck, es zu kennen. Ich meine, es ist das Bild eines arabischen Sufis. Als ich Raihanaji danach frage, lächelt sie schweigend.

«Gibt es Aufzeichnungen von dem, was dein Guru gelehrt hat?»

«O ja!»

«So bitte ich dich, mir seinen Namen und die Werke zu nennen, in denen ich finde, was von ihm überliefert ist.»

Das Lächeln auf dem breiten, klugen Gesicht wird immer geheimnisvoller. Raihanajis Oberkörper beginnt von neuem mit seinen pendelnden Bewegungen. Nach einer Weile sagt sie: «Ich nenne dir seinen Namen jetzt nicht. Du könntest das, was von ihm überliefert ist, noch nicht verstehen. Es würde dir vorläufig nicht helfen, sondern dich nur verwirren.»

Indes sind fast drei Stunden vergangen. «Wir haben Glück», sagt Raihanaji, «seit vielen Monaten hatte ich keinen so ungestörten Nachmittag wie diesen.» An der Tür ihres Hauses umarmt sie mich. Beim Fortgehen sage ich halb im Scherz: «Ich habe das Gefühl, daß ich schon hundertmal bei dir war. Und es gefällt mir nicht, daß der Ozean in ein paar Tagen zwischen uns liegen wird.»

Raihanaji nickt mit einem lauschenden Ausdruck. Dann sagt sie: «Ich zweifle weder daran, daß du früher in Indien gelebt hast, noch daran, daß du zurückkehren wirst.»

Am nächsten Tag, meinem letzten in Delhi, kann ich der Versuchung nicht widerstehen, Raihanaji ein zweites Mal zu besuchen, obwohl wir uns *«for good»* verabschiedet hatten.

Diesmal sind wir weniger ungestört; ein Moslem mittleren Alters will Raihanaji Lebewohl sagen. Er fliegt an einem der nächsten Tage in die USA, aber er versichert mir, daß er nichts wolle, als eine Zeitlang hier bei Raihana sitzen, ich solle meine Fragen nur unbekümmert an sie richten.

Wir hatten gerade über das Karma gesprochen, Raihana nannte es «das Gesetz der unbegrenzten Chance». Es sei, so sagte sie, auch die eigentliche Ursache, warum es für den Inder keine existentielle Verzweiflung gäbe – das Sanskrit würde keinen Begriff kennen, der dem westlichen Wort «Verzweiflung» entspreche.

«Im christlichen Denken spielt die drohende Möglichkeit der ewigen Verdammnis eine wesentliche Rolle. Auch der nicht mehr gläubige Mensch aus dem Westen hat den Geschmack dieser Vorstellung noch auf der Zunge, und er ist überzeugt, daß er nur dieses eine Leben besitzt. Wenn er am Ende erkennen muß, daß er es vergeudet oder mißbraucht hat, so gleicht dies beinahe schon der Realisation der ewigen Verdammnis. Eine solche endgültige Hoffnungslosigkeit gibt es in unserer Welterfahrung nicht. Wir wissen, daß wir dank des Karma-Gesetzes die nie endende Chance haben, unsere göttliche Bestimmung doch noch zu erfüllen.»

Meine nächste Frage gilt dem Gesetz der Māyā. «Es ist schwer zu verstehen», sagt Raihana, «meinen Freunden aus dem Westen rate ich meistens, sich in den Gedanken der Dreidimensionalität der Zeit zu vertiefen. Das ist ein Weg, der zum Verständnis führt. Das Geheimnis der Māyā heißt: Nur das Jetzt ist wirklich. Im nächsten Augenblick ist ein anderes Jetzt wirklich, und das, was eben noch wirklich war, ist unwirklich geworden. Denke darüber nach.»

«Mā hat einmal zu mir gesagt: ‹Wenn du Gott realisiert hast, sind Gut und Böse nur wie zwei verschiedene Frisuren, die du dir machen kannst, wie du willst.› Würdest du mir dazu eine Erklärung geben?»

Raihana fährt lachend mit der Hand durch ihr kurzgeschnittenes, struppiges Haar; sie trägt heute keine Mütze. «Annähernd verstehen kann man das wohl erst, wenn man wenigstens für Augenblicke erkannt hat, daß das eigene und das göttliche Selbst eines sind. Vielleicht hilft es dir, wenn du dir vorstellst, daß du mit einem Mikroskop in die Welt blickst und daß Mā, in der Einheit mit dem Höchsten Selbst, durch ein Teleskop blickt. Dabei siehst du lauter winzige Einzelheiten in ihrer wandelbaren, augenblicklichen Realität. Du siehst zum Beispiel das Böse und das Gute an einem Menschen, so wie es sich im Jetzt und Hier zeigt. Mā sieht aus großer Ferne die ganze Wahrheit seines Lebens, nicht, was er gestern, heute und morgen an Gutem oder Bösem getan hat, tut oder tun wird. Sie sieht sein göttliches Selbst, an dem keine Narben entstehen, wenn er heute einen Hungrigen von seiner Tür fortjagt oder morgen sein letztes Stück Brot verschenkt.

Die Frage hat noch einen anderen Aspekt: Was bedeuten Gut und Böse für dein eigenes Leben jetzt und hier? Ich habe früher im Gefängnis gesessen. Objektiv könnte man sagen: Die Menschen, die mich meiner Freiheit beraubten, handelten böse an mir, und für mich war es ein Übel, eingesperrt zu sein. Aber so habe ich es nicht erfahren. Im Gegenteil: Diese Zeit war gut für mich, und ich fühlte mich glücklich.»

Wir werden an dieser Stelle von einem Besucher, der sich schnell wieder verabschiedet, unterbrochen. Leider verlieren wir dabei den roten Faden unseres Gedankenganges. Inzwischen ist mir eingefallen, daß ich Raihanaji nach ihrer Meinung über einen auch im Westen recht bekannten indischen Populärphilosophen fragen wollte. Lohnt es sich, seine Vorträge zu besuchen? Ich werde in Kürze Gelegenheit dazu haben. Raihana antwortet:

«Mein Guru hat mir anfangs lange Zeit verboten, solche Vorträge zu besuchen oder die Bücher dieser Leute zu lesen. Ich rate dir, tu es nicht. Du stopfst dir das Gehirn mit fremden Gedanken voll. Erforsche dich selbst. Das ist wichtiger. Du wirst dich wundern, wieviel Zeit und Energie du dazu brauchst. Aber wenn du sehr neugierig auf diesen Mann bist, so geh lieber hin und betrachte die Sache als ein intellektuelles Abenteuer. Mehr sollte es nicht für dich sein. Du bist jetzt auf einem bestimmten Weg und könntest nur in große Verwirrung geraten, wenn du dich auf einen andern ziehen lassen würdest.»

Ich fürchte, daß ich Raihanas Zeit viel zu unbekümmert in Anspruch nehme, und frage sie daher: «Gibt es irgend etwas besonders Wichtiges, das du mir zum Schluß noch sagen willst?»

Die kleinen, auffallend hell wirkenden Augen richten sich mit durchdringender Klarheit auf mich.

«Das Wichtigste ist, daß du lernst zu glauben. Für euch aus dem Westen ist das sehr schwer. Ihr habt aus dem Zweifel einen Gott gemacht. Euer Zweifel hat oft ein religiöses Pathos.

Wer nicht als hoffnungslos rückständig gelten will, muß sich der allgemeinen Suggestion beugen, Glaube sei eine Unmöglichkeit und alles, was gläubige Menschen sagen, habe seine Ursache in einer psychopathischen Veranlagung. Der autonome Mensch!

Ich verstehe, daß ein Zauber darin liegt zu denken: Der Mensch ist nach einer langen Evolution mündig geworden und dahin gelangt, wo er sich selbst die Gesetze gibt. Er hält sich für sehr reif und erkennt nicht, daß er spirituell in dem Alter ist, in dem die Kinder die Hand ihrer Mutter loslassen, weil sie um jeden Preis ohne Hilfe gehen wollen. Wenn sie älter werden, lächeln sie über ihren kindlichen Trotz und wissen, daß sie die Eltern und die Lehrer brauchen, um auch in der geistigen Welt gehen zu lernen.

Ein scharfes Messer kann sehr nützlich sein. Zum Beispiel, wenn man eine Frucht damit schneiden will. Aber es taugt nicht, um ein Lied darauf zu flöten. Genauso verhält es sich mit dem Intellekt. Er ist sehr am Platz, wenn die physikalischen Gesetze ergründet werden sollen, die es einem Flugkörper ermöglichen, die Schwerkraft zu überwinden. Aber der schärfste Intellekt und die gründlichste Kenntnis der physikalischen Gesetze bringt deinen Geist nicht dazu, eine körperliche Levitation bewirken zu können. Ich erinnere mich sehr genau, wie mein Guru mich immer wieder lehrte: ‹Hör auf damit, auf dem Gebiet des Spirituellen zu argumentieren. Der Intellekt weiß so wenig davon wie das Messer vom Flötenspiel. Er soll schweigen, wo er nichts zu melden hat.›

Man könnte, bildlich ausgedrückt, sagen, daß der Osten weibliche Qualitäten besitzt. Er sucht den Frieden, die Unterwerfung unter den göttlichen Geist, und er liebt es zu träumen. Der Westen verkörpert das männliche Prinzip: Er hat den scharfen Intellekt, die Tatkraft, und er will die Welt mit seinem technischen Können beherrschen. Heute ist der Westen dabei, den Osten zu vergewaltigen. Aber wer kann sagen, was geschehen wird: Vielleicht wird ‹der Mann› auf lange Sicht ‹der Frau› untertan werden, die er jetzt zu bezwingen versucht.

Ich habe eingesehen, was ich ursprünglich keineswegs wußte, daß Glaube ohne Tradition wohl nicht möglich ist. Für

Indien ist das eine entscheidende Erkenntnis. Aber sie gilt allgemein, und ihr seid im Begriff, eure Tradition planmäßig zu zerstören. Wenn der Westen sich der Voraussetzungen für den Glauben selbst beraubt, verhält er sich wie ein Mensch, der sich die Augen eigenhändig ausreißt. Mag sein, daß er künftig ein sehr scharfes Gehör und einen hochempfindlichen Tast- und Geruchssinn entwickelt, aber er kann von der Welt nur noch wahrnehmen, was du in einer lichtlosen Neumondnacht wahrnimmst.»

Raihanaji hatte mit großer Intensität gesprochen. Zum Schluß stelle ich ihr eine Frage, die sie insofern mißversteht, als sie sie auf Mā bezieht, während ich sie auf jemand anders hatte beziehen wollen.

«Warte», sagt Raihanaji, «ich werde Shrī Mā danach fragen.»

Für etwa zwei Minuten sitzt sie mit geschlossenen Augen still da, während ihr Gesicht einen Ausdruck müheloser Konzentration annimmt. Plötzlich sieht sie mich ruhig an und erklärt: «Shrī Mā sagt...»

Etwas Ähnliches hatte sich im Laufe unserer Unterhaltung mehrmals ereignet. Sie hatte drei- oder viermal «bei Mā angefragt», welche Antworten sie mir geben sollte. Einmal versetzte sie mich dadurch in großes Erstaunen, daß sie sich auf etwas bezog, was in der letzten Stunde meines Aufenthaltes im Āshram geschehen war, wovon sie aber eigentlich keine Ahnung haben konnte und wovon ich angenommen hatte, daß auch Mā es nicht erfahren haben würde. Ihre telepathischen Rückfragen hatten übrigens keinerlei okkulten Anstrich. Sie geschahen so selbstverständlich und natürlich wie alles im Umkreis dieser Frau.

Als ich mich Abschied nehmend bedanke, sagt Raihanaji lachend: «Aber wofür? Es war doch wunderbar für mich, bei Shrī Mā zu sein.»

So spricht Ānandamayī Mā

Wer ist Ānandamayī Mā, wer ist Ānandamayī – durchdrungen von Glückseligkeit? ER ist in allen Gestalten und Formen, ewig thronend in den Herzen aller Wesen. Wahrlich, ER wohnt überall. Wenn man das zu sehen erreicht hat, ist alles gesehen und erreicht. Es bedeutet, furchtlos zu sein, sicher, frei von allen Konflikten, vollkommen still, unvergänglich.

Es gibt nur eins. Was ist also falsch daran, wenn man den Leuten erlaubt zu tun, was sie tun möchten? Wenn man noch in der Dualität lebt, und das Eine nicht in jedermann und in allem wahrnimmt, nur dann ist es falsch, den Leuten zu erlauben, daß sie einen anbeten.

In Euren Augen sind Du und ich zwei Personen, und doch sind Du und ich eins, und sogar der Abstand zwischen uns ist ich selbst. Zwei (zu sein) kommt hier überhaupt nicht in Frage. Gebundenheit und Haß resultieren aus dem Gefühl der Dualität.

Wenn der Geist sich auf das konzentriert, was Frieden gibt, und der Blick auf dem ruht, was den Frieden stärkt, wenn die Ohren dem lauschen, was das Herz mit Frieden erfüllt, und wenn Ihr zu allen Zeiten die Antwort dessen vernehmt, der der Frieden selbst IST, nur dann kann Friede versprochen werden.

Das Gefühl des Mangels erwacht spontan. Es ist das Göttliche, das dieses Gefühl erweckt. Alles zu verlieren heißt alles gewinnen. ER ist barmherzig. Was immer ER in irgendeinem Augenblick tut, ist segensreich, obwohl manchmal ganz gewiß schmerzhaft. Wenn ER sich als vollkommener Verlust offenbart, besteht die Hoffnung, daß ER sich auch als vollkommener Gewinn offenbaren wird. Sich nach dem zu sehnen, der uns hilft, das Licht der Wahrheit zu finden, ist heilbringend, denn es weckt unsere Aufmerksamkeit für die Wahrheit.

Die Hoffnung zu verlieren heißt alles zu verlieren. Aber hat sich dieser totale Verlust wirklich ereignet? Quillt Dein Herz nicht immer noch über von Wünschen und Hoffnungen? Völlige Resignation bedeutet tiefste Freude. Nimm sie an als Deine einzige Kraftquelle. Was immer Gott irgendwann tut, ist vollkommen segensreich. Wenn Du das annehmen kannst, wirst Du Frieden finden.

Versuche Dein Äußerstes, niemandes Einfluß zu erliegen. Man muß in Gott zentriert sein, um gefestigt, ruhig, zutiefst ernsthaft, voller Mut, mit intakter Persönlichkeit, rein und heilig aus eigener Kraft zu leben.

In Einklang mit den höchsten Idealen zu leben mag anfangs ermüdend sein, aber am Ende führt es zu echtem Wohlbefinden und Frieden. Man muß lernen, Freude am Sublimen zu finden. Wenn man mit einem *menschlichen* Körper gesegnet wurde, ist es ein Unrecht, nicht dementsprechend zu leben. Warum sollte man tierischen Instinkten nachgeben?

Es ist die Pflicht des Menschen, das zu wählen, was außerordentlich ist, und das nur Vergnügliche beiseite zu schieben. Laß Deinen Geist wie eine schöne Blume sein, die dem Herrn im Gebet dargebracht werden kann. Wahrhaftig, die einzige Pflicht des Menschen ist es, Selbstverwirklichung zu suchen. Verbunden mit dem einen Höchsten Freunde, mußt Du, mein Freund, versuchen, die Fesseln weltlicher Freundschaften zu meiden.

Die Kinder des Ewigen müssen ihre Gedanken auf IHN konzentrieren. Getrennt von IHM haben sie nicht einmal Aussicht auf Frieden – nie, nie, nie! Nur dadurch, daß er in Gott lebt, kann der Mensch Frieden finden, der Schleier wird zerreißen, und der Vertreiber der Sorgen wird sich offenbaren. ER allein ist der Besieger des Bösen. ER ist Dein, der einzige Schatz des menschlichen Herzens.

Ganz gleich, welche Arbeit zu irgendeiner Zeit getan werden muß, schenk ihr Deine volle Aufmerksamkeit, und erledige sie gründlich. Verlaß Dich unter allen Umständen auf Gott. In Wahrheit: ER durchdringt alles, und Du kannst IHN daher überall finden, auch bei Deiner Arbeit. Mit Deinem ganzen Sein ruf nach dem Herrn des Lebens.

Diene dem Herrn und IHM allein, indem Du alle Geschöpfe als Seine Form betrachtest, in vollkommener innerer Ruhe. In dem Maße, in dem Deine Fähigkeit als Diener Gottes vollkommener wird, werden Liebe und Ergebenheit für IHN und unbedingter Glaube an IHN in Dir erwachen.

Ein Mensch, der nicht zu jeder Zeit um der Liebe Gottes willen und mit fröhlichem Herzen jede Verantwortung annimmt, die ihm auferlegt ist, wird das Leben sehr belastend finden und nie fähig sein, irgend etwas Wesentliches zustande zu bringen. Es ist die Aufgabe der Menschen, vor allem jener, die die Höchste Frage zu ihrem einen und einzigen Ziel gemacht haben, freudig für die geistige «Emporhebung» der Welt zu arbeiten, in der Überzeugung, daß aller Dienst Sein Dienst ist. Arbeit, die in diesem Sinne getan wird, reinigt Herz und Geist.

Vor einiger Zeit hast Du mit Nachdruck erklärt, daß Du, wenn es Dir gelingen würde, die richtige Arbeit zu finden, mit äußerstem Ernst darangehen würdest, auch die spirituelle Seite Deines Lebens zu pflegen, neben dem Genuß materieller Bequemlichkeiten und Vergnügungen.

Daß Du Dein Wort hinsichtlich der weltlichen Freuden gehalten hast, ist nur zu offensichtlich. Aber in welcher dunklen Höhle, in welchem unzugänglichen Abgrund hast Du die zarte Pflanze Deines spirituellen Strebens verborgen? Wann wirst Du mit der Anstrengung beginnen, Licht in diese dunkle Höhle zu bringen? Zögere nicht. Kostbare Zeit entflieht. Weihe Deine Tage der Bemühung, Dich dem Herrn der Demütigen zu nähern. Im hohen Alter wirst Du zu schwach sein, Dich auf Gottes Namen zu konzentrieren. Wie willst Du dann für das aufkommen, was Du in guten Zeiten versäumt hast zu tun?

Jetzt ist die Zeit, Dich selbst zu formen. Du wirst Zuflucht zu Verzicht und innerer Stärke nehmen müssen. Damit Du von den negativen Neigungen, die Du in früheren Leben erworben hast und die zu Schmerz und Leiden geführt haben, befreit werden kannst. Versuch, Dein Herz zu einem geweihten Schrein des Allguten zu machen, und wünsch Dir Wunschlosigkeit. Das erst ist, sich zu Gott hingezogen zu fühlen. Sei unfehlbar in Deinem Dienst. Was auch immer für irgend jemanden getan werden muß, tu es im Geist freudigen Dienens.

Eine andere Sache, der Du besondere Aufmerksamkeit schenken solltest: Jede Art von Nachlässigkeit muß vollkommen aufhören. Wo es darum geht, etwas Gutes zu tun oder sich spirituell zu üben, müssen Abneigungen und Trägheit unbedingt getilgt werden.

Erlaube Dir nicht, von Verzweiflung überwältigt zu werden. Trotz allem: Vertraue IHM! Nach IHM sollst Du in Freud' und Schmerz rufen. Wenn Du gefallen bist, benutze Deinen Sturz als eine Art Hebel, um Dich wiederaufzurichten. Es ist des Menschen Pflicht, sich anzustrengen, ganz gleich, was er unternimmt.

Bemühe Dich, durch das Leben zu gehen, indem Du Deine Bürde in Seine Hände legst. ER ist der Erhalter, der Weg-Weiser. ER ist alles in allem.

Laß zu jeder Zeit Geduld Deine Maxime sein. Sag bei Dir selbst: Herr, alles was DU tust, ist für das Höchste Wohl! Bete um die Kraft, durchzuhalten. Nichts geschieht, was nicht ein Ausdruck von Gottes Gnade ist. Glaube mir, alles ist Seine Gnade! Verankert in Geduld, alles ertragend, halte Dich an Seinen Namen und lebe in Freude.

Sei einzig und allein von Ihm abhängig. In was für Umständen Du Dich auch immer befindest, erinnere Dich Seiner. In jedem Augenblick. Laß dies Dein Gebet sein: Herr, es hat DIR gefallen, in Gestalt von Krankheit zu mir zu kommen. Gib mir die Kraft, sie zu ertragen, gib mir Geduld und hilf mir zu erkennen, daß DU es bist, der in dieser Verkleidung bei mir wohnt.

Das Selbst (*ātma*), ruhend in sich Selbst, ruft sich Selbst, zu seiner eigenen Offenbarung – das ist Freude!

Der intensive Wunsch nach Gott-Realisierung ist selbst der Weg dazu.

Gott, das Selbst, ist alldurchdringend. Wo ist ER nicht? In allen Formen und im Formlosen, in allen Namen und im Namenlosen, an allen Plätzen und unter allen Bedingungen, zu allen Zeiten – ist ER. Wenn der Wunsch nach Selbstrealisation erwacht, so ist das eine tatsächliche Manifestation von IHM, dem Unteilbaren. Da alle Namen Sein sind, wird ER sich in jedem dieser Namen erkennen lassen. Der brennende Wunsch, das Ziel zu erreichen, muß empfangen werden. Die Tatsache, daß Selbstverwirklichung Dein Ziel ist, bedeutet schon, zu suchen und zu finden.

Sei in jeder Weise wahrhaftig. Ohne Reinheit kann man sich dem Göttlichen nicht nähern.

Die Wahrheit selbst wird dem in jeder Weise helfen, der auf der Suche nach Wahrheit ausgezogen ist.

Auf der Reise durchs Leben bleibt niemand ungeschoren. Die Pilgerfahrt zum Gipfel menschlicher Existenz ist der einzige Pfad zum Glück. Versuche, diesen Pfad zu gehen, auf dem es die Frage: Schmerz oder Freude? nicht gibt. Den Pfad, der zur Freiheit von Ichsucht und zur Höchsten Freude führt.

Um die Wahrheit zu erlangen, muß man alle Härten ertragen und immer geduldig bleiben. Es sind gerade die Widerstände, die zur Geburt von Geduld verhelfen.

Schreib meinem Freund, daß er ein Wanderer werden muß auf dem Pfad, auf dem Frieden gefunden wird. Er muß die Pilgerreise dorthin antreten, wo es keinen Tod und keine Verwesung gibt, wo jeder immer anwesend ist. Wer ist es, der stirbt, und wer, der in der Verkleidung des Todes erscheint? Wenn diese Dinge nicht durch direkte Wahrnehmung erkannt werden, kann es keine Befreiung vom Ozean des Leidens geben. Laß meinen Freund ohne Unterbrechung danach streben, in der (geistigen) Gegenwart vor dem zu bleiben, dessen Erinnerung (durch *japam*) dem Leiden für immer ein Ende bereitet.

Der, den es nach IHM verlangt, wird IHN finden, und für den Menschen, der IHN gefunden hat, stirbt der Tod. Man sollte sich nach Gott sehnen, der der Tod des Todes ist, und sollte seinen Geist zu allen Zeiten mit Dingen beschäftigen, die eine solche Schau vorbereiten. Du weißt nicht, in welcher Weise oder Gestalt Gott selbst bei Dir ist. Versuche, den ganzen Tag in der Kontemplation des Höchsten Wesens zu verharren, in der Wiederholung von Gottes Namen oder beim Studium von Büchern der Weisheit. Durch irgendeine Realisation (Erkenntnis), durch eine göttliche Stimmung oder Erscheinung, sogar durch Tränen, die in Sehnsucht nach IHM vergossen werden, macht der Eine manchmal seine Gegenwart fühlbar.

In allem und jedem ist nur das Eine Selbst. Versuche, ständig der Tatsache bewußt zu sein, daß, was immer zu irgendeiner Zeit auf irgendeine Weise wahrgenommen wird, eine Manifestation des Höchsten Wesens ist. Wie könnte der Wahrnehmende selbst ausgeschlossen sein? Ausschließung und Nicht-Ausschließung sind auch nichts anderes als ER. Sogar das Gefühl der Abwesenheit Gottes ist Seine Manifestation – so daß Seine Gegenwart manifestiert werden möge.

Schreib ihm, daß er keinen Grund hat, sich zu ängstigen. Ein Mensch, der Gott-Realisation zu seinem einen und einzigen Ziel gemacht hat, hat schon Zuflucht bei IHM gefunden, auch wenn ER sich gegenwärtig durch seine Abwesenheit zeigen mag.

Wo ständiges Bemühen ist, in der Wahrnehmung dessen zu wachen, was IST, da besteht Hoffnung, daß dieses Wahrnehmen eines Tages permanent sein wird.

Der eigenen Fähigkeit entsprechend, sollte man versuchen, einen Tag für strikte Selbstdisziplin zu reservieren. Wenn schon nicht einmal jede Woche, so einmal in zwei Wochen oder wenigstens einmal im Monat. An diesen Tagen muß alles, was wir tun – essen, trinken, reden, sich bewegen, Besuche machen –, eben einfach alles, womit wir uns beschäftigen, aufmerksam kontrolliert werden. Dadurch wird man nach und nach erfolgreicher in seinem Bemühen um Selbstbeherrschung. Schließlich wird man ohne Anstrengung in Einklang mit diesen Regeln leben, sogar für zwei oder drei Monate im Jahr.

Wenn Du Energie (*shakti*) in Dir wachsen fühlst, wenn neues Licht Dir von innen her leuchtet, so wird es um so mehr an Intensität gewinnen, je sorgfältiger Du es in äußerster Ruhe und Stille in Dir verborgen hältst. Wenn es die geringste Öffnung bekommt, besteht immer die Gefahr, daß es entschlüpft. Sei wachsam! ER selbst wird für alles sorgen, was wichtig ist: *dīkshā*, Unterweisung – was immer es sein mag.

Es muß mit der Intensität einer Besessenheit Deine eine und ständige Bemühung sein, den Geist immer im Gleichgewicht mit dem Selbst zu halten – hellwach in der Strömung der Realität, wo das Unergründbare, das Unendliche offenbart ist.

Gott allein ist Wahrheit, Freude, Glückseligkeit. Hoffe auf nichts als auf die Höchste Glückseligkeit (*paramānanda*) des Selbst. Nichts sonst existiert in Wirklichkeit, nichts sonst hat Realität. Was außerhalb davon zu existieren scheint, ist nur Illusion (*māyā*). Versuche, Dein Selbst (*ātma*) zu finden. All dieser Lärm ist nur natürlich für den Menschen. Er schreit wieder und wieder auf, in dem Bestreben, sein Gefühl der Leere loszuwerden.

Um das, was unerwünscht und schädlich ist, auszutilgen, muß der Geist in die Anbetung des Geliebten (*ishta*) versenkt sein. Die Vorstellung, daß ER weit fort ist, muß ein für allemal aufgegeben werden. «Du bist innen und außen, in jeder Ader, in jedem Blatt und jedem Grashalm, in der Welt und jenseits der Welt.» Das Erwachen eines Mangelgefühls ist willkommen zu heißen. Es öffnet den Weg. ER ist bei jedem Schritt da, um aus dem Untüchtigen einen Wissenden zu machen: «Als das Gefühl des Mangels und der Leere erscheinst DU und sonst niemand. DU bist immer ganz nah, Herr, ich nehme Zuflucht bei DIR.»

Auch in dem Reich, wo vergebliche Lösungen, vergebliche Leiden, vergebliche Freuden, die ganz sinnlos zu sein scheinen, erfahren werden, wohnt ER und niemand sonst – sogar in der Verkleidung der Vergeblichkeit. Dort erhebt sich die Frage nach einem sinnlosen oder irgendeinem anderen Reich nicht. Dort ist *alles*, obwohl *nichts* dort ist. Dort ist jedermanns eigenes, wahres Selbst, das Selbst, ruhend in sich Selbst.

Wenn Du Gott lieben kannst, wird es keine Sorgen mehr geben für Dich. Sogar das Gefühl des Getrenntseins von IHM ist Freude. Denn nur durch Deine Liebe zu IHM wird Dir die Qual des Getrenntseins bewußt. Nur der Mensch, in dem Gott auf eine ganz besondere Weise wohnt, ist der schmerzvollen Erkenntnis des Getrenntseins von IHM fähig.

Verschwende auf die Resultate keinen einzigen Gedanken. Bleib in IHN und nur in IHN versenkt. Die Resultate werden nicht immer schlecht sein. Wenn die Zeit reif ist, offenbart das Selbst sich Selbst. Du bist ein Kind der Unsterblichkeit.

Das Reich des Geistes ist vom Körper umschlossen. Obwohl Du wünschen magst, Deinen Geist ins Nicht-Körperliche zu wenden – wird er seinem Reich freiwillig entsagen? Zu trennen, wieder und wieder rückwärts und vorwärts zu wandern, macht seine natürliche Bewegung aus. Deine einzige Pflicht ist, zu realisieren: Du allein bist Innen und Außen, in der Fülle wie im Mangel und in der Leere, tatsächlich in allen nur denkbaren Umständen! Um das Nicht-Wünschenswerte zu zerstreuen, muß man seinen Geist auf die Anrufung des Geliebten (*ishta*) konzentrieren, auf den einen Begehrten.

Wache sorgfältig über alles, was Du tust. Wie Du ißt, schläfst, umhergehst und sitzt. Außerdem müssen alle Übungen, die Du unternimmst, um von der Gebundenheit befreit zu werden, mit Glauben und Liebe ausgeführt werden. Keine spirituelle Übung sollte je respektlos getan werden, denn es ist ER selbst, der in der Verkleidung der Übung zu Dir gekommen ist.

Auch wenn jemand etwas Schlechtes tut, sollst Du nichts als Zuneigung und Wohlwollen für ihn empfinden. Denke: «Herr, das ist auch eine DEINER Manifestationen.» Je freundlicher Du gegenüber jedermann fühlen und Dich benehmen kannst, um so schneller wird sich der Weg zu dem Einen, der die Güte selbst ist, öffnen.

Wenn die Beziehung zwischen Guru und Schüler zuverlässig ist, kann der Guru niemals verlassen werden. Er ist dem Schüler immer gegenwärtig. Gott allein ist des Menschen Guru. In IHN sollte man sein ganzes Vertrauen setzen.

Die Beziehung zwischen Guru und Schüler verdient nur ewig genannt zu werden, wenn der Guru göttliche Macht (*shakti*) besitzt und diese Macht dem Schüler bei der Einweihung mitteilt. Da diese Macht ewig ist, ist die Beziehung zwischen Guru und Schüler, die in solcher Weise hergestellt wurde, auch ewig. Das Mantra, das dem Schüler während der Einweihung (*dīkshā*) gegeben wurde, darf kein totes Wort sein, sondern muß eine Silbe oder eine Reihe von Silben sein, die mit Leben und spiritueller Energie aufgeladen sind und die Fähigkeit besitzen, aktiv im psychophysischen Organismus des Schülers zu wirken. Wenn der Glaube des Schülers an seinen Guru echt und stark ist, ist irgendeine Begrenzung im Guru kein Hinderungsgrund. Wenn dieser Glaube jedoch erschüttert ist, aus welchem

Grund auch immer, müssen Schwierigkeiten auftauchen. Außer durch Glauben, dessen Natur es ist, göttliche Gnade herbeizurufen, und der nicht vom Verdienst des Gurus abhängt, gibt es keinen anderen Weg, die Beziehung zum Guru ewig zu machen.

Der Mensch, der ein Sucher nach der Wahrheit ist, wird sein eigenes wahres Selbst in sich selbst durch die Unterweisung seines Gurus finden. Im Mantra, das ihm vom Guru gegeben wurde, ist der Guru selbst gegenwärtig. Du magst seinen Körper sterben sehen, trotzdem wird Dich der Guru niemals verlassen.

Wo Buddha-Natur ist – Erleuchtung –, da wird Mitleid seine Arbeit sogar aus dem Nirvāna tun.

Wenn sich keine Gelegenheit bietet, in die körperliche Gegenwart von Weisen und Heiligen zu gelangen, sollte man Vāsudeva [Vater Krishnas], den göttlichen Bewohner jedes menschlichen Herzens, meditieren. Indem man seine Gegenwart pflegt, bereitet man sich vor. Man muß Tätigkeiten und Umgebungen suchen, die geeignet sind, zum Göttlichen führende Gedanken und Bestrebungen einzuflößen.

Es ist ganz natürlich, daß immer mehr Freude erfahren wird, während man Yoga übt. Solange sich der Eine noch nicht offenbart hat, werden Ablenkungen kommen. Aber der Guru allein kann sagen, ob man in der rechten Weise fortschreitet. Transformation bedeutet, daß weltliche Interessen nicht mehr gefragt sind. In dem Maß, in dem man gleichgültig wird gegenüber weltlichen Dingen, schreitet man in Richtung auf wirkliche Freude voran.

Mās Antwort auf die Frage: Wer bist Du?
«Dieses: Ich, mein, Du Dein und:
Ich bin dieses, Du bist das...
setzt durch Definitionen nur Grenzen.
Dieser Körper ist unerheblich.

Schließe ihn aus.
Versuche, Dein eigenes Selbst (*ātma*) zu verstehen.
Du, ich, jenseits von Du und ich –
dieses, das unendlich ist und das einzige Eine,
Das, das, das – es ist nur DAS, was immer du sagen magst.»

Das Ātma dieses Körpers ist jedermanns Ātma. Es ist nicht möglich, daß irgend jemand, irgendwo, Mā nicht gehört.

Der ununterbrochene Strom göttlichen Erbarmens fließt immer. In dieser Strömung sollte man baden.

Nur für Euch alle ist wirklich alles, was dieser Körper [= Mā] sagt oder tut, seine Handlungen, seine Bewegungen, sein Hier- und Dorthingehen. Was immer irgendwann um Euretwillen von diesem Körper getan wird, Ihr seid es, die es verursachen.

Geschehnisse erscheinen Euch natürlich oder übernatürlich, normal oder supranormal – von Eurem Blickwinkel aus. Hier [d. h. bei Mā] gibt es kein Karma und keine Wünsche. Hier ist alles, was gesagt werden kann: Was immer geschieht, ist in gleicher Weise willkommen.

Dieser Körper hält sein eigentliches Sein in seinem Benehmen wie in seinen Worten oft geheim. Das ist eine Tatsache. Es ist gewiß nötig, und darum geschieht es.

Mit diesem Körper geschieht nichts unbewußt oder aus Versehen. Sei es hier oder woanders. Ob es äußerlich wahrgenommen wird oder nicht – was immer dazu bestimmt ist, daß es geschieht, ereignet sich.

Hier [bei Mā] handelt es sich nicht darum, daß das Leiden und die Trübsal anderer von ihr übernommen werden. Hier ist nur vollkommene Einheit, Identität.

Dieser Körper ist nicht immer folgerichtig in dem, was er sagt, so wie Ihr es sein würdet. Jedermanns wechselnde Gedanken und Gefühle sind zu aller Zeit klar sichtbar vor meinen Augen.

Eure Sorgen, Eure Schmerzen, Eure Agonie ist gewiß meine Sorge. Dieser Körper versteht alles.

Um die Wahrheit zu sagen: Während sich einige Leute mir ohne Zweifel auf der Suche nach der Höchsten Wirklichkeit nähern, kommen sehr viele nur, damit ihre Wünsche und ihr Verlangen erfüllt werden.

Obwohl er einen so eindeutigen Beweis dafür bekommen hat, was die wahre Natur der Welt ist, hängt sein Herz immer noch an ihr? An dieser Wegkreuzung sollte er sein Äußerstes tun, sich ganz dem Dienen zu verschreiben, indem er alles, was er tut, als Dienst für den Herrn betrachtet. Bitte ihn, daß er sich, koste es, was es wolle, anstrengen möge, daß sein Geist nicht wieder in irgend etwas verstrickt wird, was zu diesem Ozean des Leidens (der weltlichen Welt) gehört. Es war die Gebundenheit an die Welt, was den Unglücklichen in so tiefe Bedrängnis gebracht hat. Nichts als Unwissenheit ist die Wurzel von all dem. Er sollte fortfahren, diesem Körper mitzuteilen, wie es ihm geht, denn er hat sonst niemanden, dem er sich anvertrauen könnte.

In all Deinen Tätigkeiten, auch wenn Du Kīrtana singst, ist Mā bei Dir. In vollkommener Ruhe sitz still und denke: Mitten in der Leere ist Mā bei mir. Das wird Dir Freude (*ānanda*) geben.

Mā zu kennen heißt, Mā zu realisieren, Mā zu werden. Mā bedeutet Ātma... Zu allen Zeiten in ihren Armen, in der Mutter. Wenn die Mutter [Gott als Mutter] gefunden ist, ist alles gefunden.

(Auszüge aus von Mā diktierten Briefen. Zitiert nach: *Matri Vani*, 2 Bde., hrsg. von der Shree Shree Anandamayee Charitable Society, Bhadaini, Varanasi, 1977.)

Die vielen Glaubensweisen und Sekten dienen dem Zweck, daß ER Sichselbst an Sichselbst verschenkt, auf verschiedenen Wegen – jeder hat seine eigene Schönheit –, und daß ER als immanent entdeckt werden möge, wenn er Sichselbst in unzähligen Weisen und Gestalten und im Formlosen offenbart. Als Pfad lockt er jeden in eine besondere Richtung, in Harmonie mit den inneren Neigungen und Tendenzen. Der Eine ist gegenwärtig in allen, obwohl es in einigen Fällen Konflikte gibt, die auf die Begrenzung des Egos zurückzuführen sind.

Dieser Körper [Mā] schließt nichts aus. Derjenige, der einer bestimmten Glaubensrichtung oder Sekte angehört, muß bis zu dem Punkt vorangehen, wo alles, wofür sein Glaube eintritt, ihm ganz und gar vertraut ist. Wenn du auf einer bestimmten Linie voranschreitest, mit anderen Worten, wenn du einer bestimmten Religion anhängst, die du als deutlich unterschieden und in Konflikt mit allen anderen betrachtest, wirst du zuerst die Vollkommenheit realisieren müssen, auf die der (Religions-)Gründer hindeutet, dann erst wird das, was jenseits davon liegt, dir offenbart werden.

Was eben erklärt wurde, gilt für alle Religionen, aber es ist natürlich wahr, daß, wenn man mit dem zufrieden ist, was auf einer Linie erreicht werden kann, der Gipfel des menschlichen Lebens nicht erlangt ist. Was verlangt wird, ist eine Realisation, die Konflikte und Meinungswidersprüche entwurzelt, das heißt vollkommen frei ist.

Wenn es weniger ist als das, bedeutet es, daß die betreffende Erfahrung nur teilweise und unvollständig war. Im Fall einer wahren Realisation kann man sich mit niemandem mehr streiten. Man ist vollkommen erleuchtet in bezug auf alle Religionen und Doktrinen und betrachtet alle Pfade als gleich gut. Nur das ist absolute und perfekte Realisation.

Man sollte dabei aber einen von Zweifeln freien und festen Glauben in den eigenen geliebten Gott (*ishta*) haben und den eigenen gewählten Pfad mit Ausdauer und Konzentration gehen.

(Zitiert nach: *Words of Sri Anandamayi Ma*, hrsg. von Shree Shree Anandamayee Sangha, Bhadaini, Varanasi, 1961.)

Auf deutsch sind bisher folgende Bücher mit Texten von oder Berichten über Shrī Ānandamayī Mā erschienen:

Matri Darshan – *Ein Photo-Album über Shri Anandamayi Ma* (überarbeitete Neuauflage 1988);

Matri Satsang – *Gespräche mit der Glückseligen Mutter Shri Anandamayi Ma* (1984);

Bhaiji – *Anandamayi Ma. Wie sie sich mir offenbarte* (1986);

Anandamayi Ma – *Worte der Glückseligen Mutter* ([2]1985).

(Alle erschienen im Mangalam Verlag S. Schang, Westerkappeln.)

Anandamayi Ma – *Leben der Hingabe*, Verlag Heilbronn, Heilbronn 1987.

Glossar der häufiger verwendeten Sanskrit-Begriffe

(Begriffe, die nur selten im Text erscheinen,
werden an entsprechender Stelle erklärt.)

Advaita	wörtl.: «Nicht-Zweiheit»; ein Zustand, der nur Gott oder dem Absoluten zugeschrieben werden kann. Hier vor allem bezogen auf die nondualistische Lehre des→ *Vedānta*-Philosophen Shankarāchārya (788–820 n. Chr.).
Ārati	Ritus zur Verehrung von Göttern, Heiligen und heiligen Schriften in Form einer abendlichen→ *Pūjā*.
Āsana	1. die verschiedenen Körperhaltungen des Hatha-Yoga; 2. Platz oder Matte, auf dem/der ein spirituell Strebender sitzt.
Āshram	Zentrum für religiöse Studien und Meditation; Einsiedelei; Hindu-Kloster.
Ātman	das wahre, unsterbliche Selbst des Menschen (Seele), das identisch ist mit dem «Höchsten Selbst», dem→ *Brahman*.
Avatāra	wörtl.: «Herabkunft»; eine Inkarnation des göttlichen Bewußtseins auf Erden. Nach Auffassung der Hindu-Tradition inkarniert sich nur→ *Vishnu*. Unabhängig von dieser Tradition betrachten die Hindus aber auch Jesus als A.
Bhagavad-Gītā	wörtl.: «Gesang des Erhabenen»; philosophisches Lehrgedicht, das als «Evangelium» des Hinduismus gilt. Es ist ein Teil des zwischen dem 5. Jh. v. Chr. und dem 2. Jh. n. Chr. entstandenen indischen Nationalepos→ *Mahābhārata* (6. Buch).

Bhagavad-Saptah	Ritus für das Seelenheil eines Verstorbenen.
Bhagavān	wörtl.: «erhaben, heilig, der Erhabene»; Name für Gott, meist für den Höchsten Weltenherrn → *Vishnu*; auch große Heilige werden oft so tituliert (z. B. Shrī Bhagavān Ramana Maharshi).
Bhakta	Anhänger des → *Bhakti-Yoga*.
Bhakti-Yoga	Weg zur Erlösung durch Gottesliebe; einer der vier Haupt-Yogas oder -Wege zur Vereinigung mit Gott.
Brahmachāri(ni)	ein(e) religiös Strebende(r), der/die sich spirituellen Übungen unterzieht und die ersten Gelübde (Mönch/Nonne) abgelegt hat.
Brahman	das ewige, unvergängliche Absolute, die höchste, nichtduale Wirklichkeit, auch «Höchstes Selbst».
Brahmane	Angehöriger der Priesterkaste, der obersten der vier Kasten.
Chakra	wörtl.: «Rad, Kreis»; 1. im Hinduismus ein Kreis von Gottesverehrern; 2. Bezeichnung für die Zentren subtiler oder «feinstofflicher» Energie (→ *Kundalini*) im Energieleib (Astralkörper) des Menschen. Sie sammeln, transformieren und verteilen die sie durchströmende Energie.
Darshan(a)	wörtl.: 1. «Anblick, Anschauen»; 2. «System». Hier: die segenstiftende Gegenwart des Heiligen.
Dharma-Chakra	Rad der Lehre; im Buddhismus Symbol der von Buddha verkündeten Lehre.
Dhoti	Stoffbahn, die als Lendentuch oder Sari getragen werden kann.
Dīkshā	Einweihung (Initiation) eines Strebenden in das spirituelle Leben durch einen → *Guru*.
Dshapa	betende Wiederholung eines → *Mantras* oder eines Götternamens.

Dshuta	unrein im rituellen Sinne.
Durgā	wörtl.: «die Unergründliche»; einer der ältesten und am häufigsten gebrauchten Namen für die Göttliche Mutter, die Gemahlin → *Shivas*.
Ghāt	Ufertreppe, auch Badeplatz.
Gopāl(a)	wörtl.: «Kuhhirte»; Name des Gottes → *Krishna* in seiner Manifestation als Kind (der junge K. lebte unter den Kuhhirten von Vindrāvan).
Guru	Lehrer, insbesondere der spirituelle Meister.
Hanuman	Gottheit in Gestalt eines Affen(königs). Er rettete die Gemahlin des Gottes Rām, Sītā, vor dem Dämonen Rāvana (→ *Rāmāyana*).
Ishta	wörtl.: 1. «Geliebter»; 2. «Wunsch». Der jeweils besondere, personhafte Aspekt des → *Brahman*, verkörpert in einer Gottheit, mit welcher der → *Bhakta* zu vollkommener *unio* gelangen muß, um Erlösung zu erlangen.
Kālī	wörtl.: «die Schwarze»; bengalische Muttergottheit.
Karma	wörtl.: «Tat»; auch das Gesetz der Vergeltungskausalität, die das menschliche Schicksal bestimmt und das Rad der Wiedergeburten dreht.
Kheyal(a)	plötzlicher psychischer Impuls; hier: spontane Bekundung des Göttlichen in Mās Seele.
Kīrtan(a)	religiöser Gesang; gemeinsames Rezitieren, Singen und Tanzen zu Ehren Gottes, das besonders im → *Bhakti-Yoga* eine große Rolle spielt, da es die Gefühle des → *Bhakta*

	steigert und ihn dadurch auf dem Weg zu Gott voranbringt.
Krishna	wörtl.: «schwarz» oder «dunkelblau»; achter → *Avatāra* von → *Vishnu*. Bekannteste aller Hindu-Gottheiten (s. a. → Gopāl).
Kundalinī	wörtl.: «Schlange», auch «Schlangenkraft» genannt, weil diese spirituelle Kraft schlafend aufgerollt in jedem Menschen am unteren Ende der Wirbelsäule ruht. Wird sie geweckt, findet sie bei ihrem Aufstieg durch die verschiedenen Zentren (→ *Chakra*) ihren Ausdruck in Form von spirituellen Erkenntnissen und mystischen Visionen.
Līlā	wörtl.: «Spiel»; das göttliche Spiel in der Welt der Erscheinungen. Die Schöpfung wird von den → *Vaishnavas* als «L. Gottes» betrachtet.
Lingam	phallusförmiges Symbol (meist aus Stein) des Gottes → *Shiva*; in der esoterischen Deutung als Zeichen für das göttlich-schöpferische Licht betrachtet.
Mahābhārata	wörtl.: «Das große Epos vom Kampf der Nachkommen des Bharata»), neben dem → Rāmāyana das zweite (und zugleich umfangreichste) monumentale Heldenepos der indischen Literatur, reich an philosophischen Lehrgedichten, Sagen und Fabeln.
Mahātmā	wörtl.: «große Seele»; Ehrenbezeichnung für bedeutende spirituelle Lehrer und Weise (z. B. Gandhi).
Mandala	wörtl.: «Kreis, Bogen, Abschnitt»; meist aus einer Lotos-Darstellung entwickeltes kreisförmiges Symbol, das als Hilfsmittel bei der Meditation dient.

Mantra	ein Wort (Name), das die Gegenwart der Gottheit durch das Medium des Klanges beschwört, z. T. nur eine Silbe oder eine Reihung von Silben.
Māyā	wörtl.: «Täuschung, Illusion, Schein»; M. verschleiert die Sicht des Menschen, so daß er nur die Vielfalt des Universums erblickt und nicht die *eine* Wirklichkeit.
Mudrā	wörtl.: «Siegel, Zeichen»; eine Körper- (vor allem Arm- und Hand-)Haltung oder symbolische Geste, die spirituelle Bedeutung hat.
Nirvāna	wörtl.: «Verlöschen»; Zustand der Befreiung von Leiden, Tod und Wiedergeburt sowie allen anderen Formen weltlicher Bindung; Aufgehen des individuellen Ich in → *Brahman*.
Pranām	wörtl.: «Verneigung»; ehrfürchtige Begrüßung sowohl Gottes als auch Heiliger und geachteter Menschen, indem man die Handflächen aneinanderlegt oder erst die Füße des anderen und danach die eigene Stirn berührt oder sich vor ihm niederwirft.
Prasād(a)	1. Gnade oder Gunst eines Gottes; 2. Klarheit, Reinheit, Gemütsruhe; 3. Opferspeisen, die einer Gottheit oder einem Heiligen dargebracht und von ihm segensspendend geweiht werden.
Pūjā	Verehrung, Zeremonie, ritueller Gottesdienst mit Gangeswasser, Blumen, einer rituellen Glocke, Räucherstäbchen, Mantras.
Pūjari	brahmanischer Priester, der die → *Pūjā* zelebriert.
Purāna	«Alte Erzählungswerke»; die 18 P. behan-

deln Legenden über die Götter und sind die Hauptschriften der Anhänger von → *Vishnu*.

Rāmāyana	wörtl.: «Der Lebenslauf des Rāma»; ältestes Epos der Sanskrit-Literatur (früheste Fassung: 4. Jh. v. Chr.), in dem das Leben des Gottes Rāma und seiner Gemahlin Sītā erzählt wird.
Rishi	Seher, Heilige, inspirierte Dichter, denen Mantras und heilige Schriften offenbart wurden.
Rudra	wörtl.: «der Heulende, Schreckliche»; ein früher Name von → *Shiva* in seinem zerstörerischen Aspekt.
Sādhana	soviel wie «Mittel zur Vollendung», religiöse Übung, z. B. Yoga, Fasten, Schweigen, Meditieren, → *Kīrtana*-Singen.
Sādhu	soviel wie «zum Ziel führen»; jemand, der der Welt entsagt und sich Gott zuwendet; Heiliger, oft Mönch.
Samādhi	wörtl.: «fixieren, festmachen»; Zustand tiefster Kontemplation, in dem die Identität des individuellen Ich mit dem Höchsten Selbst (→ *Brahman*) realisiert wird.
Sannyāsa	wörtl.: «Entsagung»; höchste mönchische Weihe. Vollendetes S. bedeutet Erkenntnis des → *Brahman* und absolute Freiheit (auch von den Mönchsregeln).
Satsang(a)	wörtl.: «guter Umgang»; Zusammensein mit Heiligen und Weisen.
Shakti	wörtl.: «Kraft, Macht, Energie»; Gemahlin von → *Shiva*; Personifizierung der Ur-Energie, der Kraft des → *Brahman*; der dynamische Aspekt Gottes, durch den er erschafft, erhält und auflöst.
Shāstra	wörtl.: «Belehrung, Lehrbuch»; heilige

	Schriften des Hinduismus, z. B. die → *Ve-den*.
Shiva	wörtl.: «der Gütige, der Freundliche»; die dritte Gottheit in der Hindu-Trinität (→ *Trimūrti*), in der er der Gott der Auflösung und Zerstörung ist.
Siddhi	soviel wie «vollkommene Fähigkeit»; «übernatürliche» Fähigkeit(en), die sich als Nebenprodukt spiritueller Entwicklung von selbst einstellen (können), wenn Kräfte freiwerden, die den Zugang zu kosmischen Bereichen öffnen.
Stūpa	wörtl.: «Haarknoten»; charakteristische Ausdrucksform buddhistischer Baukunst, eines der Hauptsymbole des Buddhismus und Mittelpunkt von Tempeln und Klöstern; häufig Reliquienaufbewahrungsort.
Svāmi	wörtl.: «Herr»; Anrede für einen Mönch.
Tantra	wörtl.: «Gewebe, Zusammenhang, Kontinuum»; ritenreiche Ausprägung des → *Shiva*/ → *Shakti*-Kultes, in dem die Verehrung der großen Muttergottheiten einen wichtigen Platz einnimmt. Es gibt auch eine tantrische Prägung im tibetischen Buddhismus.
Tapas/Tapasayā	wörtl.: «Glut, Hitze, Askese, Kasteiung»; intensive spirituelle Übungen, getragen von der brennenden Sehnsucht, Gott oder → *Brahman* zu verwirklichen.
Tat	wörtl.: das «Das»; Bezeichnung für die Höchste Wirklichkeit, das → *Brahman*, Gott, das unendliche Absolute.
Trimūrti	wörtl.: «dreigestaltig»; dreifacher Aspekt des → *Brahman*, der sich in den drei Gottheiten *Brahmā* (Schöpfung), → *Vishnu* (Erhalter) und → *Shiva* (Zerstörer) verkörpert.

Upanischaden	wörtl.: «sich nahe bei jemandem niedersetzen», d. h. zu Füßen des Gurus sitzen, um die geheime Lehre zu empfangen; philosophische Schriften, die die → *Veden* interpretieren; hauptsächliche Basis der → *Vedānta*-Philosophie.
Vaishnava	Anbeter → *Vishnus*, Anhänger des *Vaishnavismus*, einer der drei großen Richtungen der Gottesverehrung im modernen Hinduismus.
Veda, Veden	wörtl.: «Wissen, heilige Lehre»; die Gesamtheit der ältesten Texte der indischen Literatur, denen der orthodoxe Hindu übermenschlichen Ursprung und göttliche Autorität zuschreibt.
Vedānta	wörtl.: «Veda-Ende», d. h. die Schlußbetrachtungen der → *Veden*, wie sie zunächst in den → *Upanischaden* enthalten sind; nondualistische Lehre, die einen Höchsten Weltprozeß als Ursache allen Geschehens und aller Phänomene annimmt.
Vishnu	einer der Hauptgötter des Hinduismus; der Höchste Weltenherr eilt jedesmal, wenn die Welt droht, aus den Fugen zu gehen, zu Hilfe und inkarniert sich als → *Avatāra*, um der Menschheit neue Wege der Weiterentwicklung zu zeigen.